TIERE IM NATIONALSOZIALISMUS

Carl Hanser Verlag

1. Auflage 2020

ISBN 978-3-446-26404-5

Umschlag: Anzinger und Rasp, München
Foto: Reichsbund Deutsche Jägerschaft (Hrsg.),
Waidwerk der Welt. Erinnerungswerk an die Internationale
Jagdausstellung Berlin 1937, Berlin 1938
Satz: Kösel Media GmbH, Krugzell
Druck und Bindung: CPI books GmbH, Leck
Printed in Germany

FSC
www.fsc.org
MIX
Papier aus verantwortungsvollen Quellen
FSC® C083411

Meinen Großvätern
Hans und Hans

INHALT

PROLOG

DIE WELT HINTER DEM DRAHT

> Welche erstaunliche Hierarchie unter den Tieren!
> Der Mensch sieht sie so, wie er sich ihre Eigenschaften gestohlen hat.
> *Elias Canetti, Die Provinz des Menschen*

Mitten in Deutschland, am Nordhang eines Berges im Schatten von Buchen und Eichen, liegt ein Zoo. Nur ein sehr kleiner zwar, aber neben einem Goldfischteich, Affen und Volieren für Vögel beherbergt er sogar einen Bärenzwinger. Dieser misst etwa zehn mal fünfzehn Meter. Ringsherum stehen Bänke für die Männer, die hier ihre Mittagspause verbringen. Einige von ihnen necken die Affen, andere schauen zwei jungen Braunbären zu, die sich auf ihre Hinterbeine gestellt haben und sich mit erhobenen Vorderpranken durchs Gehege zu schieben versuchen. Karl Koch hat den kleinen Zoo errichten lassen, wie er in einem offiziellen Schreiben mitteilt, um seinen Mitarbeitern »Zerstreuung und Unterhaltung« zu bieten und »Tiere in ihrer Schönheit und Eigenart vorzuführen, die sie sonst in freier Wildbahn zu beobachten und kennen zu lernen kaum Gelegenheit haben«.[1]

Die Männer, die den Zoo errichtet haben, sind gleich nebenan, »hinter dem Draht«, wie Koch den drei Meter hohen und drei Kilometer langen Elektrozaun nennt. Dahinter erstreckt sich eine weite abschüssige Fläche. Im Sommer ist sie trocken und staubig, im Winter fegen eisige Winde über sie hinweg.

Endlose Reihen von hölzernen Baracken stehen hier dicht an dicht.

Der »Zoologische Garten Buchenwald«, wie der kleine Tierpark offiziell heißt, und das gleichnamige Konzentrationslager liegen weniger als einen Steinwurf voneinander entfernt. Vom Krematorium bis zum Bärenzwinger sind es vielleicht zehn, höchstens fünfzehn Schritte. Der »Draht« dazwischen war einst die Grenze zwischen dem Buchenwald der Häftlinge und dem der Wachmänner, Aufseher und Zivilarbeiter. Er bildete die Grenze zwischen Mensch und Tier auf der einen und »Untermensch« auf der anderen Seite. Der »Draht« trennte Welten.

Nur wenig erinnert heute noch an den Zoo, den die SS 1938 als »Freizeitbereich« direkt neben dem Lager errichten ließ. 1993 begann die Gedenkstätte Buchenwald damit, die Überreste freizulegen. Einige Grundmauern waren erhalten geblieben, darunter der Bärenzwinger, der die Zeiten unter Gestrüpp und Laub überdauert hatte. »Wir wollten den Zoo wieder sichtbar machen«, sagt Rikola-Gunnar Lüttgenau, der Sprecher der Gedenkstätte. Dies habe vor allem didaktische Gründe gehabt: »Es ist irritierend, sich vorzustellen, wie die Nazis mit ihren Kindern den Zoo besuchten und Tiere beobachteten, während nebenan Menschen starben. Weil man erkennt, dass ein Teil der eigenen Normalität, wie eben ein Zoo, auch zu einer Welt gehören kann, der man sich überhaupt nicht zugehörig fühlt.«

Wer heute die Gehegeruine besichtigt, um die niedrige Ziegelmauer und die Überreste des Kletterfelsens herumgeht, bekommt noch einen Eindruck von der unmittelbaren Nähe dieses einstigen Idylls zum KZ Buchenwald. Der Zoo diente offenbar als eine Art »spanische Wand«, die zwar nichts verbarg, aber den Bereich der Aufseher doch vom Lager der Häftlinge abschirmte. »Die SS hat es sich schön gemacht«, sagt Lüttgenau.

Die Forschungen zum Lagerzoo sind bislang recht dürftig, dennoch taucht er als Ort immer wieder auf, sowohl in historischen Darstellungen als auch in Zeitungsartikeln und in Aufzeichnungen früherer Häftlinge.[2] Den Autor Jens Raschke inspirierte er 2014 außerdem zu einem Theaterstück für Kinder: »Was das Nashorn sah, als es auf die andere Seite des Zauns schaute«, lautet der Titel. Er bezieht sich auf eine Anekdote, die sich in einem Zeitzeugenbericht findet.[3] Demnach soll, zumindest für kurze Zeit, ein Nashorn im Zoo von Buchenwald gelebt haben. Sabine Stein leitet das Archiv der Gedenkstätte und kennt diese Geschichte. Beweisen lässt sie sich jedoch nicht: »Ich habe immer wieder Überlebende, die zu Gedenkveranstaltungen hier zu Besuch waren, danach gefragt«, sagt Stein. »Aber an ein Nashorn konnte sich keiner erinnern.«

Während das Nashorn wohl eine Legende ist, war der Zoo von Buchenwald real und außerdem nicht der einzige seiner Art. Selbst im Vernichtungslager Treblinka gab es zur Zerstreuung für die Wachmannschaften einen Taubenschlag sowie Käfige mit Füchsen und anderen Wildtieren.[4]

Den Zoo von Buchenwald haben die Häftlinge bauen müssen. Die Tiere, die vor allem aus dem Leipziger Zoo stammten, hatte man von dem geringen Lohn angeschafft, den die Gefangenen für ihre Zwangsarbeit in den umliegenden Fabriken, Werkstätten und Steinbrüchen erhielten.[5] Verletzten sich Tiere, wurde dies nicht selten den Häftlingen angehängt. Starb eines, mussten diese auch den Ersatz bezahlen, in Form einer »freiwilligen Umlage«.[6]

Die Posten als Tierpfleger waren begehrt, vor allem die beim Bärenzwinger, denn wer dort eingesetzt wurde, hatte stets Zugang zu Fleisch und Honig. Wer einmal dort gearbeitet hatte, wollte die Stelle nicht mehr hergeben. Auch Hans Bergmann war bereit, einiges dafür zu riskieren. Der jüdische Häftling schrieb im Oktober 1939 einen Brief an den Ersten Lagerleiter und bat diesen »gehorsamst« darum, wieder bei den Bären arbeiten zu dürfen, da der jetzige Pfleger mit den vier Tieren – darunter das trächtige Weibchen »Betty« – nicht allein fertigwerde, aber alles getan werden müsse, um ihre Jungen durchzubringen. Außerdem, notierte er, »hänge ich sehr an den Tieren und bin sicher überzeugt, in einigen Wochen zusammen mit dem Zigeuner die 4 Bären restlos in Apell (sic!) zu bringen und die Jungen gross zu ziehen«.[7]

Tatsächlich setzten die Wachmannschaften für die Arbeit mit den Bären bevorzugt Sinti und Roma ein, wie Sprecher Lüttgenau bestätigt. Die »Zigeuner« – so besagte es das damals gängige rassistische Klischee – verdingten sich als Artisten und Gaukler, die nicht selten auch Tanzbären zur Schau stellten. »Deshalb ging die SS offenbar davon aus, dass sie ›von Natur aus‹ besonders gut mit diesen Tieren umgehen konnten«, sagt Lüttgenau.

Der Lagerführer leitete Bergmanns Brief an seinen Vorgesetzten, Karl Koch, weiter. Koch war der Kommandant des Konzentrationslagers Buchenwald. Er wohnte am Südhang des Berges, auf der Sonnenseite, wo er außerdem den »SS-Falkenhof« hatte errichten lassen, mit Käfigen für Eulen, Adler und Raben sowie Gattern für Wölfe, Hirsche und Wildschweine. Während der Zoo neben dem Lagerzaun nur den Wachmannschaften und Zivilarbeitern von Buchenwald vorbehalten war, durfte die Bevölkerung Weimars den Falkenhof an den Wochenenden besuchen. Der Zoo war ihnen jedoch auch bekannt, denn die SS vertrieb in der Stadt Postkarten, auf denen die Braunbären von Buchenwald beim Spielen abgebildet waren.[8] »Zoo Buchenwald« stand daneben.

Die Bären von Buchenwald. Ansichtskarten wie diese vertrieb die SS auch im nahen Weimar.

Auch Ilse Koch, die Frau des Lagerkommandanten, spazierte oft mit ihren Kindern durch den kleinen Tierpark. Und stets führte sie ihr Weg am »Draht« entlang. Obwohl es ansonsten streng verboten war, dort zu fotografieren, finden sich Bilder im Familienalbum, die Karl Koch mit seinem Sohn Artwin beim Füttern und Streicheln der Tiere zeigen.[9] Einige Jahre später sollte Ilse Koch vor einem amerikanischen Militärgericht stehen und behaupten, weder den Zaun noch das Lager dahinter bemerkt zu haben.[10]

Karl Koch war darauf bedacht, dass die Tiere nicht geärgert wurden, und verbat per Kommandanturbefehl »jegliches Füttern und Necken«.[11] Wer den Tieren dennoch etwas antat, wer etwa über die Mauer zum Bärenfelsen kletterte oder sich auch nur an einen der Käfige lehnte, musste damit rechnen, bestraft zu werden. Das galt auch für die SS-Mannschaften. Den Tieren sollte es schließlich gut gehen. Die Bitte des Häftlings Bergmann dürfte ihm demnach einleuchtend vorgekommen sein, und so befürwortete er dessen Antrag, als Bärenpfleger eingesetzt zu werden. Neben seiner Unterschrift hinterließ er jedoch noch folgenden Vermerk: *»Wenn ein Junges eingeht, hart bestrafen.«*[12]

VON »HERRENTIEREN« UND »MENSCHENTIEREN«

Allzu leicht ließe sich Karl Kochs Sorge um das Wohlergehen seiner Zootiere als verstörende Anekdote ohne weiteren Erkenntnisgewinn abtun – wäre sie nicht Teil einer systematischen Verschiebung der Grenzen, die ausgesuchte Tiere zu »Herrentieren« machte und Menschen willkürlich zu »Menschentieren« und »Untermenschen« degradierte. Für führende Nationalsozialisten stellten Tierschutz und Verbrechen gegen die Menschlichkeit keinen Widerspruch dar, im Gegenteil, sie fühlten sich sogar einer »moralischen Elite« zugehörig. Wie Heinrich Himmler, der in seiner Posener Rede im Jahr 1943 damit prahlte: »Ob bei dem Bau eines Panzergrabens 10 000 russische Weiber an Entkräftung umfallen oder nicht, interessiert mich nur insoweit, als der Panzergraben für Deutschland fertig wird. Wir werden niemals roh und herzlos sein, wo es nicht sein muss: das ist klar. Wir Deutsche, die wir als einzige auf der Welt eine anständige Einstellung zum Tier haben, werden ja auch zu diesen Menschentieren eine anständige Einstellung einnehmen.«[13]

Und auch Rudolf Höß, der Lagerkommandant von Auschwitz, fühlte sich bemüßigt, die besondere Beziehung zu betonen, die ihn seit seiner Kindheit mit den Tieren verbunden habe. Besonders Pferde hatten es ihm angetan.[14] Während seiner Zeit in Auschwitz suchte er meist dann ihre Nähe, wenn es ihm nicht mehr gelang, das tägliche Töten mit Pflichterfüllung und Gehorsam zu rechtfertigen: »Ich mußte den Vernichtungsvorgang, das Massenmorden weiter durchführen, weiter erleben, weiter kalt auch das innerlich zutiefst Aufwühlende mitansehen«, schrieb er in seinen Erinnerungen, die er nach dem Krieg während seiner Haftzeit in Polen verfasste. »Hatte mich irgendein Vorgang sehr erregt, so war es mir nicht möglich, nach Hause zu meiner Familie zu gehen. Ich setzte mich dann aufs Pferd und tobte so die schaurigen Bilder weg oder ich ging oft des Nachts durch die Pferdeställe und fand dort bei meinen Lieblingen Beruhigung.«[15] Während Himmler die Tiere heranzog, um die moralische Überlegenheit des NS-Regimes zu demonstrieren, bemühte sich Höß, die Pferde als Beweis seines sensiblen, mitfühlenden Charakters erscheinen zu lassen. Am meisten bemitleidete er sich aber wohl selbst für das, was er alles hatte »mitansehen müssen«.

Die Geschichten von Kochs Sorge um die Zootiere, von Höß' Flucht zu den Pferden und auch Hitlers oft erwähnte Schwäche für Schäferhunde sind nicht zuletzt auch Teil der Legende vom modernen Tier- und Naturschutz der Nationalsozialisten, die sich zu einem gewissen Grad bis heute gehalten hat. Noch immer wird darauf verwiesen, dass Hitler bereits im ersten Jahr seiner Herrschaft ein neues Tierschutzgesetz erlassen habe, das international als fortschrittlich galt und in der Bundesrepublik bis 1972 weitgehend unverändert in Kraft blieb – ein Gesetz, durch das erstmals im Deutschen Reich Tiere »um ihrer selbst willen« geschützt werden sollten und das dem selbst ernannten Tierfreund Hitler sogar einen Orden in den USA einbrachte.[16] Hermann Göring hatte in seiner Funktion als preußischer Ministerpräsident bereits zuvor gegen jede Form von Tierversuchen gewettert und den »Vivisektionisten« mit dem Konzentrationslager gedroht – eine der ersten öffentlichen Erwähnungen der KZs übrigens. In diesem Fall blieb es jedoch bei leeren Drohungen.[17]

All das widerspricht sich nur scheinbar. Denn der Tierschutz ist eng mit den Grundüberzeugungen der NS-Ideologie verknüpft. Maren Möhring zählt zu den wenigen Historikerinnen und Historikern, die sich bislang mit Tieren in der NS-Zeit beschäftigt haben. In einem Aufsatz hat sie detailliert untersucht, wie sich das Mensch-Tier-Verhältnis im nationalsozialistischen Deutschland verändert hat. Der auf den ersten Blick paradoxe Tierschutzgedanke der Nationalsozialisten, schreibt Möhring, lasse sich weder als reines Propagandamittel erklären, das letztlich »nicht ernst« gemeint gewesen sei, noch als ein vom übrigen NS-Gedankengut losgelöster positiver Aspekt. Er war vielmehr ein »integraler Bestandteil der Neuordnung der Gesellschaft auf völkisch-rassistischer Grundlage«.[18] Oder anders ausgedrückt: Eine Ideologie, die den Wert von Leben daran bemisst, welchen »Nutzen« es der eigenen »Lebensgemeinschaft« bringt, unterscheidet nicht zwischen »Mensch« und »Tier«, sondern zwischen »nützlichem« und »lebensunwertem« Leben. Es entsprang demnach demselben ideologischen Geist, manche Tiere unter besonderen Schutz zu stellen und manche Menschen wiederum zu »Schädlingen« zu erklären und sie systematisch zu vernichten.

Das zeigt sich in besonders zugespitzter Weise einmal mehr in Buchenwald: Kommandant Karl Koch, der so sehr um das Wohl der Zootiere besorgt war, ließ Häftlinge zu seinem Vergnügen in den Bärenzwinger werfen, um zuzusehen, wie sie von den Tieren zerfleischt wurden.[19] Leopold Reitter, ein Überlebender von Buchenwald, gab nach der Befreiung des Konzentrationslagers zu Protokoll: »Noch im Jahre 1944, als im Lager große Hungersnot herrschte, bekamen die Raubvögel, Bären und Affen täglich Fleisch, das selbstverständlich aus der

Häftlingsküche genommen und so der Verpflegung der Häftlinge entzogen wurde.«[20]

Derartige Berichte gibt es in großer Zahl. Auch jenseits der Konzentrationslager tauchen Tiere in zahlreichen Tagebüchern, Erinnerungen, Briefen und Alltagsdokumenten auf. Dennoch traten sie in der Forschung zum Nationalsozialismus bislang höchstens als Statisten in Erscheinung. Obwohl Historiker seit den Achtzigerjahren unzählige Bereiche der »Alltagsgeschichte« erschlossen haben, von der Mode über den Sport bis hin zu Ernährung, Handwerk und Drogenkonsum in der NS-Zeit, ist von den Tieren im Nationalsozialismus bisher nur selten die Rede gewesen.

Die Gründe dafür liegen auf der Hand, wie auch Mieke Roscher bestätigt, die an der Universität Kassel die derzeit einzige Professur für Human-Animal-Studies in Deutschland innehat: Die NS-Forschung, insbesondere die deutsche, habe nach wie vor Berührungsängste, »weil man befürchtet, dass der Fokus auf die Tiere zu einer Bagatellisierung der menschlichen Opfer führe«.[21] Doch gerade weil die scheinbar »harmlose« Geschichte der Tiere sowohl mit dem Alltag als auch der Ideologie des Nationalsozialismus so eng verwoben war, ist sie so relevant. Denn sie zeigt nicht zuletzt, wie tief gefährliches Gedankengut selbst in ideologisch unverdächtigen Lebensbereichen verankert sein und die Gesellschaft prägen kann: Wer das Zusammenleben mit Hauskatzen in den Dreißiger- und Vierzigerjahren näher betrachtet, bekommt einen Einblick in deutsche Wohnzimmer – wird aber auch unvermittelt mit einer völkisch-rassistischen Weltsicht konfrontiert, die tief in den Alltag vorgedrungen war. Wer nach Insekten im Nationalsozialismus forscht, findet sich über kurz oder lang in den Klassenzimmern deutscher Schulen wieder – und kann nicht umhin, sich mit »schwarzer Pädagogik« und Sozialdarwinismus zu beschäftigen. Und wer herausfinden möchte, welche Rolle Hausschweine zu dieser Zeit spielten, stößt auf Werbeplakate der Lebensmittelindustrie, auf frühe Formen der Recyclingwirtschaft, aber ebenso auf verquere Auswüchse der NS-Ideologie. Die Geschichten der Tiere liegen quer zu vielen bekannten Themen der NS-Forschung und eröffnen dadurch eine oft andere, meist neue, aber niemals bagatellisierende Perspektive auf das Leben im Nationalsozialismus.

AUF DEN SPUREN DER TIERE

Nicht überall war der Terror offensichtlich. Vielerorts war der braune Alltag eher grau in grau. Doch in allen seinen Lebensbereichen waren Tiere von Bedeutung, wie die folgenden Kapitel zeigen. Jedes von ihnen nähert sich anhand einer Tierart einer anderen Facette des Nationalsozialismus. Mithilfe des Hundes und seines wilden Urahns, des Wolfes, werfen wir einen Blick auf die Rassenlehre, der zeigt, wie eng Alltag und Ideologie, Politik und »Wissenschaft« miteinander verzahnt waren. Anhand des Hausschweins können wir nicht nur die Bedeutung von Nutztieren in der NS-Zeit ablesen; seine Rolle als wichtigster Fett- und Fleischlieferant für die »Volksernährung« war gleichzeitig zentral für die Bemühungen der Nationalsozialisten, einen vom Ausland vollkommen unabhängigen Staat zu schaffen und die eigene »arische Urkultur« unter Beweis zu stellen. Welche ambivalenten Gefühle Haustiere hervorriefen, zeigt sich vor allem an der Hauskatze. Für die einen war sie ein »jüdisches Tier«, das sich nicht zähmen ließ. Die anderen priesen sie als Mäusejäger und »hygienischen Helfer der Volksgesundheit«. In diesem Kapitel begegnen wir verschiedenen Katzenhaltern, etwa dem Philologen Victor Klemperer, der in Dresden mit seiner Frau erst um das Leben ihres Katers Mujel bangte. Und bald um das eigene.

Auch in der Pädagogik und Erziehung der Dreißiger- und Vierzigerjahre waren Tiere prägend. Wie schon die Jüngsten auf Krieg und Kampf vorbereitet wurden, sehen wir am Beispiel von Seidenraupen und Kartoffelkäfern. Insekten, so lässt sich an Schul- und Kinderbüchern darlegen, wurden zudem genutzt, um den Kindern zu erklären, was – und vor allem wer – im nationalsozialistischen Sinne ein »Schädling«, »Schmarotzer« oder »Parasit« war.

Dabei gab es nicht die eine uniforme Ideologie des Nationalsozialismus. Wie willkürlich weltanschauliche Aspekte mal auf diese, mal auf jene Art miteinander kombiniert wurden, zeigt sich wiederum beispielhaft an der Haltung der Nationalsozialisten zur Jagd: Während Hitler die Jäger als »grüne Freimaurer« verspottete, konnte Reichsjägermeister Hermann Göring bekanntlich gar nicht genug von der Trophäenjagd bekommen. Im Zentrum dieses Kapitels steht der Rothirsch Raufbold, dessen Statue den Umschlag dieses Buches ziert. Einst Görings Trophäensucht zum Opfer gefallen, überdauerte Raufbolds in Bronze gegossenes Abbild die Zeiten und die zwölf Jahre des »Tausendjährigen Reiches« – ebenso wie das weltanschauliche Erbe Görings die Jägerschaft bis heute prägt.

Und schließlich darf ein Bereich nicht fehlen, wenn es um die Rolle der Tiere im Nationalsozialismus geht: Der Zweite Weltkrieg, vor allem der Ostfeldzug, wäre ohne Millionen von Pferden nicht möglich gewesen. Im letzten Kapitel begleiten wir den Trakehnerhengst Siegfried, der mit seinem Reiter im Sommer 1941 beim Überfall auf die Sowjetunion dabei war und auch dann noch weiter gen Osten zog, als Motoren und Maschinen in der Kälte des russischen Winters längst den Geist aufgegeben hatten. In diesem Kapitel zeigt sich, wie komplex die symbolische Bedeutung des Pferdes für das Weltbild der Nationalsozialisten war – und wie lang der Schatten ist, den dieses Symbol auch in der Bundesrepublik noch wirft.

GRENZEN ZIEHEN

In seinen *Minima Moralia – Reflexionen aus dem beschädigten Leben*, einer Sammlung von Aphorismen und kurzen Essays, schreibt Theodor W. Adorno, dass die »Entrüstung über begangene Grausamkeiten« umso geringer werde, »je unähnlicher die Betroffenen den normalen Lesern sind«. Daraus folgerte er: »Vielleicht ist der gesellschaftliche Schematismus der Wahrnehmung bei den Antisemiten so geartet, daß sie die Juden überhaupt nicht als Menschen sehen. Die stets wieder begegnende Aussage, Wilde, Schwarze, Japaner glichen Tieren, etwa Affen, enthält bereits den Schlüssel zum Pogrom. Über dessen Möglichkeit wird entschieden in dem Augenblick, in dem das Auge eines tödlich verwundeten Tiers den Menschen trifft. Der Trotz, mit dem er diesen Blick von sich schiebt – ›es ist ja bloß ein Tier‹ –, wiederholt sich in den Grausamkeiten an Menschen, in denen die Täter das ›nur ein Tier‹ immer wieder sich bestätigen müssen, weil sie es schon am Tier nie ganz glauben konnten.«[22]

Für Adorno spiegelte sich im Umgang mit den Tieren auch das Verhältnis des Menschen zu sich selbst wider. In diesem Sinne sind die Geschichte und die Geschichten der Tiere im Nationalsozialismus nicht nur Zeugnisse ihrer Zeit. Sie offenbaren auch das Menschen- und Weltbild, das diese Zeit hervorgebracht hat, und sind daher letztlich viel mehr als stumme Statisten.

1

BLUTSBANDE

Ich habe meinem Schmerze einen Namen gegeben
und rufe ihn ›Hund‹.
Friedrich Nietzsche, Die fröhliche Wissenschaft

Wie aus dem Nichts ist der Fremde aufgetaucht, so plötzlich, dass er ihn zunächst gar nicht wahrgenommen hat. Schließlich war er ganz damit beschäftigt, einer Ratte nachzujagen. Durch Gräben und unter Stacheldrahtverhauen hindurch hat er sie verfolgt. Irgendwie muss er dabei die Orientierung verloren haben und schließlich, ohne es zu merken, hinter die feindlichen Linien gelangt sein, wo mit einem Male dieser Mann vor ihm steht. Als der nach ihm greift, beißt er zu, so fest er kann. Doch der Mann lässt nicht los und schleppt ihn fort, in einen dunklen Raum unter der Erde, wo die Luft feucht und kühl ist und es nach Mensch riecht.

Der Fremde ist ein 23-jähriger deutscher Gefreiter. Wie üblich ist er auch an diesem Tag im Frühjahr 1915 gerade auf dem Weg zu seiner Einheit, dem 16. Königlich Bayerischen Reserve-Infanterie-Regiment, das sein Lager im Keller des Schlosses von Fromelles in Nordfrankreich aufgeschlagen hat, nur wenige Kilometer hinter der Westfront. Der Soldat wundert sich über den kleinen Überläufer mit dem weißen Fell und dem schwarzen Fleck, der sich über dessen linkes Ohr und Auge erstreckt. Da der Hund aus Richtung der britischen Stellungen kam und einem englischen Foxterrier ähnelt, nennt der Soldat ihn Foxl.[1]

Im Quartier angekommen, versucht er Foxls Vertrauen mit Keksen und Schokolade zu gewinnen. Der junge Mann versteht nicht allzu viel von Hunden, sonst wüsste er, dass Schokolade für einen Hund Gift ist und gerade für solch einen kleinen schon in geringen Mengen tödlich sein kann. Der in der Kakaobohne enthaltene Stoff Theobromin löst bei Hunden eine Erhöhung des Blutdrucks aus und verengt die Blutgefäße, was zu Krämpfen, Herzrhythmusstörungen und letzten Endes zum Atemstillstand führen kann. Aber es herrscht Krieg, und die Schokolade, die die Soldaten in ihrem Proviant haben, ist von minderer Qualität, sodass sie – zum Glück für Foxl – kaum Kakao enthält. Der legt seine anfängliche Scheu bald ab. Allmählich gewöhnt er sich an den ruhigen Mann, der ihm beibringt, über Seile zu springen, Leitern hinauf- und wieder hinabzuklettern.

Der Soldat dient als Meldegänger; sein Auftrag ist es, Botschaften vom Regimentsstab nach vorne zu den Bataillonsstäben zu überbringen. »Etappenschwein« nennen die Soldaten an der Front einen wie ihn abfällig, da er sich meist im Rückraum der Schützengräben bewegt und so den feindlichen Kugeln und Granaten aus dem Weg gehen kann. Das kränkt und ärgert ihn so sehr, dass er sich in späteren Jahren stets als tapferen Frontkämpfer darstellen und alles daransetzen wird, jeden Zweifel an seinem Heldenmut zu beseitigen.

Mehrmals ist das Regiment bereits verlegt worden, und jedes Mal ist Foxl mitgekommen. Er ist mittlerweile eine Art Maskottchen, mit dem sich die Männer gerne fotografieren lassen. Wenn sein Soldat ausrückt, bleibt Foxl im Quartier angeleint zurück und harrt aus, bis dieser wieder zurückkehrt. Doch ab dem Herbst 1916 bleibt er länger als gewöhnlich fort.

Anfang Oktober haben die Soldaten Stellung zwischen den Städtchen Bapaume und Le Barque bezogen, rund 15 Kilometer nördlich der Somme. Seit Anfang Juli 1916 versuchen dort britische, französische und deutsche Einheiten einander in einer Abnutzungsschlacht zu zermürben. Als die Kämpfe viereinhalb Monate später enden, sind auf beiden Seiten insgesamt mehr als eine Million Soldaten gefallen. Es ist eine der verheerendsten Schlachten dieses Krieges. Foxls Soldat hat Glück und überlebt; bereits nach drei Tagen im Gefecht hat sich ein Granatsplitter in seinen linken Oberschenkel gebohrt, was ihm rund zwei Monate im Lazarett in Beelitz bei Berlin beschert.[2]

Nach seiner Rückkehr zur Truppe Anfang März 1917 berichten ihm seine Kameraden, dass der Hund auf niemanden gehört habe und sich kaum streicheln lassen wollte. Es erfüllt ihn mit Stolz, dass Foxl nur ihm folgt, denn außer diesem Hund gibt es niemanden, der das täte. Unter seinen Kameraden gilt der Mann als Einzelgänger, als Sonderling, der für ihre Zoten und Prahlereien nichts übrig hat und sich lieber hinter seiner Zeitung und seinen Zeichnungen verkriecht oder mit seinem Hund spielt. Foxl scheint das einzige Lebewesen zu sein, dem er zugeneigt ist.[3]

Für viele Soldaten, die in diesen Krieg gezogen sind, sind Hunde zu wichtigen Begleitern und engen Vertrauten geworden. Sei es, da sie als Erste riechen, wenn das Giftgas in die Gräben kriecht, und die Männer rechtzeitig warnen, sei es, indem sie Nachrichten an die vorderste Front bringen und Verwundete im Niemandsland zwischen den Linien aufspüren. Oder indem sie den Soldaten Trost spenden. Vielen erscheinen die Hunde wie Boten aus einer besseren Welt, die ihnen mehr Hoffnung vermitteln als all die aufmunternden Briefe aus der Heimat und Durchhalteparolen der Vorgesetzten.[4] In einem Erlebnisbericht von der italienischen Front schreibt der K.-u.-k.-Soldat Robert Hohlbaum: »Uns hat in den Tagen, da die

Welt wankte, ein liebes Hundebellen mehr gegeben, als die klügsten Worte der Menschen.«[5]

Auch unser junger Soldat kann sich nicht mehr vorstellen, ohne seinen Foxl zu sein. Eines Tages, wenn der Krieg vorbei und er noch am Leben sein sollte, will er eine Hündin für ihn besorgen. Doch noch sind sie irgendwo im Hinterland der Westfront und teilen sich Feldbett und Fraß. So vergehen zweieinhalb Jahre, in denen Foxl ihn auf seinem Marsch durch Nordfrankreich und Belgien begleitet. Hin und wieder jagt er zwar noch einer Ratte nach, kehrt aber am Ende stets zu ihm zurück. Bis zu jenem Tag im August 1917.

Das Regiment soll erneut verlegt werden, mit dem Zug geht es in Richtung Elsass, als Foxl plötzlich wie vom Erdboden verschluckt ist. Sofort hat der Soldat einen Verdacht. Kurz zuvor hat ihm ein Eisenbahner 200 Mark für den Hund geboten. Doch der Soldat hat entrüstet abgelehnt: »Und wenn Sie mir 200 000 geben, Sie kriegen ihn nicht!«

Er ist sich sicher, dass dieser »Schweinehund« ihn gestohlen hat. Doch ihm bleibt keine Zeit, nach Foxl zu suchen, seine Einheit hat sich bereits in Bewegung gesetzt, ein langer Fußmarsch steht bevor. Mit dem Gefühl, seinen treuesten Begleiter verloren zu haben und nichts dagegen tun zu können, setzt auch er sich in Bewegung und versucht, Foxl hinter sich zu lassen. Kein Opfer dieses Krieges geht ihm so nahe wie der Verlust seines Hundes.

Was aus Foxl geworden ist, wird Adolf Hitler nie erfahren. Er selbst wird, wie wir wissen, nach dem Krieg in seine Wahlheimat München zurückkehren, wo er sich nach einer kurzen Phase der politischen Orientierungslosigkeit radikalisiert und 1920 die Nationalsozialistische Deutsche Arbeiterpartei (NSDAP) in ihrer finalen Form mitbegründet. Nach dem gescheiterten Putschversuch gegen die bayerische Landesregierung im November 1923 landet er für einige Monate im Knast. Von seinen Gegnern unterschätzt und von willigen Helfern unterstützt, gelingt es ihm danach, so hoch aufzusteigen, dass ihm bald nicht mehr nur ein Hund, sondern fast ein ganzes Volk nachläuft.[6]

Ende Januar 1942 sitzt Adolf Hitler, wie er das so oft des Nachts tut, mit seinen Gefolgsleuten in seinem Führerhauptquartier »Wolfsschanze« im tiefsten Ostpreußen und erzählt vom Verlust seines ersten Hundes Foxl.[7] Zu dieser Zeit werden die ersten Zwangsarbeiter aus der Sowjetunion nach Deutschland verschleppt. Von den schätzungsweise rund fünf Millionen russischen Juden sind bereits 500 000 von sogenannten »Einsatzgruppen« des Reichssicherheitshauptamtes erschossen worden.[8] Vor wenigen Tagen erst, am 20. Januar, haben sich 15 hochrangige Mitglieder verschiedener Regierungsämter und der SS zur Mittagszeit in einer Villa am Großen Wannsee im Südwesten Berlins getroffen, zu einer »Besprechung mit anschließendem Frühstück«, wie es in der Einladung hieß. Bevor es zum Essen ging, standen aber noch »mit der Endlösung der Judenfrage zusammenhängende Fragen« auf der Tagesordnung. Elf Millionen Menschen haben die NS-Bürokraten in ganz Europa erfasst.[9] Der Massenmord an ihnen ist bereits in vollem Gange.

Auch wenn Hitler bei dieser Verabredung zum Völkermord nicht zugegen ist, ist er über alle Schritte stets bestens informiert und segnet das weitere Vorgehen ab.[10] Dass die eingeleiteten Schritte zur Vertreibung und Ermordung der europäischen Juden ganz in seinem Sinne sind, daran lässt er keinen Zweifel: »Am besten, sie gehen nach Rußland. Ich habe kein Mitleid mit den Juden«, sagt er etwa eine Woche nach der Konferenz während einer weiteren nächtlichen Gesprächsrunde in der »Wolfsschanze«.[11] Hier, in der vertrauten Atmosphäre seines Führerhauptquartiers, wo der Krieg noch fern ist und ihn niemand unterbricht, redet er am liebsten von seinen Befindlichkeiten, erzählt von Foxl, von Muck und Blondi und all den anderen Hunden, die er mal besessen hat.

Zahlreiche hatte er bereits, wie viele es am Ende sein werden, lässt sich nicht mit Gewissheit sagen, da sich die Quellen in diesem Fall widersprechen und Hitler zudem mehreren Hunden die gleichen Namen gibt – allein drei Rüden nennt er Wolf, drei Hündinnen Blondi. Zeitweilig besitzt er drei Hunde gleichzeitig, insgesamt sind es wohl 13 Tiere, mit einer Ausnahme allesamt Schäferhunde, die er von 1922 bis 1945 hält. Von den zahlreichen Hunden, die er darüber hinaus Parteimitgliedern und Weggefährten zu besonderen Anlässen schenkt, ganz zu schweigen.[12]

Hitler bezeichnet sich selbst als tierlieb, dennoch stellt sich die Frage, ob er tatsächlich ein Hundefreund im eigentlichen Sinne ist.[13] »Hund« ist eines der häufigsten Schimpfworte, die er verwendet – ganz egal ob er sich während seiner nächtlichen Monologe in Rage redet oder seinen Feinden droht. Schon 1923 hat er im *Völkischen Beobachter*, der Parteizeitung der Nationalsozialisten, verkündet, er wolle »lieber ein toter Achill als ein lebender Hund« sein.[14] Zudem ist »Hund« für ihn nicht gleich »Hund«. Auf Reinrassigkeit legt er besonderen Wert, auch wenn er manche Rassen grundsätzlich ablehnt. Bulldoggen und Boxer gefallen ihm nicht. Bei Dackeln, die ursprünglich gezüchtet wurden, um Dachse zu jagen und diese eigenständig bis in den Bau zu verfolgen, stört ihn gerade der rassetypische Charakterzug; sie sind ihm zu eigensinnig. Was Hitler hingegen schätzt, sind Hunde, die keinen zu starken eigenen Willen haben, die aufs Wort gehorchen und gefügig sind. Von allen Hunderassen hat es ihm der Deutsche Schäferhund besonders angetan.

Während die Nationalsozialisten Juden, Sinti und Roma zu »Untermenschen« und Menschen mit Behinderung zu »unwertem Leben« erklären, erheben sie einige Tiere zu »Herrentieren« – so auch den Hund.[15] Alles, was nicht in ihr Wertebild passt, was in ihren Augen als »rassefremd«, »entartet« oder »krank« zu betrachten ist, versuchen sie auszumerzen.[16] Wie stark sie sich dabei an der Tierzucht orientieren, zeigt sich wohl nirgends so deutlich wie im Fall des Deutschen Schäferhundes.[17] Doch diese Entwicklung hat nicht erst in den Dreißigerjahren begonnen. Und um sie zu verstehen, lohnt sich ein Blick weit zurück in die Geschichte der Beziehung zwischen Mensch und Hund.

DIE RASSE DES RITTMEISTERS

Wann es genau war, ist unklar, aber irgendwann zwischen 40 000 und 15 000 Jahren vor unserer Zeit fanden Menschen und Wölfe zueinander. Vermutlich waren es die Abfälle und Essensreste der Menschen, die zuerst die weniger scheuen unter den Wölfen anlockten. Auch wenn es vereinzelt vorkam, dass Menschen verwaiste Wolfsjunge bei sich aufnahmen und großzogen, so ging der Impuls doch wahrscheinlich zuerst von den Wölfen aus.[18] Da sowohl Wölfe als auch Menschen in engen Familienverbänden leben, fiel beiden die Anpassung an den jeweils anderen nicht allzu schwer. Aus den gezähmten Wölfen wurden im Laufe der Zeit Hunde und aus den einst umherziehenden Jägern sesshafte Siedler. Entsprechend alt sind einige Hunderassen: Die Ursprünge von Bernhardiner und Collie gehen bis ins Mittelalter zurück; der Portugiesische Wasserhund half bereits in der frühen Antike den Seeleuten an der Atlantikküste beim Fischfang.[19]

Im Gegensatz dazu ist der Deutsche Schäferhund geradezu blutjung und nicht einmal so alt wie sein fanatischer Verehrer. Erst im Jahre 1901, als der zwölfjährige Adolf Hitler noch die Realschule in Linz besuchte, legte ein gewisser Max von Stephanitz die Merkmale dieser Rasse erstmals fest, in seinem Werk *Der Deutsche Schäferhund in Wort und Bild*.

Auf den Hund gekommen war von Stephanitz selbst erst wenige Jahre zuvor durch einen Zufall. Er hatte sich zwar schon früh für Tiere interessiert und eigentlich Landwirt werden wollen, aber dann dem Wunsch seiner Mutter nachgegeben und eine Militärlaufbahn als Kavallerist eingeschlagen. Abgesehen von einem Papagei daheim waren die Armeepferde lange Zeit seine einzigen tierischen Kontakte bis zu jenem einschneidenden Erlebnis Mitte der 1890er-Jahre. Während einer Gefechtsübung beobachtete er einen Schäfer, der in der Rheinebene mithilfe von Hunden seine Herde zusammentrieb. Staunend sah von Stephanitz zu, wie der Hirte seine Hunde nur mit Fingerzeichen und Rufen lenkte. Das Zusammenspiel von Mensch und Tier erinnerte ihn an ein Manöver und faszinierte ihn so sehr, dass er daraufhin beschloss, sich den Schäferhunden zu widmen.[20] Mehr noch, er wollte eine Hunderasse züchten, die die Tugenden des preußischen Soldaten in sich vereinte: Treue, Mut, Ausdauer, Fleiß und Gehorsam.[21] Zudem sollte sie möglichst »wolfsähnlich« aussehen und damit dem nahekommen, was sich von Stephanitz und Zeitgenossen unter dem »germanischen Urhund« vorstellten.[22]

Um die Jahrhundertwende gab es in den verschiedenen Provinzen des Deutschen Reiches zwar mehrere Schläge* von Hütehunden, die sich jedoch in der Farbe ihres Fells, im Körperbau sowie ihrer Größe stark unterschieden und längst kein einheitliches Rassebild abgaben. Von Stephanitz war allerdings überzeugt, dass in all diesen Hunden die »Angehörigen einer allgemeinen, weit verbreiteten Rasse« steckten, deren Ursprünge seiner Meinung nach bis in die Bronzezeit zurückreichten.[23] Indem er die richtigen Zuchttiere auswählte und alles »Krankhafte« aussortierte, hoffte er, diese Rasse wieder zum Vorschein zu bringen.[24]

Zu diesem Zweck kaufte von Stephanitz sich 1897 eine Hündin. Im Jahr darauf fand er bei einem Züchter in Frankfurt am Main einen großen, dreijährigen Rüden mit einer Rückenhöhe von gut 60 Zentimetern, der genau seinen Vorstellungen entsprach: »Mit kräftigen Knochen, schönen Linien und edel geformtem Kopf, das Gebäude trocken und sehnig, der ganze Hund ein Nerv«, schwärmte von Stephanitz und offenbarte in der Beschreibung des »Wesens« des Hundes sein für die Zeit so typisches Machtverständnis: »Wundervoll in seiner anschmiegenden Treue zum Herrn, allen anderen gegenüber eine rücksichtslose Herrennatur.«[25]

Um den vermeintlich auserwählten Vierbeinern standesgemäße Namen zu verleihen, nannte er die Hündin nach der nordischen Göttin der Liebe und Ehe, Freya, und den Rüden nach einem Helden der germanischen Sage, Horand. Als Zusatz be-

* Ein Schlag meint innerhalb einer Rasse diejenigen Tiere, die sich in bestimmten Merkmalen sehr ähneln.

kamen sie noch den Namen seines oberbayrischen Gutshofes Grafrath angehängt – fertig war der Hundeadel.

Als von Stephanitz gut ein Jahr später im April 1899 den »Verein für Deutsche Schäferhunde« mitbegründete, erhielt Horand die Zuchtbuchnummer »1« und wurde zum Stammvater zahlreicher Generationen Deutscher Schäferhunde.[26]

Um ein einheitliches Aussehen zu erreichen, setzten von Stephanitz und seine Vereinskollegen vor allem auf zwei Schläge: kleine, gedrungene Tiere aus Thüringen und große, kräftige aus Württemberg.[27] Von sogenannten »Luxushunden«, die nur des Aussehens wegen gezüchtet würden, hielt von Stephanitz nichts – der Deutsche Schäferhund sollte vor allem ein »Gebrauchshund« sein. Nicht alle Züchter folgten von Stephanitz' Vorstellungen. Manche von ihnen kreuzten Schäferhunde mit Wölfen, um Krankheiten wie der Staupe vorzubeugen oder einen attraktiveren, »wolfsähnlicheren« Körperbau zu erreichen.[28] Von Stephanitz lehnte das grundsätzlich ab, da es seiner Meinung nach »nur bissige und scheue Hunde« hervorbringe. Er berief sich dabei auf eine arg verkürzte und zugespitzte Aussage Charles Darwins, wonach das Kreuzen die »auszeichnenden Eigenschaften beider Elternrassen« auslösche und charakterlose Bastarde hervorbringe.[29]

Neben Darwin bezog sich von Stephanitz in seiner Arbeit vor allem auf den Zoologen und Mediziner Ernst Haeckel, der Darwins Vererbungstheorien als einer der Ersten auf den Menschen übertragen hatte und als Wegbereiter der sogenannten Eugenik galt.

Diesen Begriff hatte wiederum der britische Naturforscher Francis Galton – ein Cousin Darwins – 1883 geprägt. Galton meinte damit eine Verbesserung der menschlichen Erbanlagen durch gezielte und gelenkte Zucht. Er war überzeugt, dass Intelligenz ausschließlich erblich und nicht durch Umwelt-einflüsse bedingt sei und deshalb auch die geistigen Unterschiede zwischen den »Menschenrassen« durch deren Erbanlagen vorgegeben seien.[30] Um die Gesundheit des gesamten Volkes zu garantieren, sollte deshalb die Fortpflanzung gesunder, intelligenter Menschen gefördert werden, während die »kranker« und »niederer« Menschen zu unterbinden sei.[31] Haeckel schloss daran an und bemühte zudem den Vergleich mit den antiken Spartanern, die ihre Schönheit, Kraft und geistige Energie seiner Überzeugung nach »der alten Sitte« verdankten, alle schwächlichen und behinderten Säuglinge sofort nach der Geburt zu töten.[32]

Die Eugenik fand schnell überall auf der Welt ihre Anhänger. Bereits 1907 wurde im US-Bundesstaat Indiana ein Gesetz zur Zwangssterilisation von behinderten Menschen und Kriminellen erlassen. Ab den Zwanzigerjahren entstanden in 15 US-Bundesstaaten ähnliche Gesetze, ebenso in mehreren skandinavischen und baltischen Ländern.[33]

In Deutschland war die Eugenik zu dieser Zeit vor allem als »Rassenhygiene« bekannt, ein Ausdruck, der auf den Arzt Alfred Ploetz zurückgeht.[34] Ploetz, ein Freund Haeckels, sah in der Pflege von Menschen mit Behinderungen, Kranken und Armen »humane Gefühlsduseleien«, die »nur die Wirksamkeit der natürlichen Zuchtwahl« verhindere.[35] Ebenso wie Galton war Ploetz der Meinung, dass der Staat die Fortpflanzung der Bevölkerung steuern müsse.[36]

Obwohl es bereits während der Weimarer Republik Bestrebungen in diese Richtung gab, sollte es jedoch noch bis 1933 dauern, bis mit dem »Reichsgesetz zur Verhütung erbkranken Nachwuchses« die Zwangssterilisation von behinderten Menschen, psychisch Kranken und Alkoholikern vorgeschrieben wurde.[37] Bis es so weit war, blieb die »rassische Zuchtauswahl« auf Tiere beschränkt, auch wenn schon von Stephanitz im Sinne Haeckels und Ploetz' bereits einen Schritt weiterdachte: Der Hundezüchter, der unter anderem empfahl, missgebildete, schwächliche oder nur überzählige Welpen lieber zu erschlagen, schrieb bereits 1932: »Wir können unsere Schäferhundzucht recht wohl mit der menschlichen Gesellschaft vergleichen.«[38] In den »Bestimmungen über die Führung des Zuchtbuchs« legte er schließlich fest, dass der »Anteil fremden Blutes« in der Schäferhundzucht bis zu 1/128 anzugeben sei. Und ebenso wie der Deutsche Schäferhund sollte auch der »deutsche Volkskörper« rein gezüchtet werden.[39] 1935 griffen die Nationalsozialisten von Stephanitz' »Zuchtbestimmungen« in der »Ersten Verordnung zum Reichsbürgergesetz« auf.[40] Nun ging es nicht mehr allein um die »Blutbeimischung« bei Schäferhunden, sondern um den »Mischlingsgrad« von »Juden« und »Zigeunern«.[41]

Von Stephanitz traf mit der gezielten Zucht des Deutschen Schäferhundes den Nerv der Zeit. Reinrassigkeit bei Tieren galt in den bürgerlichen Kreisen des 19. Jahrhunderts als erstrebenswert, da man glaubte, auf diese Weise das Verhalten eines Tieres besser und präziser voraussagen zu können.[42] Innerhalb von zwölf Jahren stieg die Zahl der als reinrassig anerkannten Tiere von 250 auf rund 13 000.[43] Anfang der Dreißigerjahre umfasste das Zuchtbuch bereits mehr als 400 000 Deutsche Schäferhunde.[44]

Innerhalb weniger Jahrzehnte war der Deutsche Schäferhund so zum Sinnbild des deutschen Hundes aufgestiegen. Wurden um die Jahrhundertwende noch die Doggen des Reichskanzlers Otto von Bismarck respektvoll »Reichshunde« genannt und später dann die Dackel Kaiser Wilhelms II. »als Sinnbild des gemütlichen Deutschen« angesehen, stand fortan von Stephanitz' Schäferhund für das Deutschtum schlechthin.[45]

Auf dessen vermeintlich soldatische Tugenden wollen die Nationalsozialisten dann auch im Krieg nicht verzichten. Mit Kriegsbeginn 1939 ergehen reihenweise Musterungsbefehle an private Hundehalter. Allein im ersten Kriegsjahr werden schätzungsweise 200 000 Hunde aus deutschen Haushalten eingezogen. Neben dem Deutschen Schäferhund sind vor allem Airedale-Terrier, Dobermann, Rottweiler, Riesenschnauzer und Boxer begehrt. Die Aufgaben der Hunde im Militär haben sich im Vergleich zum Ersten Weltkrieg deutlich verändert: Die Zeit der Sanitäts- und Meldehunde ist vorbei, gerade die großen Rassen sind nun vor allem als Spür- und Wachhunde gefragt. Da die Verluste an der Ostfront besonders hoch sind, werden 1941 die Anforderungen gelockert und nun auch Mischlingshunde – oft abfällig als »Bastardhunde« bezeichnet – gemustert, solange sie eine Schulterhöhe von mehr als 50 Zentimetern haben.[46] Kurzerhand wird die ideologische Weltsicht rasch den neuen Gegebenheiten angepasst, wie es auch in anderen Bereichen des NS-Staats so häufig der Fall ist.

Aber zurück zum Deutschen Schäferhund und einem seiner größten Verehrer. Adolf Hitler kann sich keinen anderen Hund an seiner Seite mehr vorstellen, seit er zu seinem 33. Geburtstag am 20. April 1922 seinen ersten Schäferhund bekommen hat. Er war ein Geschenk seiner Parteigenossen. Und da Hitler zum romantischen Kitsch neigt, hat er ihn »Wolf« genannt.[47] Denn für den wilden Urahn des Hundes hat er ebenfalls eine gewisse Vorliebe. Im vertrauten Kreis lässt er sich selbst gern mit »Wolf« anreden, unterschreibt private Briefe mit diesem Spitznamen und quartiert sich gerade zu Beginn seiner politischen Laufbahn des Öfteren unter dem Namen »Herr Wolf« in Hotels ein. Mehrere seiner zahlreichen Führerhauptquartiere tragen zudem den Wolf im Namen – wie die »Wolfsschanze« in

Ostpreußen, die »Wolfsschlucht« im besetzten Belgien oder »Werwolf« in der Ukraine.

Der Begriff »Werwolf« wird gegen Kriegsende noch eine weitere Bedeutung bekommen, denn SS-Chef Heinrich Himmler verwendet ihn ab 1944 für seine paramilitärischen Verbände, die in den deutschen Grenzgebieten Sabotageakte gegen die vorrückenden Alliierten verüben sollen. Und Propagandaminister Joseph Goebbels stachelt in einer Rundfunkansprache Anfang April 1945 die deutsche Bevölkerung zum gewaltsamen Widerstand mit den Worten an: »Der Werwolf hält selbst Gericht und entscheidet über Leben und Tod.«[48]

TODFEIND UND TOTEMTIER

»Niemanden haßt der Hund so wie den Wolf«, schrieb der Katzenhalter und Hundehasser Kurt Tucholsky Ende der Zwanzigerjahre in seinem bissigen *Traktat über den Hund*, denn »er erinnert ihn an seinen Verrat, sich dem Menschen verkauft zu haben – daher er dem Wolf seine Freiheit neidet.«[49]

Dass sich Hundeliebe und Wolfskult nicht widersprechen müssen, beweisen die Nationalsozialisten jedoch eindringlich; unter allen Tiersymbolen ihrer Ideologie nimmt der Wolf die wichtigste Rolle ein. Und da sie sich selbst nur allzu gern als menschliche Raubtiere sehen, hat ihr oberster Propagandist Joseph Goebbels bereits im April 1928, wenige Wochen vor den Reichstagswahlen, der politischen Konkurrenz mit den Worten gedroht: »Wir kommen als Feinde! Wie der Wolf in die Schafherde einbricht, so kommen wir.«[50]

Wilde Tiere, und besonders Beutegreifer wie der Wolf, genießen in der NS-Ideologie einen höheren Stellenwert als Haustierrassen, da diese im Vergleich zu ihren wilden Vorfah-

Totes Totemtier. Solange der Wolf nicht leibhaftig in deutschen Wäldern auftauchte, war er im »Dritten Reich« gern gesehen, wie hier unter den Augen Görings auf der Internationalen Jagdausstellung in Berlin 1937.

ren durch jahrtausendelange Domestikation verweichlicht seien. Wissenschaftler wie der österreichische Verhaltensforscher Konrad Lorenz stützen diese These. Lorenz, der kurz nach dem Anschluss Österreichs ans sogenannte Altreich der NSDAP beigetreten ist, ist davon überzeugt, dass »alle körperlichen und moralischen Verfallserscheinungen« beim zivilisierten Menschen »mit den Domestikationserscheinungen der Haustiere wesensgleich sind«.[51]

Für die Nazis ist der Wolf nicht nur Propagandamittel, sondern auch ein Teil jener von ihnen imaginierten »germanischen Urwildnis«, die es wieder zu erschaffen gelte. Auf der Internationalen Jagdausstellung in Berlin 1937 werden den Besuchern daher auch 129 Wolfstrophäen in der Sonderausstellung »Urwild« gezeigt, neben den Nachbildungen des ausgerotteten Auerochsen und des Wisents. Denn wie die mächtigen

Wildrinder ist auch der Wolf zu dieser Zeit längst aus den deutschen Wäldern verschwunden.

Jahrhundertelang wurde er gefürchtet, gehasst und verfolgt. Selbst der sogenannte »Tiervater« Alfred Brehm bezeichnete ihn im 19. Jahrhundert als »vierbeinigen Raubmörder«, der »ungeheueren Schaden« anrichte und »während andauernder Kriege« den Heeren folge.[52] Deshalb verpflichtete der preußische König Friedrich Wilhelm III. 1814 die Ackerbauern und Viehbesitzer seines Reiches per Gesetz zur Wolfsjagd.[53] Die Bauern zeigten sich als folgsame Untertanen. Mehr als tausend Tiere wurden in manchem Jahr geschossen, sodass der Wolf in der zweiten Hälfte des 19. Jahrhunderts auf deutschem Gebiet weitgehend ausgerottet war.[54] 1904 wurde der letzte Wolf in der Lausitz erschossen, 1911 wurden im Elsass die letzten verbliebenen Tiere erlegt.[55]

Als die Nationalsozialisten schließlich die Macht übernehmen, streifen lediglich in den Wäldern Ostpreußens vereinzelt Tiere umher.[56] Trotz seiner besonderen Bedeutung für die NS-Ideologie hat der leibhaftige Wolf auch nach 1933 hierzulande kaum eine Überlebenschance. Laut Reichsjagdgesetz zählt er zwar zum »nichtjagdbaren Haarwild«*, doch unter Schutz, wie in der Literatur immer wieder behauptet wird, steht er deshalb noch lange nicht.[57] In der Rominter Heide in Ostpreußen, wo Hermann Göring in seinem Staatsjagdrevier oft auf der Pirsch ist (und wohin wir uns auch in einem späteren Kapitel noch einmal aufmachen werden), tauchen hin und wieder Wölfe aus Polen und dem Baltikum auf. Diese werden jedoch von Görings grünen Schergen jedes Mal mit großem Eifer gejagt.[58]

Obwohl sie sich mit den »wölfischen« Eigenschaften so

* Der Wolf unterlag dem »freien Tierfang«, der über das BGB geregelt war, und hatte damit keinen besonderen Schutzstatus.

stark identifizieren, verzichten die Nationalsozialisten bewusst auf den Schutz ihres »Totemtiers«, höchstwahrscheinlich aus Rücksicht auf einen wichtigen Teil ihrer Stammwählerschaft – die Landwirte, in deren Augen der Wolf seit jeher der Todfeind ist, der es nur auf ihr Vieh abgesehen hat.[59]

In der NS-Jagdliteratur wird der Wolf weniger verteufelt und stattdessen als »vorzügliche Sanitätspolizei« und »Heger des Rotwilds« gerühmt, der nur so viel reiße, »wie er zur Nahrung braucht«.[60] Es gibt sogar Überlegungen, ihn wieder anzu siedeln: »Sollte es möglich sein, den Wolf an Fütterungen zu gewöhnen, besonders im Winter, so sollte es vielleicht auch für ein Land mit hoher Kultur möglich sein, sich wenigstens einen kleinen Bestand an Wölfen zu leisten«, schreibt Wilhelm Bieger in seinem »Handbuch der Deutschen Jagd« von 1940. Dabei geht es ihm aber weniger darum, den Wolf als Wildtier zu erhalten. Vielmehr zielt er einzig und allein darauf ab, die Wolfsjagd wiederzubeleben, da sie »ungemein reizvoll« sei.[61]

Da der Wolf vorerst nur in der braunen Ideologie durch die heimischen Wälder streift, muss also der »wolfsähnliche« Deutsche Schäferhund weiterhin als zentrales Propagandatier herhalten.

FRÄULEIN BRAUNS FRONDEURIN

Eine Alpenidylle. Bemüht lässig fläzt sich Adolf Hitler in Anzug und Tirolerhut auf einer Almwiese. Den Oberkörper auf den rechten Arm gestützt, das linke Bein angewinkelt, blickt er über einen hechelnden Schäferhund hinweg in die Ferne. Bis auf die Landschaft und das Hecheln des Hundes ist jedes Detail an diesem Foto gestellt, denn es soll eine vermeintlich private Seite des »Führers« in spe zeigen.

Hundeführer. Offiziell ließ sich Adolf Hitler gern mit Schäferhunden ablichten. Privat ließ er sich jedoch ab und an dazu herab, die Scotch Terrier von Eva Braun zu streicheln.

Ein solcher ist er noch nicht, als der Bildband *Hitler wie ihn keiner kennt* im Jahre 1932 in einer Auflage von 400 000 Exemplaren erscheint. Heinrich Hoffmann, Hitlers Hoffotograf und »Reichsbildberichterstatter«, hat die Bilder geschossen. Das Alpenmotiv mit Schäferhund ziert das Titelblatt und zeigt einmal mehr, dass Hitlers Hundeliebe von Anfang an fester Bestandteil des Führermythos ist.[62] Dass Hitler bekanntermaßen klare Vorstellungen hat, wie er gezeigt werden will, dass er etwa großen Wert darauf legt, weder in kurzen Hosen noch mit Lesebrille fotografiert zu werden, bezieht auch die Wahl seiner Hunde mit ein. Eine andere Rasse als ein Deutscher Schäferhund kommt ihm nicht aufs Bild – weder die beiden schwarzen Scotch Terrier »Negus« und »Stasi« seiner Geliebten Eva Braun, die er abfällig »Handfeger« nennt (auch wenn er hin und wieder mit ihnen spielt, wie das Bild oben zeigt), noch der kleine Terrier, der auf dem Berghof lebt und wegen seiner geringen Größe von Hitlers Hofstaat hinter vorgehaltener Hand nur »großdeutscher Reichshund« genannt wird.[63]

Nachdem 1939 sowohl sein schwarzer Schäferhundrüde Muck als auch seine Schäferhündin Blondi gestorben sind, ist der »Führer« für einige Jahre hundelos geblieben.[64] Doch das ändert sich Anfang 1942.

Woher die Hündin ursprünglich stammt, ist ungewiss. Eine Version besagt, dass Martin Bormann, der Leiter der Partei-Kanzlei und einer der engsten Vertrauten Hitlers, sich überlegt habe, wie er diesen aufheitern könne. Dessen Stimmung hatte durch die Rückschläge an der Ostfront im Winter 1941/42 stark gelitten, und Bormann hatte kürzlich erfahren, dass die Schäferhündin von Gerdi Troost, der Witwe von Hitlers Lieblingsarchitekten Paul Ludwig Troost, im vorigen Jahr Junge bekommen hatte.[65] Und da er jede noch so belanglose Äußerung Hitlers für seine eigenen Zwecke mitschreiben lässt, ist ihm nicht entgangen, dass dieser am liebsten eine Schäferhündin hätte.[66] Bormann, so heißt es, wählt folglich ein junges Weibchen mit auffallend hellem Fell aus, dem Hitler den Namen Blondi gibt.[67] Es ist bereits die dritte Hündin, die er so nennt.

Eine andere Version besagt, dass Hitler drei Jahre nach dem Tod von Blondi, der Zweiten, von einem Postbeamten aus Ingolstadt eine neue Schäferhündin erworben habe.[68] Wie es nun auch gewesen sein mag, sicher ist jedenfalls, dass Blondi, die Dritte, fortan zu Hitlers engster Begleiterin wird. Ob auf dem Berghof in den Alpen oder in einem seiner Führerhauptquartiere – überall ist sie an seiner Seite, reist in seinem Privatzug und genießt als eines von wenigen Lebewesen das Privileg, in seiner Limousine mitfahren zu dürfen.[69]

Wenn ihm danach ist, singt er mit ihr. Auf sein Kommando »Blondi, mach Schulmädchen!« setzt sie sich neben ihm auf die Hinterbeine und legt ihre Vorderpfoten auf die Armlehne seines Stuhls. »Blondi, sing«, fordert er sie dann auf und beginnt ein lang gezogenes Geheul, in das sie mit einstimmt. Und wenn ihm ihr Heulen dann noch zu hoch klingt, braucht er nur zu sagen: »Blondi sing tiefer, wie Zarah Leander!« Und Blondi gehorcht, wie sich seine Sekretärin Traudl Junge erinnert.[70]

Blondi lernt auch weitere Kunststücke; sie kann bald schon auf einer Stange balancieren, Leitern hinaufklettern oder über eine zwei Meter hohe Palisadenwand springen.[71] Die Kameras der »Wochenschau« sind meist dabei und fangen diese Szenen ein, um dem deutschen Volk zu zeigen, wie tierlieb und führungsstark sein »Führer« ist.[72] Wie viele der Kunststücke Hitler Blondi persönlich beigebracht hat, ist jedoch fraglich, denn den Großteil der Zeit verbringt der Hund mit Fritz Tornow, einem Feldwebel und seines Zeichens Hitlers Hundeführer.[73]

Eva Braun, die regelrecht eifersüchtig auf den Hund ist, missfällt die ständige Anwesenheit Blondis. Wenn die Schäferhündin beim gemeinsamen Abendessen unter dem Tisch liegt, verpasst sie ihr gelegentlich einen Tritt, nur damit Blondi aufheult, woraufhin Hitler sie prompt ermahnt, still zu sein. Braun nennt das »ihre Rache«.[74] Aber an Hitlers Verhältnis zu seinem Hund ändert das nichts. Unter den Bediensteten heißt es, zu niemandem – nicht einmal zu Eva Braun – habe Hitler solch eine innige Beziehung wie zu seiner Schäferhündin. Auch Albert Speer glaubt, dass sie in Hitlers Privatleben die größte Rolle spiele und »wichtiger als selbst seine engsten Mitarbeiter« sei.[75] »Dieser Hund darf sich in seinem Bunker alles erlauben«, notiert auch Goebbels nach einem Besuch bei Hitler im März 1942 in sein Tagebuch. »Er ist im Augenblick derjenige, der ihm am nächsten steht.«[76]

Für so viel Zuneigung seinerseits erwartet Hitler allerdings auch absolute Treue. In seinem Umfeld hüten sich die meisten, allzu vertraut mit dem Hund zu werden, um Hitler nicht zu erzürnen.[77] Er wird wütend vor Eifersucht auf jeden, dem Blondi sich »vertraulich schnuppernd nähert«, auch dann, wenn es sich um so hohen Besuch wie Ferdinand Sauerbruch handelt.[78] Der Chirurg und Generalarzt der Wehrmacht wird im Sommer 1942 ins Führerhauptquartier geladen, wo er zunächst allerdings eine Weile in dessen Büro warten muss. Als sich die Tür öffnet, kommt statt Hitler nur Blondi in den Raum gestürmt, springt an Sauerbruch hoch, bellt und fletscht die Zähne. Doch Sauerbruch kennt sich mit Hunden gut aus. Selbst seine ersten Versuche, eine Lunge am lebenden Patienten zu operieren, hat er an Hunden unternommen. Sauerbruch bewegt sich nicht, redet nur leise auf die Hündin ein, bis sie sich beruhigt hat und von ihm ablässt. Als Hitler den Raum betritt, sitzt seine Blondi, die sich sonst von niemandem anfassen lässt, brav neben dem Gast und gibt ihm Pfötchen. »Was haben Sie mit meinem Hund gemacht«, schreit Hitler Sauerbruch an. »Sie haben mir das einzige Wesen, das mir wirklich treu ist, abspenstig gemacht.« In seiner Wut entfährt es ihm: »Ich lasse den Hund erschießen!«, wie Sauerbruch später schreibt.[79]

Die mediale Darstellung der Beziehung von Hitler und seiner Hündin ist fester Bestandteil der nationalsozialistischen Propaganda. Doch der Schäferhund steht auch für eine andere Seite des »Dritten Reichs«, von der keine Szenen in der »NS-Wochenschau« zu sehen sind. Denn diese spielen sich nicht in der Bergidylle der Alpen oder auf den Waldlichtungen rings um das Führerhauptquartier ab.

Oswald Pohl steht vor einem organisatorischen Problem. Seit April 1942 leitet er das Wirtschafts- und Verwaltungshauptamt der SS – und damit fallen auch die deutschen Konzentrationslager in seinen Aufgabenbereich. Aus den eroberten Gebieten im Osten Europas werden zu dieser Zeit immer mehr Gefangene in die Lager gebracht, die nun als »Arbeitskräftereservoirs« dienen, wie es offiziell heißt. Oft müssen die Häftlinge außerhalb in Steinbrüchen, Sandgruben oder Kohleminen arbeiten. Um sie dabei auf Schritt und Tritt zu bewachen, bräuchte Pohl viel mehr Personal, das man ihm angesichts der Lage an der Front jedoch nicht zur Verfügung stellt.[80]

Daher schreibt Pohl am 30. April 1942 an alle Lagerkommandanten, dass das Bewachungssystem flexibler werden müsse, und zwar durch »reitende Posten«, vor allem aber durch »den Einsatz von Wachhunden«. Militär und Polizei setzen sie zu diesem Zeitpunkt schon seit Langem ein. Bereits 1937 hat Pohls Vorgesetzter Heinrich Himmler den Bestand an Polizeihunden aufstocken lassen. Auf dessen Anordnung hin stellt Pohl Anfang Juni 1942 eine eigene Hunde-Ausbildungsstaffel im KZ Sachsenhausen nördlich von Berlin auf.[81] Aus den Konzentrationslagern sind Hunde fortan nicht mehr wegzudenken. Und sie dienen dort nicht allein der Bewachung.

Fast jeder in Treblinka kennt Barry. Irgendwann Ende 1942 oder Anfang 1943 ist er hierhergekommen, so genau weiß das niemand mehr. Treblinka, rund 75 Kilometer nordöstlich von Warschau gelegen, ist bereits sein drittes Lager. Zuvor war er in Trawniki und dann in Sobibor. Doch er ist kein Gefangener. Barry ist ein Bernhardiner-Mischling – und so groß wie ein Kalb. Sein schwarz-weiß geflecktes Fell erinnert ein wenig an das eines Holsteiner Rinds. Vielleicht ist sein Name eine Anspielung auf jenen berühmten Lawinenhund, der in seinem 14-jährigen Leben mehr als 40 Menschen in den Schweizer Alpen das Leben gerettet haben soll.[82] Grundsätzlich ist Barry ein gutmütiges Tier. Wenn er nicht in der Sonne faulenzt, streunt er zu den Füchsen, Rehen und Vögeln im Lager-Zoo, der sich neben den Wohnbaracken der Wachmannschaften befindet. Auch mit den Gefangenen versteht er sich und lässt sich von ihnen streicheln – grundsätzlich und solange er alleine ist. Meistens begleitet er jedoch seinen Besitzer Kurt Franz. Und dann zeigt Barry seine andere Seite.

Franz, 28 Jahre alt, stammt aus Ratingen bei Düsseldorf, was man seinem rheinischen Singsang deutlich anhört. Wegen seiner roten Wangen und seines makellosen Aussehens nennen die Häftlinge ihn nur *»lalka«* – die Puppe.[83] Aber die Harmlosigkeit des Spitznamens täuscht; Franz ist der stellvertretende Lagerleiter von Treblinka. Nach Belzec und Sobibor ist es das dritte Vernichtungslager, das im Zuge der »Aktion Reinhardt« entstand.[84] Hinter diesem Tarnnamen verbirgt sich der Plan, alle Juden, Sinti und Roma im besetzten Polen zu ermorden, so wie es auf der Wannseekonferenz im Januar 1942 noch einmal bestätigt worden ist. Seit Juli 1942 ist Treblinka in Betrieb. In den folgenden 13 Monaten werden knapp eine Million Menschen hierhergebracht. Die meisten von ihnen überleben nur wenige Stunden, bis sie erschossen oder vergast werden.[85]

Für Kurt Franz sind die Gefangenen keine Menschen. Das sagt er auch seinem Hund, wenn er mit ihm durchs Lager spaziert und nach »Gestempelten« Ausschau hält. So nennt Franz diejenigen, die von den Strapazen des Transports oder der Folter gezeichnet sind.[86] Sobald Franz bei seinen Kontrollgängen auf einen Insassen trifft, der sich nicht seinen Vorstellungen entsprechend verhält, braucht er nur zu sagen: »Mensch, fass' diesen Hund!« Und schon beißt Barry zu.[87]

Mit der Niederlage von Stalingrad im Februar 1943 beginnt der deutsche Rückzug, allmählich drängt die Rote Armee die deutschen Truppen nach Westen zurück. Auch die Deportationen geraten ins Stocken. Die Front rückt nun unaufhaltsam näher an die besetzten Gebiete und damit auch an die Lager heran. Um Aufstände zu verhindern, befiehlt Himmler, diese besser zu sichern. Er lässt ihre Außengrenzen verstärken, teils sogar verminen. Die Wachmannschaften der SS sollen zudem effizienter werden, weshalb den Hundestaffeln eine neue Aufgabe zukommt: »Hunde, die an der Außenseite der Lager revieren, müssen zu derartig reißenden Bestien erzogen werden, so wie es die Hetzhunde in Afrika sind«, schreibt Himmler im Februar 1943. »Sie müssen so abgerichtet sein, daß sie mit Ausnahme ihres Wärters jeden anderen zerreißen. Dementsprechend müssen die Hunde gehalten werden, damit kein Unglück passieren kann. Sie sind eben nur bei Dunkelheit heranzulassen, wenn das Lager geschlossen ist und müssen morgens wieder eingefangen werden.«[88]

Nach Himmlers Vorstellung sollen die Hunde die Gefangenen wie eine Schafherde zusammentreiben und umkreisen, wie er Rudolf Höß, dem Kommandanten von Auschwitz, bei einem Besuch erzählt. Auf diese Weise erhofft sich Himmler, Wachposten einzusparen. Wenn sein Plan aufgehe, könne ein Wachposten mit mehreren Hunden bis zu hundert Häftlinge kontrollieren, ist er überzeugt.[89]

Alles ist genau geregelt: Welche Hunderassen sich besonders eignen, wie groß ihre Zwinger sein sollen und wie viel sie zu fressen bekommen.[90] Die vorgegebene tägliche Futtermenge von 150 Gramm entspricht gerade einmal einem Bruchteil der Nahrung, die ein ausgewachsener Schäferhund benötigt. Sie ist bewusst niedrig gehalten, um die Tiere stets hungrig und latent aggressiv zu halten.[91]

Die Wachmannschaften in den Konzentrationslagern setzen, wenig überraschend, vor allem auf den Deutschen Schäferhund, hinzu kommen Airedale-Terrier, Dobermänner sowie Boxer.[92] Doch schon bald stellt sich heraus, dass sich nicht alle Rassen gleichermaßen als Wach- und Spürhunde eignen. So wird aus mehreren Lagern berichtet, dass gerade Boxer nicht wie gewünscht gehorchen. Zudem können sie wegen ihrer kurzen Schnauze schlechter als andere Hunde eine Fährte aufnehmen. Daraufhin erhalten alle Lagerkommandanten im Juli 1944 die Anordnung, dass »ab sofort sämtliche unter den Diensthunden befindlichen Boxerhündinnen nur noch von Airedaleterrier- und Schäferhund-Rüden gedeckt« werden dürfen.[93] Absoluter Gehorsam steht noch über dem Dogma der Reinrassigkeit.

Viele Hundeführer sind jedoch entweder schlecht ausgebildet, oder es fehlt ihnen »an ausreichender Intelligenz, an wirklichem Interesse sowie an echter Liebe zum Tier«, wie es in einem Schreiben des SS-Wirtschafts- und Verwaltungshauptamtes an die Lagerkommandanten im März 1944 heißt.[94] Da die Hundestaffeln nichts anderes zu tun haben, als sich um ihre Tiere zu kümmern und die Häftlinge zu bewachen, nutzen viele Hundeführer das aus. Sie faulenzen, unterhalten sich mit anderen Aufsehern, spielen mit ihren Hunden oder hetzen sie zum Zeitvertreib auf Häftlinge. Bestraft werden sie deswegen nicht.[95]

So ähnlich spielt es sich an vielen Orten ab: Im Konzentrationslager Plaszow bei Krakau regiert Kommandant Amon Göth wie ein sadistischer Gutsherr, der seine Hunde Ralf und Rolf regelmäßig auf Häftlinge loslässt.[96] Im österreichischen Ebensee, einem Außenlager des KZ Mauthausen, setzen die SS-Wachtrupps eine Dogge namens Lord gezielt zur Menschenjagd und zur Folter von Gefangenen ein.[97] Und der Polizist

Franz Bauer, der im Getto von Międzyrzec-Podlaski bei Lublin stationiert ist, ist unter den dortigen Insassen als der »Schinder mit dem Hund« gefürchtet.[98] An all diesen Orten dienen die Hunde als Symbole der Macht und Unterdrückung.

Es sind jedoch nicht allein die männlichen Wächter und Aufseher, die mit ihren Hunden Angst und Schrecken verbreiten. In Ravensbrück, dem größten Konzentrationslager für Frauen, ist die Zahl der Wachhunde besonders hoch, da Himmler glaubt, dass man Frauen eher mit ihnen einschüchtern könne als Männer.[99] Von den dortigen Hundeführerinnen heißt es, sie seien noch brutaler als ihre männlichen Kollegen und ließen noch häufiger als diese ihre Tiere auf Häftlinge los.[100]

Im Sommer 1943 bewahrheitet sich Himmlers Sorge aus dem Frühjahr: Den verbliebenen 600 Arbeitshäftlingen in Treblinka ist es gelungen, Gewehre und Munition zu erbeuten; im Taubenschlag des Zoos haben sie zudem einige Handgranaten versteckt. Am 2. August 1943, kurz vor vier am Nachmittag, greifen sie die Wachmannschaften an. Mit Molotowcocktails setzen sie die Baracken in Brand und jagen einen Benzintank in die Luft. Die Rauchwolke ist noch kilometerweit entfernt zu sehen. Es ist der erste bewaffnete Aufstand in einem Vernichtungslager der SS. Einige Hundert Gefangene können ausbrechen, doch die Hunde haben ihre Spur bald aufgenommen und sie rasch eingeholt. Die meisten von ihnen werden gefasst und anschließend erschossen. Einige können jedoch in die umliegenden Wälder entkommen. Weniger als 50 Menschen werden Treblinka schließlich überleben.[101]

In der Folge dieses Aufstands beginnt der Abbau des Vernichtungslagers. Für die letzten drei Monate übernimmt Kurt Franz die Leitung. Zäune, Baracken und die Gaskammern lässt die SS abreißen und das Gelände einebnen. An der Stelle des Lagers wird ein Bauernhaus errichtet und ringsum Lupine angepflanzt. Alles soll den Eindruck erwecken, als habe es in Treblinka nie etwas anderes gegeben als fruchtbares Ackerland und Wald.[102]

Während Franz bald darauf nach Italien versetzt wird, um dort Partisanen und Juden zu jagen, kommt Barry zu einem Bekannten von Franz, dem Oberstabsarzt Friedrich Struwe, der das Reservelazarett im benachbarten Ostrow leitet. Dort verhält sich Barry, den nun alle nur »das große Kalb« nennen, völlig unauffällig. Meistens liegt er faul unter Struwes Schreibtisch. Barry begleitet ihn sogar zu Leibesvisitationen. Doch von den Hunderten von Männern, die nackt aufgereiht nebeneinanderstehen, um von Struwe gemustert zu werden, fällt Barry keinen einzigen an. 1944 kommt Barry zu Struwes Frau nach Schleswig-Holstein, wo er das Kriegsende überlebt. Später übernimmt ihn dessen Bruder, bis Barry 1947 aus Altersgründen eingeschläfert wird. Gebissen haben soll er in all den Jahren niemanden mehr.[103]

Als sich Kurt Franz und weitere SS-Männer ab 1964 vor dem Landgericht Düsseldorf wegen der Massenmorde in Treblinka verantworten müssen, kommt auch Barrys Rolle zur Sprache. Während Franz abstreitet, seinen Hund jemals auf Menschen gehetzt zu haben, belasten ihn mehrere Zeugen sowie ein Mitangeklagter. Das Gericht beauftragt daraufhin einen externen Gutachter, der prüfen soll, ob es möglich sein kann, dass Barry nur im Beisein von Franz so aggressiv war. Der bestellte Experte ist kein Geringerer als Konrad Lorenz, der seit 1961 das Max-Planck-Institut für Verhaltensforschung im oberbayrischen Seewiesen leitet. Ausgerechnet Lorenz, der sich bei seinem Eintritt in die NSDAP 1938 damit brüstete, zahlreiche Studenten zur NS-Ideologie bekehrt zu haben, und ab 1939 seine wissenschaftlichen Schriften willig dem NS-Duktus anpasste.[104]

Im Prozess sagt Lorenz, ein Hund sei »das Spiegelbild des Unterbewusstseins seines Herrn«. Bei Mischlingshunden, wie Barry einer war, sei dies noch stärker ausgeprägt, weil sie »viel feinfühliger als reinrassige Tiere« reagieren. Laut Lorenz ist es »in der Verhaltensphysiologie anerkannt, dass derselbe Hund zeitweilig brav und harmlos, zeitweilig auch gefährlich und bissig sein könne. [...] Er passe sich eben ganz den Stimmungen und Launen seines Herrn an. Wenn ein Hund eine neue Hund-Herren-Bindung eingehe, könne sich sein Charakter sogar völlig wandeln.«[105]

Im September 1965 wird Kurt Franz schließlich »wegen gemeinschaftlichen Mordes an mindestens 300 000 Personen und wegen Mordes in 35 Fällen an mindestens 139 Personen« zu lebenslanger Haft verurteilt. In der Urteilsbegründung ist von einer »satanischen Grausamkeit« die Rede.[106]

Die von Lorenz so gelobten Vorzüge der Mischlingshunde muten im Nachhinein wie ein zynischer Treppenwitz der Geschichte an. Der Deutsche Schäferhund wird das »Dritte Reich« überstehen, den schlechten Ruf als Hitlers Liebling und Propagandatier der Nationalsozialisten wird er allerdings nie mehr so recht los. Die einstige Vorzeigerasse des Rittmeisters von Stephanitz mit ihrer schlanken »wolfsähnlichen« Form bekommt in den Nachkriegsjahren vor allem in der Bundesrepublik eine immer massigere Form und stark abfallende Kruppe verpasst, weil dies dem neuen Schönheitsideal in der Rassezucht entspricht.[107]

Kurt Franz, der bereits seit Ende der Siebzigerjahre Freigänger ist, wird im Sommer 1993 nach 28 Jahren wegen seines hohen Alters und gesundheitlicher Probleme aus dem Gefängnis entlassen. Er stirbt 1998 mit 84 Jahren in einem Altenheim in Wuppertal.[108]

2

MAHLVERWANDTSCHAFTEN

> Sie wissen zu viel, um zu verstehen. Das Schwein weiß weniger, deshalb versteht es besser, es versteht die Wahrheit des schlagenden Herzens und die Wahrheit des Beils.
> *Szczepan Twardoch, Drach*

Für meine Urgroßmutter muss es eine einzige Enttäuschung gewesen sein. Mag es ihr auch noch so erwartungsvoll grunzend den Rüssel entgegenstrecken und mit den vornüberhängenden Schlappohren wackeln – sie sieht doch nur seine mickrige Statur. Wenn sie mit ihrer flachen Hand über seine Flanke reibt, spürt sie kein Fett, bloß Rippen. Tagein, tagaus zieht sie mit einem Handkarren los und klappert die Gaststätten der Umgebung nach Küchenabfällen ab, damit es endlich dick und rund werde. Aber von Küchenabfällen allein nimmt kein Schwein zu, das weiß meine Urgroßmutter nur zu gut.

Das Schicksal hat sie 1904 während der Erntezeit auf einem Feld in Kärnten zur Welt kommen lassen und es auch später nach dem Umzug ins Ruhrgebiet nicht viel besser mit ihr gemeint. Die englische Krankheit, eine Folge der Hungerjahre im Ersten Weltkrieg, hat früh ihre Knochen verformt; von ihren fünf Kindern werden nur meine Großmutter und deren jüngere Schwester groß, die anderen überlebten höchstens für Stunden oder Tage. All die Schicksalsschläge nimmt sie duldsam hin, jedoch nicht ohne Hadern. Sie ist immer schon ein »armes Dier« gewesen, wird sie später sagen, das sein Leben lang geschuftet hat und dem das erhoffte Glück dennoch verwehrt geblieben ist. Kettenrauchen ist das einzige Laster, das sie sich gönnt.

Um den Haushalt und die Tiere muss sie sich alleine kümmern. Während sich ihr Mann unter Tage kaputtschuftet, verdingt sie sich als Tagelöhnerin. Sie wohnen in einem kleinen Zechenhaus aus Backstein im Süden von Essen. Nicht weit von hier befindet sich die Villa Hügel, das Anwesen der Krupps. Wenn von der »Waffenschmiede des Reiches« die Rede ist, dann sind damit nicht nur die Fabriken der Stahlbarone gemeint, sondern im Grunde ganz Essen: Mit ihren rund 670 000 Einwohnern ist sie Ende der Dreißigerjahre die größte Industriestadt des Reviers.

Doch im Süden ist die Stadt noch sehr dörflich geprägt. Gerade hier merkt man der Region an, dass sie bis zum Beginn des Industriezeitalters Mitte des 19. Jahrhunderts noch eine Ansammlung von Dörfern und Bauernschaften und nur wenigen Städten war.

Wie so viele Bergmannsfamilien halten auch meine Urgroßeltern in dem schmalen Gartenstreifen hinter ihrem Haus Hühner, Kaninchen – und eben dieses eine Schwein, das in einem niedrigen Anbau, dem Schweinekoben, lebt. Vermutlich handelt es sich um einen Läufer, was bedeutet, dass es kein Ferkel mehr ist, aber mit seinen 30 bis 40 Kilogramm längst noch nicht ausgewachsen.

Mit großer Wahrscheinlichkeit ist es ein »veredeltes Landschwein«. Diese Rasse macht damals mehr als zwei Drittel des gesamten deutschen Schweinebestandes aus. Die Tiere gelten als robust, widerstandsfähig, und vor allem wachsen sie schnell heran.[1]

Obwohl es seit fast einem Jahr bei der Familie lebt, hat das Schwein keinen Namen. Das würde die ganze Angelegenheit nur unnötig verkomplizieren, schließlich dient es nur einem einzigen Zweck – geschlachtet und gegessen zu werden. »Veredelte Landschweine« gelten als ideale »Mehrzweckschweine«, die sich bestens zu Wurst und Speck verarbeiten lassen. Und eine ausgewachsene Sau sichert den Fleischvorrat für einen ganzen Winter.[2]

Das Hausschwein ist das Nutztier schlechthin. Kein anderes verwertet Nahrung so schnell und effektiv, keines wächst so schnell heran und nimmt in so kurzer Zeit so viel an Gewicht zu, keines ist so früh geschlechtsreif und so fruchtbar. Von den rund 18 Millionen Haushalten im Deutschen Reich halten mehr als fünf Millionen zu dieser Zeit Schweine, fast zwei Millionen Haushalte sind reine Selbstversorger. Allein im Jahre 1937 werden 34 Millionen Schweine geschlachtet. Ihr Fleisch deckt damals rund zwei Drittel des gesamten deutschen Bedarfs.[3]

Ein Mastschwein wird in der Regel mit acht oder neun Monaten geschlachtet, so auch das Schwein meiner Urgroßmutter, obwohl es wohl nicht mehr viel an Gewicht zugelegt hat. Aber ein dünnes Schwein ist besser als gar keins. Zum Schlachtfest versammelt sich die gesamte Verwandtschaft; jeder hofft, etwas abzubekommen. Das Schwein ahnt offenbar, was ihm droht, und versucht laut quiekend aus dem Hof zu entkommen – ein Bolzenschuss zwischen die Augen, und es verstummt abrupt. Ein letztes Zucken, dann ein resoluter Schnitt durch die Kehle, schnell einen Trog druntergeschoben, um das ausströmende Blut aufzufangen. Alles wird verarbeitet, nichts vergeudet. Und dennoch ist am Ende, als die Verwandten fort sind, kaum noch etwas übrig.

Mit Küchenabfällen kann man ein Schwein am Leben halten, aber nicht mästen, doch für Kraftfutter fehlt das Geld, und die wenigen Kartoffeln braucht die Familie selbst zum Überleben. Bald schon diktiert der Krieg den Speiseplan. Dann wird es ohne offizielle Erlaubnis nicht mehr möglich sein, zu Hause zu schlachten. Aber dazu kommen wir später. Jedenfalls bleibt der Schweinestall fortan leer. Wenn meine Urgroßmutter in den Jahren danach einmal von ihrem Schwein erzählt, dann meist von dessen trauriger Gestalt: »Mager wie'n Schäferhund«, sagt sie dann und zieht an ihrer Zigarette.

Obwohl diese Anekdote an eine ferne, vorindustrielle Welt erinnern mag, ist sie gerade einmal ein Menschenleben her. In unserer heutigen Zeit, in der das Schwein mehr wie ein Industrieprodukt als wie ein Nutztier erscheint, ist es in der Tat schwer vorstellbar, dass es noch bis Mitte des vorigen Jahrhunderts ein fester Bestandteil des Alltags war und auf dem Land wie in der Stadt mitten unter den Menschen lebte. Seitdem hat es dennoch nicht an Bedeutung verloren – Schweinefleisch ist nach wie vor die wichtigste Fleischsorte in Deutschland. Jeder von uns verzehrt im Schnitt pro Jahr rund 50 Kilogramm. Fast 60 Millionen Schweine werden jährlich geschlachtet; der Großteil von ihnen wird lebend, eigens zum Schlachten, importiert. Kein Land exportiert zudem so viel Schweinefleisch wie Deutschland – doch von den rund 27 Millionen Schweinen, die hier leben, bekommen wir kaum noch eines im Ganzen zu Gesicht. Die meisten von ihnen führen ein Schattendasein in anonymen Mastanlagen, und wenn wir sie einmal lebend sehen, dann nur im Vorbeifahren auf der Autobahn, wenn sie versuchen, ihre Nasen durch die Luftschlitze der Transporter zu stecken, die sie zum Schlachthof bringen.[4]

Der Auszug der Schweine aus unserer Mitte hat bereits vor rund 150 Jahren begonnen. Doch er verlief schleppend. Ende der Dreißigerjahre sind sie noch fast überall zu finden – ob in den engen Zechensiedlungen des Reviers oder auf den Weiden im fernen Pommern.

Pommern ist berühmt für seine Schweine. In dem weiten Landstrich entlang der Ostseeküste von der Halbinsel Darß im Westen bis zur Mündung der Piasnitz im Osten leben mehr als 1,5 Millionen Tiere. Und die »Deutschen Edelschweine« von Schöningen zählen zu den begehrtesten. Die Rasse ist besonders robust und fruchtbar und wird vor allem als »Fleischschwein« verwendet.[5] Während die Zuchttiere auf den jährlichen Ausstellungen regelmäßig Preise gewinnen, werden die Masttiere als »Karbonadenschweine« vor allem für den Berliner Markt aufgezogen. Den Namen verdanken sie dem Rippenstück, der Karbonade, für das sie so geschätzt werden.[6]

Herr über die Schöninger Schweine ist Hans Schlange. In Anlehnung an den Familiensitz, auf dem er 1886 geboren wurde, nennt er sich selbst Hans Schlange-Schöningen. Nachdem er sein Studium der Agrarwissenschaften an der Universität Greifswald abgebrochen und als Kavallerist im Ersten Weltkrieg gekämpft hat und dreimal verwundet worden ist, übernimmt er den elterlichen Gutshof. Zudem schließt er sich der Deutschnationalen Volkspartei an, die beim pommerschen Landvolk den größten Zuspruch genießt.[7] Bald darauf schon sitzt er für sie im Preußischen Landtag und ab 1924 auch im Reichstag.

In der DNVP, einer Ansammlung von Konservativen, Nationalisten, Monarchisten und Antisemiten, tritt Schlange-Schöningen zunächst als »Rechtsaußen« auf, wird gegen Ende der Zwanzigerjahre aber zunehmend gemäßigter. 1929 verlässt er die Deutschnationalen und tritt in die Christlich-Nationale Bauern- und Landvolkpartei ein. Ab Herbst 1931 gehört der einstige Republikgegner Schlange-Schöningen für einige Monate dem Minderheitenkabinett von Reichskanzler Heinrich

Brüning an. Als Reichskommissar ist er dort für die »Osthilfe« zuständig, die zur Unterstützung der kriegsgebeutelten Landwirtschaft in den ostdeutschen Provinzen ins Leben gerufen worden war. Schlange-Schöningen strebt an, die unrentablen Großbetriebe aufzukaufen und die kleineren und mittleren Betriebe zu stärken, was einigen Junkern um Reichspräsident Paul von Hindenburg gar nicht gefällt. Sie beschimpfen ihn fortan als »Agrarbolschewisten« und fordern, der »Schöninger Schlange den Kopf zu zertreten«.[8] So endet seine politische Karriere im Frühjahr 1932 – vorerst.

Obwohl er selbst lange das Ideal vom deutschen Bauern als »Quelle der deutschen Wiedergeburt« vertrat, sind ihm die Nationalsozialisten dennoch suspekt.[9] Ihren völkischen Kult um »Blut und Boden« hält er für überheblich.[10] Mit der Machtübernahme der Nazis zieht er sich auf sein Gut zurück, wo er sich fortan der Viehzucht widmet.[11]

Insgesamt 750 Hektar umfasst das Rittergut Schöningen.[12] Die Weiden reichen bis ans westliche Ufer der Oder, die hier breit und träge dahinfließt und 16 Kilometer weiter nördlich bei Stettin in die Ostsee mündet. An den leicht abfallenden Hängen weiden Kühe, Schafe und Schweine. Der Lärm der Berliner Propaganda ist noch fern. Noch prägen hier andere Klänge den Alltag: das Malmen der Kühe, das Blöken der Schafe oder das metallene Klirren, wenn der Hofmeister mit zwei kleinen Hämmern auf die Pflugschar schlägt, um den Arbeitstag einzuläuten oder zu beenden. Doch das durchdringendste Geräusch von allen, das noch schriller ist als das Quietschen der voll beladenen Loren der Feldbahn, kommt von den Schweinen. Es erinnert an das Kreischen einer Kreissäge und geht durch Mark und Bein. Sie schreien vor Hunger. Erst wenn sie gefüttert worden sind, weicht das Geräusch einem zufriedenen Grunzen und Schmatzen.[13]

Für Schlange-Schöningen gilt als oberster Grundsatz, die Schweine »so hart und so naturgemäß wie möglich« zu halten. Während die Sauen mit ihren Ferkeln in einem einfachen Fachwerkstall leben, bleibt die übrige Herde vom Frühling bis zum Herbst auf einer fünf Hektar großen Koppel. Diese liegt etwas abgelegen vom Hof. Wiesenkräuter wie Rotklee sowie Kleintiere bilden dort die Hauptnahrungsquelle. Erst zum Winter kommen die Tiere in den Stall, wo sie mit Rüben, Kartoffeln, Gerste und Kleie gemästet werden.[14]

Als die Schlanges den Hof übernahmen, prägten noch die Schafe das Landschaftsbild Pommerns.[15] Dies änderte sich in der zweiten Hälfte des 19. Jahrhunderts mit dem sich ausbreitenden Kartoffelanbau.[16] Die sandigen Böden eigneten sich dazu bestens. Und da Kartoffeln eine ideale Grundlage zur Schweinemast bilden, entwickelte sich die Region daraufhin immer mehr zum Schweineland.

Allein in den Dreißigerjahren liefert Pommern 800 000 Schlachttiere zur »Volksernährung« ins gesamte Reich.[17] Für Hans Schlange-Schöningen sind Schwein und Kartoffel untrennbar miteinander verbunden. Er selbst bezeichnet das Schwein schnöde als »Anhang zum Kartoffelpreis« – steigt dieser, sinkt wiederum der Preis für Schweinefleisch und umgekehrt.[18] Riskant wird diese Abhängigkeit allerdings in Kriegszeiten. Denn Menschen und Schweine sind Allesfresser und damit Nahrungskonkurrenten. Das hat in der deutschen Geschichte schon zu manchem Konflikt geführt, wie etwa im Januar 1915.

Der Erste Weltkrieg dauerte gerade erst ein halbes Jahr, als sich bereits andeutete, dass es mit den deutschen Vorräten eng würde. Infolge der britischen Seeblockade konnten Rohstoffe und Grundnahrungsmittel nicht länger importiert werden, sodass das Kaiserliche Statistische Amt unter den Bauern eine Umfrage startete, um herauszufinden, wie groß deren Vorräte tatsächlich waren. Aus Sorge vor Beschlagnahmungen gaben die Landwirte diese bewusst deutlich niedriger an. Deutsche Agrarwissenschaftler folgerten daraus, dass die Nahrungsmittel nicht ausreichen würden, um neben den 60 Millionen Menschen auch die 25 Millionen Schweine im Deutschen Reich ernähren zu können. Um Kartoffeln als Schweinefutter einzusparen und für die Bevölkerung zu verwenden, mussten die Schweinehalter ihre Bestände deshalb drastisch reduzieren. Innerhalb von zwei Monaten wurden fünf Millionen Schweine geschlachtet. Der Schweinefleischpreis stürzte ab. Doch der Markt konnte diese Mengen nicht auf einmal auffangen. Noch bevor das Fleisch verkauft werden konnte, war ein Großteil bereits verdorben, woraufhin der Preis nun in die Höhe schoss. Schweinefleisch galt plötzlich als seltenes Gut, das auf dem Schwarzmarkt gehandelt wurde, sodass die Bauern ihre zurückgehaltenen Vorräte an Kartoffeln und Getreide doch lieber verfütterten, als sie zu schlechten Preisen zu verkaufen. Das Schweineschlachten ging derweil weiter. 1916 war der Bestand bereits auf 17 Millionen gesunken. Dies wirkte sich wiederum auf den Ackerbau aus; überall im Land mangelte es nun an Dünger, sodass die Erträge zurückgingen. Der verregnete Herbst 1916 ließ die wenigen Kartoffeln auf den Feldern verderben. Die Folge waren Hungersnöte, die rund einer Viertelmillion Menschen das Leben kosteten. Im letzten Kriegsjahr gab es nur noch knapp sechs Millionen Schweine, gut drei Viertel weniger als noch vor dem Ersten Weltkrieg.[19] Der Plan der Agrarexperten, den Schweinebestand innerhalb kürzester Zeit drastisch zu senken und damit die Ernährung des Volkes zu sichern, endete in einem Fiasko und ging als »Professorenschlachtung« in die Geschichte ein, da führende Akademiker und Politiker ihn zu verantworten hatten.

Frontschweine. Deutsche Soldaten treffen 1940 beim Einmarsch in Antwerpen auf ein umherstreunendes Hausschwein.

Im Jahre 1937, rund 20 Jahre später, wird Richard Walther Darré in seinem Buch *Der Schweinemord* das staatliche Versagen als eine »britisch-jüdische Verschwörung« gegen die Deutschen umdeuten. Für Darré stehen die Schweine symbolhaft für das deutsche Volk, dem die Juden nach dem Leben trachten.[20]

Wer die Bedeutung der Landwirtschaft im »Dritten Reich« verstehen will, kommt an Darré nicht vorbei. Seit 1933 ist er Reichsbauernführer und Reichsminister für Ernährung und Landwirtschaft. Das ist vor allem deshalb bemerkenswert, weil er – anders als etwa Hermann Göring, Heinrich Himmler oder Joseph Goebbels – erst drei Jahre zuvor und damit sehr spät zu Hitlers Kreis gestoßen ist. Nicht nur deshalb nimmt er in der Führungsriege der NSDAP eine Sonderrolle ein.

Darré wird 1895 als Kind eines deutschen Kaufmanns in Buenos Aires geboren, wo er bis zum Alter von zehn Jahren lebt. Sein Ziel ist es, eines Tages in seine argentinische Heimat zurückzukehren, um dort als Gaucho zu leben. Und auch wenn daraus nie etwas werden sollte, wird er das Image des »Aussteigers« zeitlebens ebenso wenig los wie seinen spanischen Akzent.[21]

In Deutschland besucht Darré ab 1914 eine Kolonialschule in Hessen. Dorthin schickt die bessere Gesellschaft ihre Söhne, um sie zum Kolonialwirt ausbilden zu lassen und auf ein Siedlerleben in Übersee vorzubereiten. Die Ausbildung unterbricht er jedoch bald und geht als Kriegsfreiwilliger an die Westfront. Nach dem Krieg findet er nur mit Mühe ins bürgerliche Leben zurück. Obwohl Deutschland nach der Niederlage alle seine Kolonien abtreten muss, nimmt er seine Ausbildung wieder auf, fliegt aber kurz nach seinem Vordiplom aus disziplinarischen Gründen von der Schule.[22] Er sucht nun die Nähe rechtsextremer Gruppen und studiert Landwirtschaft an der Universität in Halle an der Saale, wobei er sich als überzeugter Sozialdarwinist intensiv mit Tierzucht und Tierauslese befasst. 1929 erscheint sein Buch *Das Bauerntum als Lebensquell der nordischen Rasse*, im Jahr darauf *Neuadel aus Blut und Boden*, in denen Darré die »Reagrarisierung« sowie die rassische Erneuerung Deutschlands heraufbeschwört.[23]

Ganz neu ist dieser Gedanke nicht. Die Verklärung des Bauerntums hat in Deutschland eine lange Tradition, die bis ins 19. Jahrhundert zurückreicht. Für den Völkerkundler Otto Ammon war es der »Jungbrunnen der Menschheit«, und auch der Zivilisationskritiker Oswald Spengler, bei dem die Nazis so manche Anleihe nehmen, sah im Bauern »den ewigen Menschen« und »die immer fließende Quelle des Blutes«.[24] Daraus zieht die völkische Bewegung ihre Überzeugung, dass nur die Rückkehr zum Ackerbau und einem bodenständigen Leben auf dem Land die Wiedergeburt des deutschen Volkes bringen könne.[25]

All das passt bestens ins Konzept der Nationalsozialisten.

Hitler beauftragt Darré kurzerhand, ein Parteiprogramm auszuarbeiten, um die Landbevölkerung und Bauernschaft für sich zu gewinnen. Dabei ist Darré zu diesem Zeitpunkt noch nicht einmal Parteimitglied.[26] Welchen Anteil er daran hat, dass der Nationalsozialismus schließlich zur Massenbewegung wird, ist zwar umstritten.[27] Doch die Wahlerfolge auf dem Lande tragen entscheidend zum Aufstieg Hitlers bei, was wiederum auch Darrés Ansehen stärkt.[28] Innerhalb kurzer Zeit entwickelt er sich zu einem der »eifrigsten Ideologen der Bewegung« und prägt den Begriff von »Blut und Boden«.[29] Für ihn besteht eine regelrechte Symbiose zwischen dem deutschen Volk und seinem Lebensraum, zwischen der »Rasse« und der »Heimat« – kurzum: Herkunft und Ernährung sind aus seiner Sicht untrennbar miteinander verbunden.

Einen engen Verbündeten findet Darré zunächst in Heinrich Himmler, der ihn 1931 zum Leiter des Rasse- und Siedlungshauptamtes der SS ernennt. Zuvor ist Darré für ihn bereits als Referent für Propaganda tätig gewesen. Himmler sieht die SS als »rassische Avantgarde«, als Elite der NS-Bewegung an – und Darré sorgt dafür, dass die »Blut und Boden«-Ideologie in Himmlers SS Einzug hält.[30] Darré und Himmler ergänzen sich bestens. Während Himmler der Funktionär ist, dient ihm Darré als Ideengeber.[31]

Sie haben zudem einiges gemeinsam: Wie Darré hat sich auch Himmler in den Zwanzigerjahren den Artamanen angeschlossen, jenen völkischen Siedlern, die ihren Sinn darin sehen, sich auf die ostelbische Scholle zurückzuziehen, sie aus eigener Kraft zu bewirtschaften und die dort eingesetzten polnischen Saisonarbeiter zu verdrängen.[32] Beide verbindet ihr Hang zur germanischen Mystik, die Hitler als »kultischen Unfug« abtut.[33] Zudem ist auch Himmler Diplom-Landwirt. Zu Beginn seiner Parteikarriere hat er mit seiner Frau ein Anwesen bei München gekauft, um dort Hühner zu züchten und so sein geringes Monatsgehalt von 200 Reichsmark aufzubessern, das er als Parteiangestellter erhält. Doch die Hennen legten nicht wie gewünscht, sodass sich Himmler fortan auf seine politische Laufbahn in Berlin konzentrierte und seine Frau mit der gemeinsamen Tochter und den 50 Hühnern in Bayern allein ließ.[34]

Beim Aufbau der SS geht Himmler zum Teil noch immer wie ein Landwirt vor. Er ist fest davon überzeugt, dass die Erkenntnisse der Tier- und Pflanzenzucht auf den Menschen anwendbar sind. Und so sitzt Himmler mitunter an seinem Schreibtisch, beugt sich mit einer Lupe über die Passbilder der SS-Anwärter und sortiert all diejenigen aus, die dicke gebogene Nasen, markante Wangenknochen oder dunkle Haare haben.[35] »Wie der Saatzüchter«, so beschreibt er es 1935 in einem Vortrag, sei er zunächst darangegangen, »rein äußerlich die Menschen abzusieben«.[36]

Auch Darré hat keinerlei Skrupel, die Methoden der Tierzucht, die er in seinem Studium gelernt hat, auf den Menschen zu übertragen.[37] Sein Plan ist es, die arische Rasse vom Bauernhof aus zu erneuern.[38] Und dabei spielt das Schwein eine besondere Rolle.

Schon in seiner Studienzeit hat er sich für die Domestikation des Hausschweins interessiert und dazu geforscht.[39] 1927 veröffentlicht er sein 35-seitiges Machwerk *Das Schwein als Kriterium für nordische Völker und Semiten.* »Kein Opfertier«, schreibt er darin, »ist in seiner Deutung so umstritten, kein Haustier schwankt so zwischen völligem Abgelehnt- und höchstem Verehrtwerden.«[40] Anhand der Domestikation des Schweins begründet Darré den rassischen Unterschied zwischen »Ariern« auf der einen und Juden sowie Muslimen auf der anderen Seite. Für Darré ist das Schwein die »Leitrasse« der nordischen

Völker, die die germanischen Vorfahren erst dazu gebracht habe, sesshaft zu werden.[41] »Während das Hausschwein uns über die nordischen Völker die klare Auskunft gibt, daß sie Siedler gewesen sein müssen, beweisen die Semiten mit ihrer Ablehnung alles dessen, was mit dem Schwein zusammenhängt, ebenso klar ihr Nomadentum.«[42] Das Schwein sei als Waldtier auf Laubwälder und Wasser angewiesen und daher ein »faunistischer Antipode jeden Wüstenklimas«.[43] Im Gegensatz zu den nordischen Ackerbauern müssten sich die semitischen Nomaden ihren Viehherden unterordnen und mit diesen weiterziehen, sobald ein Weidegrund abgegrast ist. In seinen Augen sei ihr Leben daher »parasitär«.[44]

Das Schwein dient Darré als Beweis für eine rassische und kulturelle Überlegenheit der »nordischen Völker« gegenüber Juden und Muslimen – am Schwein erkenne man den Arier. Das Borstenvieh als »Ariernachweis«, wenn man so will.

Wie wir heute jedoch wissen, stammen die ältesten Funde von domestizierten Schweinen gerade aus dem Gebiet des »fruchtbaren Halbmondes«, das sich von der östlichen Mittelmeerküste entlang des Euphrat und Tigris bis zum Persischen Golf erstreckte und als eine der Wiegen von Ackerbau und Viehzucht gilt. Die ältesten Funde sind fast 10 000 Jahre alt und stammen aus der heutigen Türkei und dem Irak.[45]

Das ist insoweit überraschend, als das Schwein im Islam und im Judentum als unrein angesehen wird. Sein Fleisch zu verzehren ist verboten, nicht zuletzt weil es als »Kotfresser« gilt, was jedoch keine natürliche Vorliebe ist, sondern eine Folge von schlechten Haltungsbedingungen: Da Schweine nicht schwitzen können, suchen sie die Nähe zu Gewässern, um Schlammbäder nehmen und sich so abkühlen zu können; nur wenn ihnen keine andere Möglichkeit bleibt, wälzen sie sich im eigenen Kot, bevor sie kollabieren.[46] »Läßt man sie lange genug hungern, so fressen sie sich in der Tat auch gegenseitig auf«, schreibt der US-Anthropologe Marvin Harris in seinem Buch *Wohlgeschmack und Widerwillen*. »Eine Eigentümlichkeit, die ihnen mit anderen Allesfressern gemeinsam ist, insbesondere aber mit ihren eigenen Haltern.«[47]

Nach Mitteleuropa kamen die ersten Schweine wahrscheinlich während der Völkerwanderung vom vierten bis zum sechsten Jahrhundert.[48] Unter Kaiser Karl dem Großen erlangte die Schweinehaltung erstmals größere Bedeutung. Die Tiere wurden in Herden zur Waldmast in die ausgedehnten Laubwälder getrieben, wo sie den Boden nach Eicheln und Bucheckern absuchten. Dabei vergruben sie allerdings auch viele Früchte unbewusst und trugen so entscheidend zur Ausbreitung der Eiche bei. Nicht zuletzt deswegen zählt der Historiker Joachim Radkau die Schweine »zu den unbekannten Helden der Umweltgeschichte«. Im 17. Jahrhundert stritten benachbarte Gemeinden teils so erbittert darum, wer seine Schweineherde zur Eichelmast in den Wald treiben dürfe, dass es zu regelrechten »Schweinekriegen« kam.[49]

Über Jahrhunderte war die Waldweide die vorherrschende Form der Schweinemast. Allmählich schwanden allerdings die Wälder und damit die angestammten Weideflächen der Schweine. Sie mussten nun in die Landwirtschaft eingebunden werden, die gerade einmal genügend Nahrung für die Bevölkerung abwarf. Erst der Siegeszug der Kartoffel ab dem 18. Jahrhundert sorgte dafür, dass auch die Schweinebestände fortlaufend anwuchsen.[50]

DAS GROßE FETTRÜSTEN

Was ein Großteil der Bevölkerung nicht ahnt, ist, dass sich Deutschland seit Mitte der Dreißigerjahre erneut auf einen Krieg vorbereitet. Und die Schweine spielen dabei erneut eine entscheidende Rolle, insbesondere das Schweinefett. Neben Butter ist es der wichtigste Fettlieferant. Im Gegensatz zu dieser hat es aber den Vorteil, dass es sich unabhängig vom Weltmarkt herstellen lässt, da man für die Rindermast Futtermittel importieren muss. Schweine, so zumindest die theoretische Überlegung, lassen sich allein mit Kartoffeln, Grünfutter und Abfällen ernähren. Entgegen dem internationalen Trend sind in Deutschland nun wieder fettreiche Schweine gefragt. Denn während die USA und Großbritannien zunehmend Schweinerassen mit magerem Fleisch züchten, da die Verbraucher lieber auf pflanzliche Fette zurückgreifen, setzt Deutschland auf fette Schweine und damit auf Tierfett aus eigener Herstellung.[51]

Für Darré sind die Schweine mehr als eine fixe Idee seiner Rassentheorien. Sie sind das entscheidende Kapital, um erneuten Ernährungsproblemen zuvorzukommen. Die Hungersnöte des Ersten Weltkriegs und die Wirtschaftskrise Ende der Zwanzigerjahre haben ihm gezeigt, dass man sich im Zweifel nicht auf die Weltwirtschaft verlassen kann.[52] Nie wieder, davon ist er überzeugt, darf Deutschlands Ernährung vom Ausland abhängig sein. »Der totale Krieg ist nicht nur eine Frage der Waffenentscheidungen, sondern mit in erster Linie eine solche der gesicherten Volksernährung«, schreibt Darré 1937.[53] Aus diesem Grund müsse Deutschland wieder autark und zu einem Volk von Selbstversorgern werden. Es soll in Zukunft seinen Fettbedarf vollständig aus der heimischen Landwirtschaft decken. Zudem können Ernteüberschüsse, die ansonsten verderben würden, an die Schweine verfüttert werden, wodurch diese noch fetter würden.[54]

Wie die deutschen Bauern sollen auch die Schweine »bodenständig« sein, also vollständig aus der heimatlichen Erde heraus ernährt werden. Bereits im Juli 1932 fordert Darré in der von ihm selbst gegründeten Zeitschrift *Deutsche Agrarpolitik* deshalb, die Schweine wieder vermehrt mit einheimischen Feldfrüchten wie Kartoffeln und Rüben zu mästen, anstatt mit Industriefutter.[55] Mit der Machtübernahme der Nationalsozialisten verlagern sich auch die Standorte der Schweinezucht. Während ursprünglich vor allem der Nordwesten Deutschlands um die Hafenstädte Bremen und Hamburg die Schweineregion schlechthin war, da man dort verhältnismäßig einfach an importiertes Getreidefutter und Fischmehl kam, verschiebt sich die Schweineproduktion zunehmend in Richtung Osten, etwa nach Pommern. Denn dort gibt es genügend Großflächen zum Anbau von Kartoffeln, mit denen die Schweine gemästet werden sollen.[56]

In der Theorie mag Darrés Fettprinzip funktionieren, aber die Wirklichkeit sieht anders aus. Noch im Jahr 1936 muss Deutschland 60 Prozent seines Fettbedarfs importieren.[57] Um endgültig vom Ausland unabhängig zu sein, soll demnach alles, was nur irgendwie verwertet werden kann, wieder in den Rohstoffkreislauf zurückgeführt werden. Der Wiederverwertungswahn im Reich macht vor kaum etwas halt: Ebenso wie Altmetall und Schrott gesammelt und eingeschmolzen werden, so sollen auch die Küchenabfälle der 18 Millionen deutschen Haushalte noch ihren Zweck erfüllen und als Schweinefutter dienen.[58]

Im Zuge des Vierjahresplans, der Deutschland bis 1940 kriegsbereit und wirtschaftlich unabhängig machen soll, wird deshalb im November 1936 das »Ernährungshilfswerk« ins Leben gerufen.[59] Es ist eine Tochtergesellschaft der Nationalsozialistischen Volkswohlfahrt, kurz NSV, die sich bislang vor allem um hilfsbedürftige Familien gekümmert, Kindergärten betrieben und die Kinderlandverschickungen organisiert hat. Überall im Reich entstehen nun Schweinemastanlagen, in denen die Tiere ausschließlich mit den gesammelten Küchenabfällen gemästet werden sollen.[60] Damit genügend Abfälle zusammenkommen, werden Haushalte und Betriebe per Polizeiverordnung dazu verpflichtet, »die bei ihnen anfallenden Küchen- und Nahrungsmittelabfälle dem Ernährungshilfswerk zur Verfügung zu stellen und die Abfälle in die dafür aufgestellten Haussammeleimer zu schütten«.[61]

Außer den Haussammeleimern stehen in zahlreichen Küchen des Reiches spezielle Emailletöpfe mit der Aufschrift »Küchenabfälle für das Ernährungshilfswerk«. Auf Werbeplakaten und in Zeitungsanzeigen springt einem der Aufruf »Kampf dem Verderb« entgegen. Eines der Plakate zeigt eine Hausfrau, die gerade Essensreste in die Mülltonne gibt und dabei von einem schwebenden Schwein aufgehalten wird. »So ist's nicht richtig!«, lautet die Überschrift, darunter steht: »Kampf dem Verderb ... und Deine Küchenabfälle dem Ernährungshilfswerk.«

Die sogenannten »NSV-Schweinchen« prangen auch in zahlreichen Küchen an den Wänden. Es sind kleine Pappschilder in Schweineform, die von Mitarbeitern des NSV an den Haustüren verteilt werden. In Sütterlinschrift ist darauf aufgelistet, was den Schweinen bekommt, etwa Kartoffelschalen, Gemüse, Salat und Obst sowie Fleisch- und Fischabfälle – und was nicht: Chemikalien, Putzmittel, Gewürze, Zitronen-, Apfelsinen- und Bananenschalen.

Wenn die Schweine in den Mastanlagen fett genug sind, werden sie auf Lkw-Anhänger verladen und zu den Schlacht-

Recycling im Reich. Unter dem Motto »Kampf dem Verderb« sollten Küchenabfälle als Schweinefutter weiterverwertet werden. Was konkret gesammelt wurde, stand auf kleinen Pappschildern, den sogenannten »NSV-Schweinchen«. Der Aufwand für die staatlich organisierte Schweinemast war immens, der Erfolg jedoch überschaubar.

höfen gebracht. Noch auf dem Weg in den Tod werben sie für das Müllsammeln. »Wenn Du Küchenabfall hast / her damit zur Schweinemast«, steht auf den Seitenwänden der Wagen.

Hermann Göring, der Bevollmächtigte für den Vierjahresplan, will auf diese Weise jedes Jahr eine Million Schweine zusätzlich produzieren. Obwohl es so energisch vorangetrieben und beworben wird, ist das Unternehmen jedoch bei Weitem nicht so ertragreich wie erwartet. Was bereits meine Urgroßmutter erkennen musste und was jeder Schweinezüchter weiß, zeigt sich auch hier: Mit Abfällen allein kann man Schweine am Leben halten, aber eben nicht mästen. Die Produktionszahlen bleiben weit hinter den Erwartungen zurück; bis 1940 wächst der Schweinebestand in den Ställen der NSV gerade einmal auf 300 000 Tiere an. Ein großer Teil der gesammelten Küchenabfälle kann nicht rechtzeitig haltbar gemacht werden und verdirbt. Zudem ist das Ernährungshilfswerk von Beginn an unterfinanziert. Die Lage spitzt sich im Laufe des Kriegs noch zu. Bis 1942 steigen die Verluste auf mehr als 16 Millionen Reichsmark an. Im Februar 1944 werden die Schulden ausgeglichen, woraufhin das Reichsfinanzministerium entscheidet, dass das Ernährungshilfswerk von nun an seine Kosten selbst decken muss.[62]

Obwohl die Fehler des Ersten Weltkriegs verhindert werden sollten, verschlechtert sich die Versorgungslage in Deutschland auch im Laufe dieses Krieges dramatisch. Hinzu kommen unerwartet kalte und lange Winter, die zu Missernten führen.[63] Das hat auch Folgen für Darré. 1944 ist der einst einflussreiche Reichsbauernführer und Reichsernährungsminister bereits weitgehend entmachtet. Im Laufe weniger Jahre hat er sich mit zahlreichen NS-Funktionären überworfen. Selbst bei Himmler ist er in Ungnade gefallen, da er die Siedlungsfrage zu sehr unter »ernährungspolitischen Gesichtspunkten« sehe.[64] Darrés Bild vom deutschen Bauerntum beschränkt sich auf die heimatliche Scholle. Hitler und Himmler wollen aber den »Lebensraum im Osten« nicht mit bloßen Landwirten, sondern mit Wehrbauern besiedeln.[65] Ihnen schwebt ein »Ostwall [...] aus lebenden Menschen« vor.[66] Aus diesem Grund hat Himmler seinem früheren Freund bereits 1938 die Leitung des Rasse- und Siedlungshauptamtes der SS entzogen.

Dass es mit Darrés Karriere bergab geht, hat sich erstmals 1936 angedeutet: Als Göring sein Personal für den Vierjahresplan zusammenstellte, beauftragte er mit der Leitung der »Geschäftsgruppe Ernährung« nicht Darré, sondern den zweiten Mann im Reichsernährungsministerium, Herbert Backe.

Je mehr Darré an Ansehen einbüßt, desto mächtiger wird

Backe in seinem Schatten. Als sich immer deutlicher abzeichnet, dass Deutschland sich im Krieg nicht aus eigener Kraft würde ernähren können, wird Darré dafür verantwortlich gemacht und 1942 auch als Reichsernährungsminister sowie Leiter des Reichsamtes für Agrarpolitik beurlaubt. Backe übernimmt alle wichtigen Ämter Darrés.[67]

Damit ist die Zeit der Ideologen in Landwirtschaft und Ernährungspolitik vorbei, nun regieren vor allem Technokraten. Längst kursieren Witze über den Agrarromantiker Darré. Einer handelt von der Grabinschrift eines deutschen Schweines: *»Auch ich erlitt den Heldentod / ich starb an Darrés Gerstenschrot!«*[68]

Während sich der degradierte Darré ins Private zurückzieht, erlebt Hans Schlange-Schöningen die Auswirkungen der NS-Agrarpolitik auf seinem Gut in Pommern. Die Lage auf dem Land wird von Jahr zu Jahr schlechter. Zwar schimpfen Landwirte gerne aufs Wetter, aber die Kriegsjahre haben es besonders in sich. 1941 zieht sich der Winter bis in den April, und bereits im Herbst setzt wieder harter Frost ein. Anfang des Jahres 1942 ist es in Deutschland so kalt, dass Rhein und Oder zufrieren. Mit fatalen Folgen. Die Ernten fallen schwach aus, es mangelt an Lebensnotwendigem. »Millionen Zentner Kartoffeln und Rüben sind erfroren«, schreibt Schlange-Schöningen in seinen Aufzeichnungen, die ein Jahr nach Kriegsende als Buch erscheinen werden. »Wegen Futtermangels ein Schweinemord, der den des kleinen Weltkriegs bei weitem übertrifft. Wird es überhaupt möglich sein, den Anschluß an die nächste Ernte zu erreichen. Von Weltanschauungspropaganda wird kein hungernder Magen satt …«[69]

Es scheint, als wiederhole sich die Geschichte des Ersten Weltkriegs. Da es durch die Missernten vor allem an Getreide fehlt, wird die Kartoffel im Laufe des Kriegs vom Schweinefutter zum Hauptnahrungsmittel der Bevölkerung.[70] Wieder einmal gelten Schweine als Nahrungskonkurrenten des Menschen. Vielerorts stecken die Bauern in einer Zwickmühle, weil sie einen Großteil der Kartoffeln zur »Volksernährung« abliefern müssen, sodass nicht mehr genug für ihre Tiere übrig bleibt.[71] In der *Zeitschrift für Schweinezucht*, dem Amtsblatt des Reichsnährstands für die deutschen Schweinehalter, tauchen neben den Durchhalteparolen (»Der deutsche Schweinehalter kennt seine erste Pflicht: Durchhalten und siegen helfen durch Sicherung der Volksernährung!«[72]) und Abschreckungen (»Wer Brotgetreide verfüttert, hilft dem Feind!«[73]) immer häufiger Erfahrungsberichte von Landwirten auf, wie die Schweine sonst noch durchgebracht werden können: Vor allem Rüben und Grünfutter stehen nun auf dem Speiseplan, zudem sollen die Bauern ihre Herden wieder im Weidegang halten und sie im Herbst auch auf die abgeernteten Äcker treiben, damit sie dort nach übrig gebliebenen Knollen, Wurzeln und Kleintieren stöbern können.[74] Was heute beinah wie ein Idyll vom Biobauernhof klingen mag, ist nichts als ein verzweifelter Versuch, den herrschenden Mangel irgendwie zu verwalten.

Die Anweisungen des Reichsernährungsministeriums sind zudem widersprüchlich. Am 18. Dezember 1943 ordnet es »die verstärkte Herausnahme von Schweinen«, also eine Massenschlachtung, in denjenigen Gebieten an, in denen es zu wenige Kartoffeln für Mensch und Tier gibt.[75] Nur einen Tag später erscheint in der *Zeitschrift für Schweinezucht* ein Aufruf des Reichsernährungsministers Backe zur »Aufrechterhaltung der Schweinebestände«. Denn nur so könne »ein Eingriff in die Substanz des Hofes zu Lasten der Zukunft« vermieden werden, heißt es.[76]

Aber selbst das Schlachten ist schon seit Langem nicht mehr uneingeschränkt möglich. Schon vor Kriegsbeginn am 1. September 1939 treten die Nahrungsrationierungen in Kraft. Ein Drittel der Bevölkerung gilt zu diesem Zeitpunkt zwar als Selbstversorger, mit eigenen Schweinen und anderen Nutztieren, doch in jedem Fall ist eine offizielle Schlachterlaubnis erforderlich.[77] Schwarzschlachtungen werden drakonisch bestraft: Am 4. September 1939, drei Tage nach dem Überfall auf Polen, tritt die »Kriegswirtschaftsverordnung« in Kraft. Darin heißt es zu »kriegsschädlichem Verhalten«: »Wer Rohstoffe oder Erzeugnisse, die zum lebenswichtigen Bedarf der Bevölkerung gehören, vernichtet, beiseiteschafft oder zurückhält und dadurch böswillig die Deckung dieses Bedarfs gefährdet, wird mit Zuchthaus oder Gefängnis bestraft. In besonders schweren Fällen kann auf Todesstrafe erkannt werden.«[78]

Dennoch sind gerade in ländlichen Gebieten Schwarzschlachtungen weiterhin gang und gäbe. Sie sind allerdings nicht bei allen Tieren gleichermaßen leicht zu vertuschen. Ein Huhn oder Kaninchen zu schlachten mag noch problemlos möglich sein, ohne erwischt zu werden. Aber bei einem Schwein von zwei bis drei Zentnern Gewicht sieht es anders aus. Ein guter Teil des Schlachttiers geht nicht selten für das Schweigen und Wegsehen der Nachbarn drauf.[79] So wird das »Schwarzschlachten« zu einem »kollektiv verübten Delikt« – was die Strafen jedoch nicht verringert. In manchen Fällen stehen ganze Familien vor Gericht, in einigen ländlichen Gebieten sind die Gefängnisse überfüllt mit Angeklagten.[80] Die Zahl der Selbstmorde steigt. Der Rest rettet sich in Galgenhumor und scherzt: Wer nicht an die Front geschickt wird, sitzt wegen Schwarzschlachtung ein.[81]

Ginge es nur nach Hitlers Geschmack, dann würde bald sowieso niemand mehr Fleisch essen. Wenn er mit seiner Entourage beim Abendessen sitzt, erzählt er oft von Schlachthausbesichtigungen in der Ukraine, um seinen Gästen den Appetit zu verderben, wie sich seine Sekretärinnen später erinnern.[82] Mit der gleichen Inbrunst beschreibt er seinen Tischgenossen, wie der Bauer die Samen aussät, wie die Halme heranwachsen und sich schließlich die goldenen Ähren im Wind wiegen. Hitler glaubt anscheinend, dass das genüge, um jeden überzeugten Fleischesser sofort zu bekehren.[83]

Hitler selbst ernährt sich seit Anfang der Dreißigerjahre vegetarisch.[84] Er isst kein Fleisch, auch keine Brühe, die er laut Albert Speer »Leichentee« nennt.[85] Seine Mahlzeiten dürfen nicht einmal mit Tierfett zubereitet werden. Er hegt einen regelrechten »Widerwillen gegen Fleisch« und sei überzeugt, »daß der Fleischgenuß den Menschen vom natürlichen Leben entferne«, berichtet eine seiner Sekretärinnen, Christa Schroeder, später.[86]

Höchstwahrscheinlich haben bei Hitler jedoch weniger ethische Gründe den Ausschlag für den Fleischverzicht gegeben als vielmehr seine Vorstellung von gesunder Ernährung. Er glaubt, dass Gekochtes ihn krank mache, und schwört deshalb auf Rohkost – ohnehin sei der Mensch in grauer Vorzeit ein »Früchteesser« gewesen und habe deshalb länger gelebt.[87] Manchmal überlegt Hitler sogar, ob er seine Schäferhündin nicht an vegetarische Kost gewöhnen könnte.[88] Eine Frage übrigens, die auch heute noch diskutiert wird.

Trotz seiner eigenen Überzeugung ist Hitler sich sicher, dass er das Fleischessen nicht verbieten lassen kann, da die Bevölkerung dafür kein Verständnis hätte. Erst wenn mehr Gemüse angeboten werde und für jeden bezahlbar sei, glaubt er, werde sich das automatisch ändern.[89] Hitler kann es zwar nicht leiden, wenn jemand ihm zuliebe auf Fleisch verzichtet; er empfindet dies als billiges Anbiedern, wie Emmy Göring sich später erinnern wird.[90] Dennoch lässt er es sich nicht nehmen, anderen seine Meinung zum Fleischverzehr kundzutun. Der Vegetarismus ist eines seiner Lieblingsthemen. Immer wieder erzählt er beim Abendessen auch von den römischen Soldaten, die sich rein pflanzlich und nur in Notzeiten von Fleisch ernährt hätten.[91]

Mit diesen Ansichten ist er nicht alleine. So will Himmler auf lange Sicht in seinen SS-Mannschaften den »Fleischgenuss für die künftigen Generationen einschränken« und »Fleisch und die Wurstwaren durch ebenso wohlschmeckendes, den Gaumen und das Bedürfnis des Körpers Befriedigendes« ersetzen. Er gibt auch ganz konkrete Ernährungstipps: »Mindestens dreimal, im Winter fünfmal in der Woche warme Abendkost in Gestalt von Suppe, Pellkartoffeln und dann kalter Zugabe«, Brot sei zu rösten, um es für Darmkranke bekömmlicher zu machen, Salzkartoffeln seien »strengstens zu verbieten«.[92]

Die Entwicklung eines, mehr oder weniger, ethisch motivierten Vegetarismus begann bereits im 18. Jahrhundert, zunächst in Großbritannien. Im Laufe des 19. Jahrhunderts gewann er schließlich auch in Deutschland immer mehr an Bedeutung. Dabei war er keineswegs ein rein »völkisches« Ideal. In der frühen Tierrechtsbewegung gab es auch zahlreiche linke Gruppen, wie etwa die »Gesellschaft zur Förderung des Tierschutzes und verwandter Bestrebungen«, die sich für Vegetarismus und den Verzicht auf Tierversuche einsetzte. Sie wurde 1907 von dem Schriftsteller und Pazifisten Magnus Schwantje gegründet und war die erste Tierrechtsgruppe im Deutschen Reich. 1918 benannte sie sich in »Bund für radikale Ethik« um. Schwantjes Credo lautete: »Ehrfurcht vor dem Leben« und bezog dabei ausdrücklich das Leben der Tiere mit ein.[93] Er sah es als »oberstes Gebot der Sittlichkeit« an, anderen Wesen so wenig Leid wie möglich zu bereiten.[94] »Wer das Verhalten der Tiere gründlich beobachtet und vorurteilsfrei deutet«, schrieb er in seinem Buch *Sittliche Gründe gegen das Fleischessen*, der müsse »es als ein schweres Unrecht erkennen, Tiere nur deshalb schlachten zu lassen, um sich einen Gaumengenuss zu verschaffen«.[95] Schwantje forderte, insbesondere die Rinder- und Schweinezucht einzuschränken: »Es würde bestimmt keine wirtschaftliche Krise eintreten, wenn heute Tausende von Europäern sogleich zur vegetarischen Ernährung übergingen. Im Gegenteil, jede Einschränkung der Fleischproduktion wird auch auf die Volkswirtschaft einen günstigen Einfluss ausüben.«[96]

Die Machtübernahme durch die Nationalsozialisten bedeutet das Ende für die zahlreichen Tierschutz- und Vegetarier-Verbände in Deutschland. Die meisten von ihnen werden Mitte der Dreißigerjahre aufgelöst, so auch der »Bund für radikale Ethik«.[97] Schwantje hat seine Arbeit bereits 1933 einstellen müssen. Nachdem er von der Gestapo verhaftet und verhört worden ist, flieht er 1934 in die Schweiz.[98]

Die Nazis gerieren sich gerne als die einzig wahren Tierfreunde; die Widersprüche zwischen den eigenen Tierschutzbestrebungen und dem radikalen Vorgehen gegen bestehende Tierrechtsorganisationen werden nicht näher thematisiert. Bereits kurz nach der Machtübernahme machen sie sich daran, den Tierschutz im gesamten Deutschen Reich neu zu strukturieren. Im April 1933 wird das »Gesetz über das Schlachten von Tieren« verkündet. »Warmblütige Tiere sind beim Schlachten vor Beginn der Blutentziehung zu betäuben«, heißt es dort nun.[99] Die Anwendung auf alle warmblütigen Tiere ist neu, da nun auch etwa Hühner und andere Vögel eingeschlossen sind.

Was auf den ersten Blick wie eine Gesetzesänderung zugunsten der Tiere wirkt, hat allerdings einen Hintergedanken. Denn damit ist den Juden in Deutschland de facto das rituelle Schächten verboten.

Die NS-Propaganda bedient gern das Bild vom »tierquälerischen« Juden. Im Schächten zeige sich die »offene, brutale und unbeirrbare Grausamkeit des Juden«, heißt es etwa 1938 in einer Meldung des *Kleinen Volksblattes* aus Wien.[100] Im Gegensatz dazu inszenieren sich die Nationalsozialisten als besonders tierlieb und propagieren die Vorstellung des kulturell höherstehenden »deutschen Volkes«, dessen Wunsch es sei, ein »humanes Schlachten« zu gewährleisten.[101]

Bereits im Kaiserreich war im Zuge des erstarkenden Antisemitismus Kritik am Schächten aufgekommen.[102] Und so bestehen zu Beginn der Dreißigerjahre bereits in zwölf deutschen Ländern Schächtverbote, seit Oktober 1930 zum Beispiel auch in Bayern. Preußen und Hessen bilden aufgrund ihres hohen jüdischen Bevölkerungsanteils Ausnahmen.[103] Damit ist 1933 Schluss. Zwar ist das Schächten nicht ausdrücklich verboten, sondern lediglich das betäubungslose Schlachten. Doch es gibt zu dieser Zeit kein Betäubungsverfahren, das von den Rabbinern anerkannt würde.[104] Das Gesetz ist ein entscheidender Bestandteil der nationalsozialistischen »Judenpolitik« und einer der ersten Einschnitte in das Alltagsleben der deutschen Juden.[105]

Wie viel den Nazis der von ihnen propagierte Tierschutz wirklich bedeutet, zeigt sich spätestens im Krieg. Auf ihren Eroberungszügen in Europa sind Wehrmacht und Waffen-SS auch auf ausländische Soldaten angewiesen, und dabei handelt es sich nicht immer um Christen. So kämpfen auf dem Balkan und in Osteuropa Zehntausende von muslimischen Söldnern, denen die NS-Führung zahlreiche Zugeständnisse macht, die es ihnen erlauben, ihre Religion auszuüben. Bei der Verpflegung wird darauf geachtet, dass sie weder Schweinefleisch noch Alkohol vorgesetzt bekommen. Ab 1943 wird ihnen zudem das rituelle Schlachten ohne Betäubung gestattet, ebenso wie später auch muslimischen Kriegsgefangenen in Deutschland.[106] Wenn es um Machterhalt und Kriegserfolg geht, gelten im Zweifel auch die eigenen Gesetze nicht mehr.

Das Schächten wird nicht aus ethischen Gründen verdammt, Tierschutz nicht aus ethischen Gründen betrieben. Wie in der gesamten diffusen Weltanschauung der Nationalsozialisten zeigt sich auch hier, dass über allem ein Streben danach steht, die »deutsche Lebensgemeinschaft« nach den eigenen Vorstellungen umzuordnen.

Die Transportvorschriften der Reichsbahn für Schlachtvieh dürften vor dem Hintergrund der Geschichte zu den drastischsten Zeugnissen dieser Weltsicht gehören. Dort ist zu lesen, dass Großvieh und Schweine nach Geschlecht getrennt zu transportieren seien. Dauere der Transport länger als 36 Stunden, müssen die Tiere vorher zu trinken und zu essen bekommen.[107] Die Wagen müssen gut belüftet werden, damit die Tiere nicht ersticken. Je nach Größe und Gewicht ist genau festgelegt, wie viele Schweine in einen Waggon geladen werden dürfen, damit die Tiere sich während der Fahrt noch hinlegen können.[108] Zudem wird an das Pflichtbewusstsein von Züchtern, Händlern und Eisenbahnern appelliert: »Jeder am Tierversand Beteiligte hat die Pflicht, mit dafür zu sorgen, daß die Tiere die Bestimmungsstation in bester Verfassung erreichen.«[109] Gerade in heißen Sommermonaten dürfen die Schweine nicht überfüttert in die Waggons verladen werden, da sie sonst einen Herzinfarkt erleiden. Was dann passiert, ist in einer Ausgabe der *Zeitschrift für Schweinezucht* aus dem Jahr

1940 zu sehen. Auf einem Bild sind etwa zehn Schweine abgebildet, die während der Fahrt im Waggon verendet sind.[110] Nur wenig später werden in dieselben Waggons Menschen gepfercht und nach Osten transportiert.

3

ENTLARVUNG

Wenn Sie einen Menschen eine Wanze nennen, bedeutet das, daß Sie die Absicht haben, ihn wie eine Wanze zu behandeln.
Aldous Huxley, Geblendet in Gaza

Der Sieg scheint nah. Wenn die Schüler im Klassenraum ganz leise sind, können sie ihn schon hören. Wie prasselnder Regen klingt er. Das Geräusch kommt von nebenan. Dort, in der schmalen Kammer, steht ein langes Regal, in dem Myriaden weißer Raupen lagern, die sich beharrlich durch Unmengen grüner Blätter fressen. Vor gut einem Monat sind sie aus ihren winzigen weißen Eiern geschlüpft. Anfangs waren sie nur wenige Millimeter klein und federleicht. Seitdem hat sich jede einzelne von ihnen viermal gehäutet und das Zehntausendfache an Körpergewicht zugenommen. Sie sind nun neun Zentimeter lang und fressen unentwegt weiter. Das Knistern ihrer Kauwerkzeuge ist so laut, dass es die Schüler durch die geschlossene Türe hindurch hören können.[1]

Diese Szene hat nicht tatsächlich stattgefunden, aber sie könnte sich so oder so ähnlich zugetragen haben. Schauen wir uns eines der Kinder, die dort im Klassenraum sitzen und den Raupen lauschen, etwas genauer an. Kein besonders auffälliges, sondern einen sehr gewöhnlichen deutschen Jungen. Nehmen wir an, er hieße Hans, denn das ist zu dieser Zeit einer der häufigsten Jungennamen in Deutschland.

Hans weiß, dass das Gedeihen der Raupen von höchster Bedeutung ist. Ihre Aufzucht sei ein »kriegswichtiger Dienst«,

Mit Seidenraupen zum Sieg. Hefte wie dieses sollten den Schulkindern die vermeintlich kriegsentscheidende Rolle der Seidenraupenzucht vermitteln.

sagt der Lehrer. Deshalb müssen Hans und seine Mitschüler mehrmals am Tag Blätter von den Maulbeerbüschen pflücken, die im Schulgarten stehen.[2] Für die 500 Bäume, die jede Schule pflanzen soll, reichte der kleine Garten nicht aus, weshalb sie auch den nahe gelegenen Sport- und Marktplatz sowie Bahntrassen und mehrere Alleen säumen.[3]

So wie hier sieht es mittlerweile in vielen Gemeinden des Deutschen Reichs aus. Bernhard Rust hat es so befohlen. Der Reichsminister für Wissenschaft, Erziehung und Volksbildung sieht die Hauptaufgabe der Schule darin, Nationalsozialisten auszubilden. Und ein vorbildlicher Nationalsozialist kann man schon in jungen Jahren sein. Aus diesem Grund hat Rust im Juni 1936 angeordnet, dass möglichst viele Schulen Maulbeeren anpflanzen und ihre Lehrer im Seidenbau ausbilden lassen. Mehr als 20 000 Schulen von der Nordseeküste bis ins Burgenland in der Ostmark sind seinem Aufruf gefolgt, haben

Maulbeerbäumchen gesetzt und kümmern sich nun täglich um die kleinen Tiere.

Die Raupen sind auf die Bäume angewiesen, denn die Weiße Maulbeere ist die einzige Wirtspflanze des Seidenspinners. Und dessen Raupen könnten den Krieg entscheiden und Deutschland zum Sieg verhelfen, zumindest ist das der Plan des Ministeriums. Denn die Insektenlarven stellen einen Stoff her, mit dem es keine künstliche Faser bisher aufnehmen konnte – echte Seide. Sie fängt kaum Feuer, ist wasserabweisend, äußerst dehnbar und dabei dennoch reißfest. Für die Wehrmacht ist Seide unentbehrlich, um daraus Fallschirme herzustellen.[4]

Seit bald zwei Jahren befindet sich Deutschland im Krieg, vor einigen Wochen, im Juni 1941, haben deutsche Truppen die Sowjetunion überfallen. Hans, der noch nie jemanden sterben sah, mag der Krieg wie ein einziges großes, fernes Abenteuer erscheinen. Allzu fern für einen Zwölfjährigen. Während Deutschlands Soldaten in ganz Europa kämpfen, bleibt ihm vorerst nichts anderes übrig, als sich weiterhin wie die anderen Schüler daheim an der »Erzeugungsschlacht« zu beteiligen. Richard Walther Darré, der damalige Reichsernährungsminister, hat diese 1934 zum ersten Mal ausgerufen und verlangt, die Erträge der deutschen Landwirtschaft zu erhöhen, um die »Volksernährung« »auf eigenem Grund und Boden sicherzustellen«. Damit Deutschland – wie bei der Fleisch- und Fettproduktion – nicht mehr auf Importe aus dem Ausland angewiesen sei.[5] Auch Schulkinder sollen dabei mit anpacken, spielen sie doch eine entscheidende Rolle, »die Ziele des Vierjahresplans erfüllen zu helfen«, wie es in *Deutsche Wissenschaft, Erziehung und Volksbildung* heißt, dem Amtsblatt des Reichswissenschaftsministeriums.[6] Gerade jetzt sei der richtige Zeitpunkt, denn »die Wirtschaftsblockade unserer Gegner im ge-

genwärtigen Kriege erfordert einen verstärkten Einsatz der Schulen«, schreibt dort ein Kölner Schulrat.[7]

Der Seidenbau bietet sich dazu besonders an, und er hat eine lange Tradition in Deutschland. Um den Handel und das Gewerbe im eigenen Land zu stärken, förderte bereits Preußens König Friedrich II. im 18. Jahrhundert den Seidenbau, allerdings ohne dauerhaften Erfolg, was, wie es in der Diktion der Dreißiger- und Vierzigerjahre gerne heißt, vor allem daran gelegen habe, dass die Bevölkerung damals nicht leidenschaftlich genug bei der Sache gewesen sei und zum Teil sogar zum Seidenbau hätte gezwungen werden müssen.[8]

Unter den Nationalsozialisten soll der Seidenbau hingegen einen Aufschwung wie nie zuvor erfahren. Der Ablauf ist genau geregelt: Die Preise für Eier und Kokons legt der Staat fest. Alle Seidenbauern dürfen ihre Eier ausschließlich von der »Staatlichen Versuchs- und Forschungsanstalt für Seidenbau« im niedersächsischen Celle beziehen. Die Kokons wiederum müssen sie anschließend allesamt bei der dortigen »Seidenwerk-Spinnhütte AG« oder deren Sammelstellen abliefern, die sich überall im Reich befinden. Wer gegen diese Vorgaben verstößt und etwa eine eigene Zucht betreibt, muss bis zu 10 000 Reichsmark Strafe zahlen.[9] Vor allem Menschen, die sich mit der Kleintierzucht etwas dazuverdienen wollen oder keine schwere körperliche Arbeit verrichten können, sollen sich dem Seidenbau widmen, so lautet die Vorgabe. Und dazu zählen eben auch Schüler.[10]

Im April sprießen an den Maulbeeren die ersten Blätter. Die ersten Seidenraupen schlüpfen meist Anfang Juni aus den Eiern. Vier Wochen lang fressen sie sich fett. Da sich die Aufzuchtzeit bei günstiger Witterung bis in den September erstrecken kann, können die Schüler bis zu drei Raupengenerationen nacheinander aufziehen.[11] Doch die Pflege der Raupen ist alles andere als ein Kinderspiel. Da die Tiere rund um die Uhr fressen, müssen die Schüler mehrmals am Tag losziehen, um frische Blätter zu holen, wobei einiges an Unterrichtszeit verloren geht. Spätabends versorgt der Lehrer die Larven noch einmal.

Hans ist fasziniert von den Raupen und saugt wissbegierig alles auf, was er über sie in Erfahrung bringen kann. Man könnte ihn mitten in der Nacht wecken, und er wäre sofort in der Lage aufzusagen, worauf es ankommt bei der Aufzucht von *Bombyx mori* – so lautet der wissenschaftliche Name des Seidenspinners. Dass man die Maulbeerblätter bei Regen abtupfen muss, bevor man sie verfüttert, weil zu nasses Laub Darmkatarrh bei den Raupen verursachen kann. Dass man die Raupen am besten zwischen 18 und 23 Grad Celsius, also weder zu kühl noch zu warm, vor allem aber nicht zu feucht und stickig hält und regelmäßig ihre Lagerflächen reinigen muss, damit sich keine Krankheitskeime breitmachen.

Was für Hans und die anderen Kinder eine mehr oder weniger spannende Ergänzung zum sonstigen Schulunterricht ist, hat jedoch noch eine viel tiefer gehende Bedeutung, wie das große Interesse der Politik an den Tieren schon vermuten lässt. Der Seidenbau dient nicht nur der Tugendbildung der Schüler. Er soll ihnen vor allem auch die nationalsozialistische Rassenlehre und die »Unerbittlichkeit der Natur« vermitteln.[12] Die Vorstellung von der »Reinheit der Rasse« nimmt auf den Lehrplänen der Nazis eine zentrale Position ein und wird den Kindern zunächst anhand von Pflanzen und Tieren nahegebracht.[13] Die Schüler lernen, wie man die einzelnen Raupenrassen unterscheidet und dass man sie niemals vermischen darf. Sie wissen, dass man Raupen, die sich zitronengelb verfärben, die kurz vor einer Häutung noch unruhig umherkrabbeln oder aussehen, als sei ihnen buchstäblich die Luft ausgegangen, sofort aussortieren muss. Eine gesunde Zucht gelinge nur dann, hat der Lehrer ihnen beigebracht, wenn man alle kranken und schwächlichen Exemplare frühzeitig aussortiere.[14]

»SCHULMATERIAL«

Hans gehört zu jener Generation, die in das »Dritte Reich« regelrecht hineinwächst. Als er 1935 mit knapp sieben Jahren in die erste Klasse kommt, ist das deutsche Schulwesen längst gleichgeschaltet. Vor allem in den Anfangsjahren der NS-Herrschaft setzt das Reichswissenschaftsministerium alles daran, dass der nationalsozialistische Geist in den Schulen Einzug hält. Jüdische, kommunistische, pazifistische oder sonst kritisch eingestellte Lehrer werden entlassen. Ab der Mitte der Dreißigerjahre geht es nun darum, auch die Schüler restlos auf Linie zu bringen.

Hitler, der selbst nicht gerade ein Vorzeigeschüler war, hat klare Vorstellungen von der neuen Schulbildung: Sie soll seiner Meinung nach »nur ein allgemeines Wissen geben«, alles andere verwirre die Kinder und überfordere ihre Gehirne. Mehrere Fremdsprachen zu erlernen, hält er für überflüssig, und überhaupt: »Was braucht ein Junge, der Musik üben will, Geometrie, Chemie, Physik? Was weiß er davon später noch! Nichts! Das ganze Detaillierte soll man lassen!«[15] Viel wichtiger ist für ihn die körperliche Entwicklung der Kinder: »Das Schwache muss weggehämmert werden«, sagt er in einem seiner vielen Tischgespräche in einem seiner vielen Führerhauptquartiere. »Ich werde sie in allen Leibesübungen ausbilden lassen. Ich will eine athletische Jugend. Das ist das Erste und Wichtigste. So merze ich die Tausende von Jahren der menschlichen Domestikation aus. So habe ich das reine, edle Material der Natur vor mir. So kann ich das Neue schaffen.« Hitler will »eine Jugend, vor der sich die Welt erschrecken wird«.[16]

Da ein gesunder Körper demnach mehr zählt als ein wacher und kritischer Geist, stehen bis zu fünf Stunden Sport in der Woche auf dem Stundenplan.[17] Daneben liegt der Schwerpunkt vor allem auf den sogenannten »gesinnungsgebenden« Fächern, auf Deutsch, Geschichte – und Biologie.[18]

Zwar gehören Rassenthemen in allen Schulfächern zum Unterricht und machen auch vor der Mathematik nicht halt, wie folgende Rechenaufgabe aus einem Mathematikbuch für die Mittelstufe aus dem Jahre 1941 zeigt: »Welche Wahrscheinlichkeit besteht für das Auftreten eines jüdischen Merkmals aus einer Ehe zweier Mischlinge 2. Grades?«[19] Doch gerade im Fach Biologie soll die »wissenschaftliche Wahrheit« der NS-Ideologie auch systematisch vermittelt werden. »Nationalsozialistisches Denken muß biologisches Denken sein«, heißt es 1936 in der Fachzeitschrift *Der Biologe*.[20]

Aufgabe der höheren Schulen ist es, die Rassenlehre quer durch alle Fächer hindurch »wissenschaftlich belegt« zu vermitteln, damit die Schüler erkennen, dass »alle Kultur rassisch bedingt ist«, wie es das Reichswissenschaftsministerium 1938 vorschreibt.[21] So steht etwa im Geschichtsunterricht die »Überlegenheit der nordischen Rasse« als Lernziel auf dem Lehrplan, von den Taten Karls des Großen und den Eroberungen der Wikinger bis zur »völkischen Bedeutung« Martin Luthers.[22]

In der Volksschule geht es hingegen zuallererst darum, die Kinder unterschwellig zu beeinflussen.[23] Die Nationalsozialisten setzen dabei vor allem auf Frontalunterricht. Der Lehrer, besonders der Volksschullehrer, hat die Rolle eines Führers inne. Er soll den Schülern nicht beibringen, selbstständig zu denken, sondern ihm bedingungslos zu gehorchen, unkritisch und linientreu. »Du bist nichts, Dein Volk ist alles!«, lautet die ständig wiederholte Losung – beinahe wie in einem Insektenstaat.[24]

Die Seidenraupen scheinen wie geschaffen für diese Form der pädagogischen Indoktrinierung: »Wie selten ist es uns in der Schule beschieden, Fleiß, Treue und Gewissenhaftigkeit so schnell in greifbare Ernte umgesetzt zu sehen wie hier«, schreibt ein Schulrat in einem Bericht über den Seidenbau. »Bei aller Arbeit hat sich so manches Kind, das sonst nie in Erscheinung tritt, als brauchbares Glied der Gemeinschaft erwiesen.«[25]

Die diesjährige Aufzucht der Raupen neigt sich allmählich dem Ende zu. In diesem Sommer sind keine Krankheiten aufgetreten, es hat kaum Ausfälle gegeben. Schon bald werden sich die Raupen einen Platz in den Holzgittern suchen, die die Schüler senkrecht zwischen die Regalbretter gesteckt haben. Dort wird jede von ihnen mit ihren Spinndrüsen, die am Unterkiefer sitzen, einen einzigen Faden in zahllosen monotonen Achten zu einem dichten Kokon verweben. Drei Tage brauchen die Larven, bis ihre schützende Hülle vollendet ist. Dann verharren sie drei Wochen, in denen sie sich verpuppen, um schließlich als fertige Seidenspinner wieder zum Vorschein zu kommen.

Aus diesen Kokons wird jedoch kein einziger Nachtfalter schlüpfen. Einige Tage nachdem sich die Raupen eingesponnen haben, werden Hans und seine Klassenkameraden die Kokons aus den Holzgestellen lösen und zur zentralen Sammelstelle im Ort bringen. Von dort gelangen sie zur »Seidenwerk-Spinnhütte AG«.[26] Um aus den Kokons Seide zu gewinnen, werden sie dort in großen Kesseln gekocht und anschließend abgeschöpft. Denn erst unter starker Hitze geben sie ihr kostbares Gut frei – einen einzigen Seidenfaden, zehnmal dünner als ein menschliches Haar und bis zu vier Kilometer lang. Bis zu 900 Meter davon lassen sich verwenden.[27] Um einen einzigen Fallschirm herzustellen, benötigt man rund 15 000 Kokons. Übrig bleiben am Ende nur 15 000 verbrannte braune Puppen.[28]

Die Indoktrination der Jugend endet nicht mit Schulschluss, sondern erstreckt sich auch weit ins Private. In den ersten Jahren des Regimes ist die Mitgliedschaft in einer der Jugendorganisationen der NSDAP noch weitgehend freiwillig. Dies ändert sich jedoch im März 1939 grundlegend. Von nun an sind alle Jungen und Mädchen im Alter von zehn bis zum vollendeten 18. Lebensjahr gesetzlich dazu »verpflichtet, in der Hitler-Jugend Dienst zu tun«.[29] Mit dieser Verordnung gelingt es den Nationalsozialisten, dass schon bald mehr als acht Millionen der rund neun Millionen Jugendlichen der Staatsjugend angehören.[30]

Während die Mädchen vor allem auf ihre spätere Mutterrolle vorbereitet werden sollen, geht es bei den Jungen darum, sie zu künftigen Kämpfern auszubilden. Was Adolf Hitler sich von ihnen erwartet, hat er im September 1935 auf dem Reichsparteitag der NSDAP in Nürnberg verkündet: »In unseren Augen, da muss der deutsche Junge der Zukunft schlank und rank sein, flink wie Windhunde [sic!], zäh wie Leder und hart wie Kruppstahl.«[31]

Neben den Zeltlagern, Geländeübungen und Heimnachmittagen haben es Hans besonders die »Jugendfilmstunden« angetan. Dort werden den Soldaten von morgen Propagandafilme über erfolgreiche Schlachten gezeigt.[32] Vor dem Hauptfilm läuft stets die »Deutsche Wochenschau«, die ebenfalls nur von erfolgreichen Schlachten berichtet. Noch zumindest. Vor Kurzem erst hat Hans dort seine Helden heimkehren sehen, die Fallschirmjäger, die im Frühling 1941 die Insel Kreta von den Briten erobert haben. Hans klingt noch immer Harry Giese im Ohr. Die Stimme der »Wochenschau« schwärmte von »einzigartigen Waffentaten«, von »härtesten Kämpfen gegen stärkste feindliche Übermacht«.

Während Hans staunend zusieht, wie die Soldaten durch das Spalier einer jubelnden Menschenmenge marschieren, stellt er sich womöglich vor, dass ihre Fallschirme aus der Seide jener Raupen gewebt sind, die er aufgezogen hat. Während er so darüber nachdenkt und zur Leinwand aufschaut, erklingt aus den Lautsprechern ein Männerchor: »*Wir wissen nur eines, wenn Deutschland in Not, / Zu kämpfen, zu siegen, zu sterben den Tod.*« Für viele Jungen aus Hans' Generation bleibt der Tod vorerst etwas Vages, Geheimnisvolles, das jedoch ohnehin nur die anderen trifft. Sie sind in dem Glauben erzogen worden, dass deutsche Soldaten die besten, mutigsten und im Grunde unbesiegbar sind. Mancher Junge hofft sogar, dass der Krieg noch möglichst lange dauere, damit er sich noch beweisen könne.

Was der vermeintliche »Heldentod« wirklich bedeutet, wissen die wenigsten bislang. Das »Heldenhafteste«, was sie in ihrem kurzen Leben kennengelernt haben, ist vermutlich das Bestehen der »Pimpfenprobe«, jener Aufnahmeprüfung, die jeder zehnjährige Junge abzulegen hat, bevor er im »Deutschen Jungvolk« aufgenommen wird. Sie ist eine Mischung aus Sporttests und militärischem Eid und umfasst mehrere Aufgaben: 60 Meter in weniger als zwölf Sekunden rennen, 2,75 Meter weit springen und einen Schlagball 25 Meter weit werfen. Außerdem müssen sie das Horst-Wessel-Lied und das Fahnenlied der Hitlerjugend sowie die Schwertworte des Jungvolkes auswendig aufsagen, die da lauten:

Jungvolkjungen sind hart, schweigsam und treu,
Jungvolkjungen sind Kameraden,
des Jungvolkjungen höchstes ist die Ehre.[33]

Zum Abschluss müssen die angehenden Pimpfe einen anderthalb Tage dauernden Ausflug unternehmen.[34] Nicht selten sind sie dabei zum ersten Mal in ihrem jungen Leben über Nacht alleine von zu Hause fort – und dabei den Launen ihrer »Jungenschaftsführer« ausgeliefert, die zwar nur wenige Jahre älter sind, aber das Prinzip von Befehlen und Bestrafen bereits vollends beherrschen: Wer beim Marschieren schlappmacht, wird umso mehr gescheucht. Wer Heimweh hat und es sich auch noch anmerken lässt, gilt als Muttersöhnchen und wird von den Übrigen erst recht schikaniert.

Weil Hans unbedingt dazugehören wollte, hat er die Zähne zusammengebissen.[35] Es hat sich gelohnt. Nachdem er alle Prüfungen bestanden hatte, hielt er endlich das Fahrtenmesser, das alle neuen Pimpfe als Belohnung zur Aufnahme ins Jungvolk bekommen, in den Händen. »Blut und Ehre« stand darauf, in die Klinge eingraviert.[36]

Gieses scheppernde Stimme reißt ihn wieder aus seinen Träumereien. Der »Wochenschau«-Sprecher schwärmt vom »selbstlosen Einsatz« der Fallschirmjäger, von ihrem »schweren Kampf« und »stolzen Sieg«.[37] Kein Wort aber vom Tod. Den scheint es nur in ihren Liedern zu geben.

Was die »Wochenschau« verschweigt, sind die Massaker der Deutschen an der Zivilbevölkerung Kretas und die gefallenen Fallschirmjäger. Von den 14 000 Männern, die im Mai 1941 aufgebrochen sind, kehren nur 10 000 zurück. In Wahrheit ist der Fall »Merkur«, wie die Landung auf Kreta genannt wird, ein Himmelfahrtskommando und so verlustreich, dass er das Ende der deutschen Fallschirmtruppe bedeutet.[38]

Auch wenn sie noch nicht selbst für Deutschland kämpfen können, so haben viele Jungen in Hans' Generation das Gefühl, dass sie wenigstens mit der Aufzucht der Raupen einen kleinen Teil beitragen. Und noch mehr können sie tun. Denn jenseits der Maulbeerhecken, dort wo die Kartoffelfelder des Bauern liegen, lauert ein echter »Volksfeind«. Der Kartoffelkäfer ist zwar ebenso ein Insekt wie der Seidenspinner; und wie dessen Raupen fressen er und seine Larven ebenfalls Blätter. Doch sie haben es auf die Kartoffelpflanze abgesehen. Im Gegensatz zu den nützlichen Seidenraupen gelten die Käfer als »Schädlinge«, wie Hans in der Schule gelernt hat, denn sie gefährden die »Volksernährung«. Ob Hans wohl jemals erkennen wird, dass diese Einteilung letztlich auf dasselbe hinausläuft? Denn auch wenn die einen für den »Endsieg« spinnen und die anderen die Ernte fressen – vernichtet werden am Ende beide.

Alles, was Hans sonst noch über den Kartoffelkäfer weiß, steht in dem schmalen Buch, das er in der Schule bekommen hat – *Die Kartoffelkäferfibel* heißt es. Anhand von Reimen erfahren die Kinder darin, woher der Käfer stammt, wie er aussieht und wie man ihn am besten bekämpft. Das gesamte Buch haben sie auswendig lernen müssen. Der Lehrer ließ es sie aufsagen, nicht einen alleine, sondern alle nacheinander. Einer fing an, sein Nebenmann musste die Verse fortsetzen, und immer so weiter, bis auch Hans an der Reihe war:

Jeder halte ständig Wacht,
sei bereit zur Abwehrschlacht!
Nur vereint kann es gelingen,
diesen Schädling zu bezwingen.[39]

»*Jeder halte ständig Wacht* ...« Der Kartoffelkäfer galt als Symbol für den »Erzfeind« Frankreich und als Gefahr für die »Volksernährung«.

Aus der Fibel hat Hans auch erfahren, wie der Käfer überhaupt nach Deutschland kam. Ursprünglich stammt er aus Nordamerika, wo er erst zu Beginn des 19. Jahrhunderts in den Rocky Mountains entdeckt wurde und sich von den Blättern der Büffelklette ernährte. Hatte er bis dahin noch ein Nischendasein in den Bergtälern Colorados gefristet, so änderte sich dies mit dem fortschreitenden Kartoffelanbau. Der nordamerikanische Käfer schien geradezu auf die Knolle aus Südamerika gewartet zu haben. 1859 fraß er erstmals ganze Felder im Mittleren Westen kahl, rund 900 Kilometer östlich seines Herkunftsgebietes. Keine 20 Jahre später hatte er die Ostküste erreicht. Ganze Schwärme hatten mithilfe des Windes den Mississippi und Missouri sowie die Großen Seen überwunden. Zudem waren einzelne Tiere als blinde Passagiere mit der Eisenbahn und mit Schiffen weitergereist. Es war also nur eine Frage der Zeit, bis sie auch den Atlantik überqueren und Europa erreichen würden.[40]

Das Preußische Landwirtschaftsministerium war gewarnt und hatte deshalb im Jahre 1875 vorsorglich den Import von Kartoffeln aus den USA verboten.[41] Dennoch tauchten schon im Jahr darauf die ersten »Koloradokäfer« in Bremen und anderen europäischen Hafenstädten auf, von wo aus sie auf Lastkähnen unbemerkt ins Landesinnere gelangten. Und just als einige Gelehrte wie der Zoologe Alfred Brehm »die Furcht vor einer Einschleppung dieses Ungeziefers für grundlos« erachteten, tauchten 1877 die ersten Meldungen über Kartoffelkäfer im Rheinland und in Sachsen auf.[42] Nachdem diese Gefahrenherde jedoch beseitigt waren, hatten die deutschen Kartoffelbauern für mehrere Jahrzehnte weitgehend Ruhe.[43] Bis 1914.

Eine der vielen bunten Zeichnungen in Hans' *Kartoffelkäferfibel* zeigt kleine schwarz-gelb-gestreifte Käfer, die in kleinen Propellerflugzeugen über ein Feld fliegen und mit Kanonen auf die fliehenden Kartoffeln schießen. Ihr Anführer trägt einen Zweispitz, auch »Napoleonhut« genannt, samt blau-weiß-roter Feder.

Die Botschaft hinter der plakativen Zeichnung ist leicht zu verstehen. Schon Volksschüler werden den wahren Übeltäter für die Plage sofort erkannt haben – nicht umsonst nennen die Älteren ihn meist nur »Franzosenkäfer«.

Diesen Namen hat der Kartoffelkäfer während des Ersten Weltkriegs erhalten. Damals entstand in Deutschland das Gerücht, dass die Franzosen ihn gezielt vermehren würden, um den deutschen Kartoffelanbau zu vernichten.[44] Tatsächlich dachten sowohl Franzosen als auch Briten im Laufe des Krieges darüber nach, den Käfer als biologische Waffe einzusetzen, verwarfen dies aber wieder, aus Sorge um die eigene Landwirtschaft. In Frankreich wiederum bezeichnete man die Deutschen, nachdem sie 1940 einmarschiert waren, als »doryphores« – Kartoffelkäfer, da sie ebenso wie diese die Kartoffeln stehlen würden, wie es hieß. Die Losung »Kartoffelkäfer bekämpfen« entwickelte sich so zum Geheimcode der Résistance für Sabotageakte gegen die Besatzer.[45]

Die Käferjäger. Mithilfe von Kalkarsen versuchte der »Kartoffelkäfer-Abwehrdienst« die Kerbtiere wieder aus Deutschland zu verdrängen. Ohne Erfolg.

Aber auch ohne militärische Hilfe ist der Käfer in den Dreißigerjahren längst auf dem Wege, ein Kosmopolit zu werden. Bereits Mitte des Jahrzehnts überquert er die deutsche Westgrenze. Daraufhin ruft der für Landwirtschaft und Agrarpolitik zuständige Reichsnährstand den »Kartoffelkäfer-Abwehrdienst« ins Leben, der von da an die Bevölkerung in den betroffenen Regionen aufklärt, »Kartoffelkäferfibeln« in den Schulen verteilt und die Suchtrupps auf den Feldern anleitet.[46] Im Jahr 1941 beschäftigt der »Abwehrdienst« im gesamten Reich 650 Mitarbeiter. Sie haben eine Ackerfläche von rund 10 000 Quadratkilometern zu betreuen, was ungefähr der zehnfachen Größe Berlins entspricht.[47]

Zudem befindet sich seit 1940 in der Eifel eine Außenstelle der Biologischen Reichsanstalt für Land- und Forstwirtschaft, die sogenannte »Kartoffelkäfer-Forschungsstelle«, in der Insektizide zur Bekämpfung des Käfers getestet werden. Wurden die befallenen Pflanzen früher noch abgeschnitten, in Gruben geworfen, mit Rohbenzol übergossen und angezündet, werden die betroffenen Felder mittlerweile mit Kalkarsen besprüht.[48]

Da der Käfer jedoch schnell unempfindlich gegenüber den Giften wird, ist es immer noch das Sicherste, ihn von Hand abzusammeln.[49]

In manchen Gemeinden muss jede Familie ein Mitglied zur Käfersuche abstellen. Meistens sind es Frauen und Schulkinder, die man vornübergebeugt und mit gesenktem Blick durch die Felder schreiten sieht.[50] Auch Hans ist mit seiner Klasse einmal in der Woche nach der Schule zum Suchen eingeteilt. Jeder Schüler übernimmt eine Feldfurche und sucht die beiden Reihen links und rechts davon ab, Pflanze für Pflanze, Blatt für Blatt. Die Käfer sind wegen ihrer gelb-schwarzen Färbung leicht zu erkennen, zudem sitzen sie in der Regel auf den Blättern und Stängeln oder in den Blattachseln. Viel aufwendiger ist es jedoch, die kleinen gelben Eier zu entdecken, die stets an den Blattunterseiten kleben.

Um sie zum Suchen anzuspornen, bekommt jenes Kind, das den allerersten Kartoffelkäfer auf einem Feld entdeckt hat, eine Kartoffelkäfer-Ehrennadel. Alle weiteren Finder erhalten einen einfacheren Anstecker.[51] Die Käfer werden in Blechbüchsen und Einmachgläsern gesammelt und anschließend vernichtet, wie es heißt. Es ist nicht schwierig, sie zu greifen zu bekommen, nur ihre schwarz-roten Larven zerplatzen allzu leicht zwischen den Fingern und hinterlassen einen schmierigen gelben Schleim. Wenn die Kinder Eier oder Larven entdecken, kommen die »Vertrauensmänner« des »Abwehrdienstes« und sprühen Gift.

Die Arbeit der Kinder und anderen Helfer hat Erfolg. Nachdem sich der Kartoffelkäfer im Laufe der Dreißigerjahre fast bis zur Weser ausgebreitet hat, kann er bis zum Ende des Jahres 1943 in den Südwesten Deutschlands zurückgedrängt werden.[52] Ein Erfolg, der sich auch zu Propagandazwecken nutzen lässt.

Die Erschaffung eines Feindbildes

Was im Falle von Seidenraupen und Kartoffelkäfern womöglich noch harmlos oder sogar komisch anmutet, hat jedoch ohne Zweifel einen fatalen Einfluss auf das Menschenbild von Kindern wie Hans. Der macht auch vor dem abendlichen Vorlesen nicht halt. In den Bücherregalen der Kinder stehen nicht nur die *Kartoffelkäferfibel*, Abenteuerromane von Karl May und die Märchen der Brüder Grimm. Daneben finden sich auch *Der Giftpilz* und *Der Pudelmopsdackelpinscher*. Beide Bücher stammen von Ernst Hiemer, dem Chefredakteur der antisemitischen Wochenzeitung *Der Stürmer*.[53] Und beide sind in der erklärten Absicht verfasst, schon den Jüngsten zu vermitteln, dass es auch unter den Menschen »Schädlinge« gebe.

Im *Giftpilz*, der im Jahr 1938 in einer Auflage von 70 000 Exemplaren erstmals erschienen ist, werden die Juden anhand von farbigen Zeichnungen als habgierig, verlaust, pädophil und deutschfeindlich dargestellt.[54] *Der Pudelmopsdackelpinscher* wiederum ist eine Sammlung von Kurzgeschichten, die von verschiedenen Tieren mit »jüdischen« Eigenschaften handeln. Neben dem titelgebenden verschlagenen und schmutzigen Mischlingshund kommen darin mehrere Insekten wie Bienen-Drohnen, Heuschrecken und Wanzen vor.

Jeder, der sich auch im Erwachsenenalter noch an die Gutenachtgeschichten seiner Kindheit erinnern kann, wird sich leicht vorstellen können, dass auch die Generation von Hans sich noch lange nach dem Vorlesen an einzelne Anekdoten erinnern wird. An die Mutter im *Giftpilz*, die ihrem Kind beim Pilzesuchen im Wald erklärt, dass sich die Giftpilze oft ebenso schwer von den guten Pilzen unterscheiden ließen, wie »die Juden als Gauner und Verbrecher zu erkennen« seien.[55] An die blutsaugenden Wanzen im *Pudelmopsdackelpinscher* und daran, »daß es die Juden sind, die für die Menschen die gleiche Gefahr bedeuten wie die Wanzen«.[56] Oder an die Bienen-Drohnen, die ihrem Volk das Leben so lange schwer machen, bis sich die übrigen Bienen zusammenschließen, um die Drohnen zu töten. Und auch hier ist Hiemers Gleichsetzung unmissverständlich: »Drohnen gibt es nicht nur bei den Bienen, Drohnen gibt es auch bei Menschen. Es sind die Juden!«[57] Selbst in den Grimm'schen Märchen findet sich mit dem »Juden im Dorn« damals eine Erzählung, die die Juden als hinterhältig und raffgierig darstellt.[58] So grotesk die Darstellungen in den Kinderbüchern dieser Zeit anmuten, so unvermittelt gefährlich ist die Botschaft dahinter: Schon die Jüngsten sollen im Juden den Ursprung allen Übels erkennen, den »ewigen Parasiten«.[59]

Bis der Begriff des »Parasiten« zur Brandmarkung und schließlich als Vorwand zur Vernichtung von Menschen verwendet wurde, hatte er bereits eine lange Entwicklungsgeschichte hinter sich. Im antiken Griechenland bezeichnete der »Parasit« noch einen hoch angesehenen Bürger; »Parásitos« bedeutete so viel wie »Tischgenosse« und meinte einen Staatsbeamten, der an religiösen Opfermahlen im Tempel teilnahm.[60] Später entwickelte sich daraus eine feststehende und zentrale Figur in der griechischen Komödie, bis der »Parasit« schließlich im 16. Jahrhundert auch darüber hinaus im europäischen Sprachgebrauch Einzug hielt.[61] Hier wurde er jedoch abfällig verwendet, als Bezeichnung für jemanden, der auf Kosten anderer lebe. Im 18. Jahrhundert gelangte der Begriff in die Botanik*, wo er im Englischen als Synonym für Schmarotzerpflanzen stand.[62]

Der Weimarer Philosoph Johann Gottfried Herder war wohl der Erste, der ihn in dieser Bedeutung wieder auf den Menschen, und zwar auf die Juden, übertrug. In seinem 1784 erschienenen Werk *Ideen zur Philosophie der Geschichte der Menschheit* beschrieb er sie »als die parasitische Pflanze, die sich beinah allen europäischen Nationen angehängt und mehr oder minder von ihrem Saft an sich gezogen hat«, ein Verhalten, das er jedoch nicht als eine »jüdische Ureigenschaft« betrachtete, sondern mit der jahrhundertelangen Ausgrenzung der Juden erklärte.[63]

Es sind bekanntermaßen die Nationalsozialisten, die die »Verwissenschaftlichung« des Judenhasses auf die Spitze treiben. Unzählige Beispiele ließen sich anführen, von buchlangen Abhandlungen bis zu einzelnen, dahingeworfenen Phrasen, wenn etwa Adolf Hitler die Juden in *Mein Kampf* als einen »Bazillus« bezeichnet, der »sich immer weiter ausbreitet«, oder Heinrich Himmler von der »zersetzende[n] Pest [...] in unserem Volkskörper« spricht.[64] Die Botschaft dieser Gleichsetzung ist eindeutig und lautet, dass diese Gefahr aktiv bekämpft werden müsse: »Mit dem Antisemitismus ist es genauso wie mit der Entlausung«, erklärt Himmler im April 1943 vor Korpsführern der SS. »Es ist keine Weltanschauungsfrage, daß man die Läuse entfernt. Das ist eine Reinlichkeitsangelegenheit. [...] Wir sind bald entlaust. Wir haben nur noch 20 000 Läuse, dann ist es vorbei damit in ganz Deutschland.«[65]

* Der – nicht erst von den Nazis – verbreitete Mythos vom ewig umherwandernden Juden »Ahasver« hielt später ebenfalls Einzug in die Botanik. So wird die Bezeichnung »Wandernder Jude« bis heute als Trivialname für bodendeckende Pflanzen der Gattung *Tradescantia* verwendet.

Und die permanente Judenhetze der Nazis beschränkt sich nicht nur auf Kampfschriften oder geheime Reden.[66] Neben der Pädagogik nutzt das NS-Regime auch die populäre Kultur, um das gewünschte Weltbild zu verbreiten. Filme wie »Jud Süß«, mit denen Propagandaminister Joseph Goebbels dem deutschen Volk den Juden als Ursprung allen Übels zu verkaufen bezweckt, gehören zu den bekanntesten Beispielen. In dem 1940 erschienenen Propagandafilm »Der Ewige Jude« sind Massen von Ratten zu sehen, die durch Straßen und Keller strömen, während der Sprecher – wieder einmal Harry Giese – dies mit den Worten kommentiert: »Sie sind hinterlistig, feige und grausam und treten meist in großen Scharen auf. Sie stellen unter den Tieren das Element der heimtückischen, unterirdischen Zerstörung dar. Nicht anders als die Juden unter den Menschen.«[67]

Doch die Gleichsetzung von Menschen mit Schädlingen betrifft nicht allein Juden.[68] Im Oktober 1939, kurz nach dem Überfall auf Polen, weist das Propagandaministerium die deutschen Zeitungen an, es müsse »auch der letzten Kuhmagd in Deutschland klargemacht werden, daß das Polentum gleichwertig ist mit Untermenschentum«. In den Artikeln solle dies allerdings nur unterschwellig und »immer nur leitmotivartig anklingen« durch Floskeln wie »Polnische Wirtschaft« oder »Polnische Verkommenheit«. Und zwar so lange, »bis jeder in Deutschland jeden Polen, gleichgültig ob Landarbeiter oder Intellektuellen, im Unterbewußtsein schon als Ungeziefer ansieht«.[69]

Der Philologe Victor Klemperer, den wir an anderer Stelle noch näher kennenlernen werden, schreibt später über die Sprache des »Dritten Reichs«: »Worte können sein wie winzige Arsendosen: sie werden unbemerkt verschluckt, sie scheinen keine Wirkung zu tun, und nach einiger Zeit ist die Giftwirkung doch da.«[70] Und bei wem sollte das Gift wirksamer sein als bei denen, die es von klein auf eingeflößt bekommen?

JUGENDWAHN

Wir befinden uns bereits im Herbst des Jahres 1943. Hans, der fiktive Protagonist dieses Kapitels, ist mittlerweile 15 Jahre alt und in die HJ aufgestiegen. Mit Stolz trägt er das beigefarbene Hemd mit der rot-weißen Hakenkreuz-Binde am linken Ärmel. Er hat sich sogar unter seine Lederstiefel neue Absätze mit Hakenkreuz-Profil setzen lassen, die es seit einigen Jahren zu kaufen gibt. Die Idee dazu stammt aus einer Randnotiz in der *HJ im Vormarsch*, einer Zeitungsbeilage für Hitlerjungen. »Wie hinterlasse ich sichtbare Spuren meiner nationalsozialistischen Gesinnung?«, stand dort geschrieben. Immer, wenn er nun über weichen, sandigen Boden läuft, betrachtet er stolz seine Schuhabdrücke. Denn, so steht es in dem kurzen Beitrag, »an Deinen Spuren wird man dich erkennen«.[71]

Wahrscheinlich dürfte auch Hans gesehen haben, dass der Verlauf der Ostfront in der »Wochenschau« immer weiter Richtung Westen gewandert ist. Die Verluste sind enorm, neue Soldaten werden händeringend gebraucht. Seit dem Sommer 1943 gibt es sogar eine SS-Division »Hitlerjugend«. Wie der Name schon sagt, besteht sie zum größten Teil aus früheren Hitlerjungen, viele von ihnen sind 1926 geboren und damit gerade einmal knapp zwei Jahre älter als Hans. Die Idee dazu hatte Reichsjugendführer Artur Axmann. Bei Hitler ist er damit auf große Begeisterung gestoßen, weil der sich gerade von den 17-Jährigen besonders fanatische Kämpfer erhofft.[72] Auch Hans wird bald nicht mehr nur in der »Erzeugungsschlacht« tätig sein; bald schon sollen 16-Jährige die Heimat verteidigen.

Um zusätzliche Soldaten zu rekrutieren, ergeht Ende September 1944 der »Erlass des Führers zur Bildung des Deutschen Volkssturms«.[73] »Wie im Herbst 1939 stehen wir nun wieder ganz allein der Front unserer Feinde gegenüber«, behauptet Hitler und befiehlt: »Es ist in den Gauen des Großdeutschen Reiches aus allen waffenfähigen Männern im Alter von 16 bis 60 Jahren der Deutsche Volkssturm zu bilden.« Militärisch unterstehen die Rekruten dem Befehl des Reichsführers-SS, Heinrich Himmler.

Als Hans im vergangenen Jahr gerade seinen 15. Geburtstag feierte, hielt Heinrich Himmler eine geheime Rede vor SS-Offizieren in Posen. Darin sprach er davon, dass man selbstverständlich auch Sechzehnjährige einziehen könne, »man kann sogar einen Vorgriff auf Fünfzehnjährige machen«, sagte er den rund 90 Zuhörern. Und um auch jedem, der noch einen letzten Rest an Zweifeln hatte, diesen zu nehmen, fügte er hinzu: »Denn besser es sterben die fünfzehnjährigen Jungens, als dass die Nation stirbt.«[74] Von dieser Rede erfahren die Jungen aus Hans' Generation nichts. Viele von ihnen melden sich im Herbst 1944 freiwillig. Nicht selten ist es eine Mischung aus Abenteuerdrang, Pflichtgefühl und jahrelanger Indoktrination, die ihren Leichtsinn überwiegen lässt.

Wären die meisten Kinos nicht bereits durch alliierte Bombentreffer zerstört, hätten diese Jungen sich im Oktober 1944 dort womöglich selbst auf der Leinwand in der »Wochenschau« sehen können. Tausende von jungen Kriegsfreiwilligen aus ganz Deutschland stehen im Hof des Potsdamer Stadtschlosses aufgereiht, als Reichsjugendführer Axmann persönlich die Reihen abschreitet. Einige von ihnen sind gerade einmal 15 Jahre alt. Regungslos, den Kopf starr nach links gerichtet, stehen sie da, als die Zahlen der Kriegsfreiwilligen aus den einzelnen Gauen des Reiches verlesen werden:

»Das Gebiet Ostpreußen ...«

– »Hier!«, ruft einer.

»... meldet 9482 Kriegsfreiwillige der Hitlerjugend ... Das Gebiet Köln-Aachen ...«

»Ja!«, ertönt es, deutlich leiser, von weiter hinten.

»... meldet 9715 Kriegsfreiwillige der Hitlerjugend ... Das Gebiet Moselland ... meldet 6112 Kriegsfreiwillige der Hitlerjugend.«

Anschließend tritt Axmann ans Mikrofon und verkündet: »Heute melde ich Ihnen, mein Führer, dass sich von den Hitlerjungen des Jahrgangs 1928 70 Prozent kriegsfreiwillig zu den Fahnen gemeldet haben. Die echte Kriegsfreiwilligkeit dieser Jugend wird in der Kampfmoral auf dem Schlachtfeld lebendig sein.«[75] Im März 1945 empfängt der sichtlich geschwächte und stark gealterte Adolf Hitler im Garten der Neuen Reichskanzlei 20 Hitlerjungen, um sie für ihren Fronteinsatz und für ihre »Tapferkeit vor dem Feind« mit Orden auszuzeichnen. Der jüngste von ihnen ist kaum älter als zwölf.[76]

Während im April 1945 sogar noch Jungen des Jahrgangs 1935 verpflichtet werden, wird Hans wie viele andere zum Bau von Verteidigungsanlagen abkommandiert. Am Rande eines Feldes soll seine Kompanie einen Erdwall aufschütten und Stacheldraht auslegen. Auf dem Weg dorthin passieren sie eine zerstörte Straße, die von Maulbeerbäumen gesäumt ist. Obwohl der Seidenbau nie so viel Ertrag gebracht hat, dass Deutschland unabhängig vom Import geworden ist, hat das Reichswissenschaftsministerium noch im Februar 1945 per Runderlass die Schulen aufgefordert, »in Anbetracht der Kriegswichtigkeit des Seidenbaues dafür Sorge zu tragen, daß die Nutzung und Pflege der [...] Maulbeeranpflanzungen in vollem Umfang sichergestellt werden«.[77] Einige der Bäume, an denen die Kompanie vorbeikommt, haben zerschossene Kronen. Von anderen wiederum sind nur noch abgebrannte Stümpfe übrig. Die Zeiten des Seidenbaus sind vorerst vorbei. Für Leichentücher braucht es keine Seide.

Die Zeit der Kartoffelkäfer hingegen sollte nahtlos weitergehen. Gegen Ende des Kriegs finden sie sich auch in unerwarteten Regionen des Landes. Wie schon im Ersten Weltkrieg haben sich auch während dieses Krieges Briten, Franzosen und Deutsche gegenseitig beschuldigt, Kartoffelkäfer über feindlichem Gebiet abgeworfen zu haben. Tatsächlich sind rund 14 000 Käfer, die eigens zu diesem Zweck gezüchtet worden waren, im Oktober 1943 über der pfälzischen Stadt Speyer niedergegangen. Doch sie fielen nicht aus Flugzeugen der Alliierten, sondern aus deutschen. Es handelte sich um einen militärischen Versuch, um zu überprüfen, ob die Wirbellosen einen Abwurf aus einer Höhe von 8000 Metern überhaupt überstehen. Viele waren es nicht, die man später wiederfand, gerade einmal 57; doch sie hatten den Sturz allesamt überlebt.[78]

Dennoch kommt diese biologische Waffe nicht mehr zum Einsatz. Als die Front im Westen 1944 immer näher rückt, wird die »Kartoffelkäfer-Forschungsstelle« von der Eifel sicherheitshalber ins thüringische Mühlhausen verlegt.[79] Da der »Abwehrdienst« in den letzten beiden Kriegsjahren stark vernachlässigt wird, kann sich der Käfer über weite Landstriche ausbreiten. Im Jahr 1944 hat er große Teile Bayerns besiedelt. Wie die Alliierten wird auch er bald die Elbe überqueren und sich nach dem Krieg rasch bis zur Oder vorschieben.[80]

Was wäre wohl aus Hans geworden, hätte er tatsächlich gelebt? Vielleicht hätte er beim ersten Anblick des Feindes sein Gewehr weggeworfen, weil er erkannte, dass es aussichtslos war. Wie hätte er dann später auf seine Jugend zurückgeblickt? Vielleicht hätte er sie als einen großen Verrat erkannt. Sich schuldig gefühlt. Vielleicht hätte er sie aber auch als die »beste

Zeit seines Lebens« empfunden und sie sich deshalb nicht »schlechtreden« lassen wollen. Vielleicht wäre das letzte Jahr des Krieges auch sein letztes gewesen.

Auch wenn es ihn selbst nicht gegeben hat, so gab es doch Hunderttausende Jungen wie ihn. Viele aus dieser Generation sind noch in den letzten Kriegstagen gefallen oder blieben für immer vermisst. Wie viele es waren, wird sich nie sicher sagen lassen, aber ihre Zahl geht in die Zehntausende. Besser, es stirbt die Jugend, als dass die Nation stirbt, hatte Heinrich Himmler gesagt. Am Ende war sie für das untergehende Regime nur »Material«, wie Hitler sie genannt hatte. Ein Mittel zum Zweck, nicht viel mehr wert als Seidenraupen.

4

MORITURI

Katzenjammer, o Injurie!
Wir miauen zart im Stillen,
Nur die Menschen hör' ich oftmals
Grauenhaft durch die Straßen brüllen.
Joseph Victor von Scheffel,
Lieder des Katers Hiddigeigei

Mucius heißt er, wie der legendäre Retter Roms. Weil aber ein Kater wenig von klassischem Heldentum versteht, rufen sie ihn meistens Muschel. Nicht mit zischendem *»sch«*, als wolle man eine Katze vom Herd verscheuchen, sondern mit weichem *»j«* wie im französischen Wort *»jamais« - Mujel.*[1]

Mehr als elf Jahre lebt der Kater nun schon bei Eva und Victor Klemperer. Seit 36 Jahren sind sie verheiratet, Kinder haben sie nie bekommen, sie wollten auch nie welche, zumindest Victor nicht. Schon wenn Eva sich allzu mütterlich um Muschel sorgt, als sei er ihr Kind, verstört ihn das. Dennoch hängt auch er an dem grauen Kater. Vor allem weil er Eva so viel bedeutet. Oft kommt es ihm vor, als sei Muschel der Einzige, der sie aufzumuntern vermag, wenn sie sich von Depressionen geplagt wieder einmal tagelang zurückzieht und Victor nicht weiß, wie er zu ihr durchdringen soll.[2] Das Leben in Dresden im Frühling 1942 gibt ohnehin kaum Anlass zur Hoffnung, dass es eines Tages wieder besser werden könnte. »Wir sind ganz isoliert«, schreibt Victor in einem Brief an seine Schwester. »Unser einziger und getreuester Umgang ist Mucius, genannt Mujel.«[3] Der Kater ist ihr Mutmacher und eine der letzten Gewissheiten in einer ungewissen Zeit, in der das Unerträgliche längst alltäglich geworden ist.

1934, acht Jahre zuvor, ist Victor Klemperer aus dem örtlichen Katzenverein ausgeschlossen worden, weil er kein »Arier« ist. 1935 hat er aus demselben Grund seinen Lehrstuhl für Romanistik an der Technischen Hochschule verloren, den er seit 1920 innehatte. Dennoch blieben Eva und er in Deutschland. Erst nach jener Nacht im November 1938, in der aus Nachbarn Brandstifter wurden, beschlossen sie auszuwandern. Sie wollten nach Amerika, wie so viele. Victors Bruder, der schon seit Längerem in den USA lebte, bürgte für sie, damit sie einreisen konnten. Aber die Warteliste war lang. Weder das US-Konsulat in Berlin noch die Jüdische Gemeinde in Dresden konnte ihnen weiterhelfen. Deshalb stellten sie auch in anderen Ländern einen Einwanderungsantrag; in Südafrika und Rhodesien, in Australien sowie Peru – überall vergebens.[4]

Also blieben sie. Bis es nicht mehr ging und alle Grenzen dicht waren. Und so merkwürdig das auch klingen mag, irgendwie war Victor Klemperer darüber sogar erleichtert. Denn im Grunde wollte er nie weg, warum auch? Er war schließlich Deutscher. Für ihn zählte der Geist, nicht das Blut.[5] Außerdem hätten sie ihr Haus im Vorort Dölzschen weit unter Wert verkaufen müssen. Und was wäre dann aus Muschel geworden? Sie wären bereit gewesen, ihn zu einer guten Bekannten zu geben, aber die hatte abgelehnt mit der Begründung, er würde sich doch nicht umgewöhnen. Ihn einzuschläfern, sagte sie, sei humaner. Das konnten sie nicht. Also blieben sie. Bis es zu spät war, fortzugehen.[6]

Im Mai 1940 mussten sie dann ihr Haus verlassen und in eines der zahlreichen Judenhäuser ziehen, die über die gesamte Stadt verteilt liegen und wo ihnen gerade einmal zwei Zimmer zustehen. Die Küche und den Balkon an ihrem Schlafzimmer teilen sie sich mit den Nachbarn. Dort wohnen sie seither in ständiger Angst vor den »Haussuchungen« der Gestapo. Wenn sie von Freunden mal einen Fischkopf für Muschel bekommen, kochen sie ihn sofort aus und verbrennen anschließend die Gräten, damit die Gestapo keinen Verdacht schöpft – Fisch zu essen ist in jüdischen Haushalten längst verboten.[7]

Auch draußen kann sich Victor Klemperer kaum noch frei bewegen. Den Großen Garten im Stadtzentrum darf er nicht mehr betreten, nach neun Uhr abends darf er nicht mehr auf die Straße hinaus. Ständig folgen neue Verbote. »Jedes Tier ist freier und rechtlich gesicherter«, notiert er in seinem Tagebuch.[8] Im Juli 1941 musste er sogar für eine Woche ins Gefängnis, weil er eines Abends vergessen hatte, eines der Fenster in seinem Arbeitszimmer zu verdunkeln. Doch der bislang drastischste Einschnitt hat ihn im vergangenen Herbst getroffen: Seit dem 19. September 1941 muss er sich einen gelben Stern mit der Aufschrift »Jude« an die Brust heften. Es kommt ihm vor, als trage er sein eigenes Getto mit sich herum, »wie eine Schnecke ihr Haus«.[9]

All diese Demütigungen haben ihn zunehmend verbittert. »Es ist«, notierte er bereits im August 1937, »überhaupt nicht mehr viel Gefühl für die Menschen in mir übriggeblieben. Eva – und dann kommt schon der Kater Mujel.«[10] Der ist längst zum Symbol ihres Ausharrens geworden. »Der erhobene Katerschwanz ist unsere Flagge«, haben sich die beiden immer wieder geschworen, »wir streichen sie nicht, wir behalten die Nasen hoch, wir bringen das Tier durch.« Wenn alles vorbei wäre, sollte Muschel zum Siegesfest Kalbsschnitzel von Kamm bekommen, dem besten Metzger der Gegend. So hatten sie es zumindest vorgehabt.[11]

Bereits im Laufe des Jahres 1940 ist im Reichsernährungsministerium die Idee aufgekommen, die Heimtierhaltung komplett zu verbieten, um auf diese Weise Nahrungsmittel für die Bevölkerung einzusparen. Hitler hielt nicht viel von dieser Idee, denn er intervenierte sofort, als er davon erfuhr. Aus seiner Sicht war ein solches Verbot dem »tierlieben« deutschen Volk emotional nicht zuzumuten.[12] Daher entschied man sich für eine differenziertere Lösung – und verbot die Tierhaltung nur in Haushalten, die man nicht zur »deutschen Volksgemeinschaft« zählte. Nach Ansicht der NS-Bürokraten kosteten deren Tiere nur unnötig Futter und störten zudem den »geplanten Ablauf«. Denn das Haustierverbot, das insbesondere für jüdische Tierhalter galt, hatte einen weiteren – logistischen wie zynischen – Hintergedanken: Bei den Deportationen musste man sich auf diese Weise nicht mehr um zurückbleibende Haustiere kümmern.[13] Vor rund einem halben Jahr, im Oktober 1941, haben die Transporte gen Osten begonnen. Zu Jahresbeginn 1942 leben noch rund 130 000 Juden in Deutschland. Ein Jahr später werden es lediglich 50 000 sein und damit gerade einmal ein Zehntel der ursprünglichen jüdischen Bevölkerung.[14]

Dass sie Muschel abgeben müssen, erfährt Victor Klemperer von einer Nachbarin. Im Jüdischen Gemeindeblatt steht es nun auch, schwarz auf weiß: Ab sofort dürfen Juden keine Haustiere mehr halten.[15] Die Nazis haben ihm zu diesem Zeitpunkt schon fast alles genommen – seinen Beruf, sein Haus, sein Ansehen und seinen Alltag ohnehin. Das Todesurteil für den Kater ist der nächste Schock. »Welch eine niedrige und abgefeimte Grausamkeit gegen die paar Juden«, schreibt er noch am selben Abend in sein Tagebuch.[16]

Das Haustierverbot ist ein weiterer Schritt auf dem Weg zur vollständigen Entrechtung der Juden in Deutschland. Nach jenen Anordnungen, die sie systematisch aus dem öffentlichen Leben verdrängt und ihnen verboten hatten, das Land zu verlassen, bedeutet es den nächsten Einschnitt in einen Alltag, von dem bald nichts mehr übrig ist. Durch die Enteignungen und erzwungenen Umzüge in »Judenhäuser« ist der Rückzug ins Private ohnehin kaum noch möglich. Das Haustierverbot ist ein gezielter Angriff auf einen der letzten verbliebenen Zufluchtsorte. »Die Haustiere können keine politische Rolle gespielt haben«, sagt eine in Berlin lebende Zeitzeugin später über diese Jahre, »aber für viele war es das einzige Lebewesen, das sie nach der Zwangsarbeit noch zu Hause freudig begrüßte.«[17] Wenn auch die Haustiere fort und die vertrauten Geräusche verklungen sind, sei es das Tapsen der Pfoten auf dem Holzboden oder das Kratzen der Krallen auf dem Ledersofa, hat das Zuhause seine Bedeutung verloren.

Manche weigern sich schlicht, ihre Tiere abzugeben, wie etwa die Familie der zwanzigjährigen Herta Höxter aus Nürnberg. Auch zwei Jahre nach Inkrafttreten des Verbots halten sie ihre beiden Katzen noch, immer in der Gefahr, erwischt zu werden. Als im Sommer 1944 die Gestapo vor der Tür steht, kann Herta Höxter die beiden Tiere gerade eben noch in den Garderobenschrank schubsen. Zum Glück geben sie keinen Laut von sich, sodass der Polizist sie nicht bemerkt.[18]

Zur gleichen Zeit werden überall in den besetzten Gebieten im Osten Menschen deportiert, so auch in der rumänischen Stadt Carei an der Grenze zu Ungarn. Als die Careier Juden 1944 in das Vernichtungslager Auschwitz-Birkenau gebracht werden, erscheint in der Lokalzeitung ein Aufruf an die Stadtbevölkerung, die im Getto zurückgelassenen Hunde und Katzen bei sich aufzunehmen.[19]

Auch wenn dieser Vorfall vor allem den Menschenhass der Nationalsozialisten vor Augen führt, so gehört die »anständige Einstellung zum Tier«, wie es Heinrich Himmler einmal formuliert hat, doch fest zu ihrem kruden Selbstbild.[20] So rühmen sich die Nationalsozialisten ihrer Tierliebe und ihrer modernen Tier- und Naturschutzgesetze, für die sie Mitte der Dreißigerjahre international Lob ernteten. Anders als in Frankreich oder Großbritannien, wo vor allem die Rechte der Haus- und Nutztiere im Vordergrund stehen, umfassen die neuen Reichsgesetze erstmals auch Wildtiere.[21] Dennoch sind vor dem Gesetz längst nicht alle Tiere gleich, was sich besonders deutlich im Falle der Katze zeigt.

Seit März 1936 erlaubt eine spezielle Naturschutzverordnung jedem Eigentümer, streunende Katzen auf seinem Grundstück einzufangen und sie anschließend der örtlichen Polizei zu übergeben. Wenn der Halter der Katze sich nicht innerhalb von drei Tagen meldet, kann die Polizei sie töten lassen. Wird eine Katze mehr als zweimal in einem Jahr in fremden Gärten erwischt, ist sie »unschädlich zu machen«, wie es offiziell heißt.[22] Jäger haben seit 1934 zudem das Recht, jede Katze zu erschießen, die sich weiter »als 200 Meter vom nächsten bewohnten Hause« aufhält.[23]

Einer der eifrigsten Katzenjäger ist Will Vesper. Der Schriftsteller und Journalist gilt zudem als »einer der ärgsten nationalistischen Narren«, wie Thomas Mann in einem Brief an seinen Schriftstellerfreund Hermann Hesse schreibt.[24] Wenn Vesper nicht gerade Führergedichte und Tiermärchen verfasst oder in der NS-Zeitschrift *Die Neue Literatur* gegen vermeintlich jüdische Autoren und Verleger wie Hesse hetzt, zieht er mitsamt Hund und Schrotflinte durch den weitläufigen Park seines Gutes Triangel bei Gifhorn und erschießt alle Katzen, die er finden kann, damit sie nicht die Nester der Singvögel plündern.[25] Ihm geht es jedoch nicht allein um den Vogelschutz. In seinen Augen sind Katzen eine fremde, unberechenbare Rasse aus dem Orient.[26] Katzen, so bläut er es seinem kleinen Sohn Bernward ein, könne man im Gegensatz zu Hunden keinen »menschlichen« Charakter anerziehen. Sie seien reine Stadttiere – tückisch, falsch und asozial, kurzum »die Juden unter den Tieren«.[27]

An der Katze zeigt sich, wie willkürlich die vermeintlich systematische NS-Ideologie von ihren Verfechtern ausgelegt wurde: Denn selbst unter den Anhängern des Regimes gibt es zahlreiche Katzenfreunde. Viele von ihnen versuchen, das negative Image der Hauskatze zu verbessern, indem sie deren Freiheitsdrang und angebliche Unzähmbarkeit als Beweis dafür deuten, dass sie ein »Herrentier« sei, weil sie sich niemandem unterwerfe.[28] Der Rassenhygieniker und erste Präsident des Deutschen Fußball-Bundes, Ferdinand Hueppe, hat die Katzen bereits 1931 wegen ihrer Vorliebe für Mäuse und Ratten als »unsere hygienischen Helfer bei der Volksgesundung« gelobt und beklagt, dass sie »in keinem Kulturlande so niederträchtig mißhandelt und verfolgt werden wie in Deutschland«.[29]

Ganz ähnlich sieht das auch Friedrich Schwangart. Der Zoologe und Tierpsychologe hält den Katzenhass für »ein Charakteristikum breiter deutscher Schichten«, wie er 1937 in seinem Buch *Vom Recht der Katze* schreibt. Schwangart ist ein Katzenkenner. Ende der Zwanzigerjahre hat er die ersten einheitlichen Rassenbeschreibungen für Langhaarkatzen verfasst, was ihm den Beinamen »Katzen-Schwangart« einbrachte. Da er jedoch Antifaschist ist, hat er bereits 1933 seine Honorar-Professur an der Technischen Hochschule Dresden aufgeben müssen.[30] Trotzdem kritisiert er weiterhin, wie die Nationalsozialisten mit der Katze umgehen. Er sieht darin einen krassen Widerspruch zu ihrem »sonst hoch entwickelten Tierschutz und einer sonst humanen Tierhaltung«. Während sie Steinbock, Wisent und Biber unter Schutz stellten und alles daransetzten, den seit Jahrhunderten ausgerotteten Auerochsen wieder auferstehen zu lassen, lebe die einheimische Katze im Ausnahmezustand.[31] Gegen die geltenden Vorurteile versucht er anzuschreiben. Die Katze sei keineswegs falsch oder ein »abweisender Einsiedler«, ganz im Gegenteil: »Die Katze besonders ist das Heimtier der Armen, der materiell und seelisch [B]eeinträchtigten, oft genug ihr letztes Glück.«[32]

Umso schlimmer, wenn auch dieses letzte Glück in Gefahr ist, wie im Falle des Ehepaars Klemperer und ihres Katers Muschel. Bei dem Gedanken, das Tier einschläfern zu lassen, wird Victor Klemperer speiübel. Am meisten aber sorgt er sich um seine Frau. »Für Eva war es immer ein Halt und ein Trost. Sie wird nun geringere Widerstandskraft haben als bisher.«[33] Gerade jetzt, da er sie umso mehr braucht.

»Du hast immer noch deine Arbeit«, wirft sie ihm voller Wut und Trauer vor, »mir ist alles genommen.«[34] Er kann es ihr nicht einmal verdenken. Seinetwegen hat sie ihren Beruf als Konzertpianistin aufgegeben. Anstatt zu komponieren, tippte sie seine Artikel und Manuskripte ab und korrigierte sie. Was Muschel für sie ist, ist Eva für ihn, mehr noch – dass er überhaupt noch hier ist und nicht wie so viele ihrer Freunde, Bekannten und Nachbarn längst deportiert worden ist, hat er einzig und allein ihr zu verdanken. Sie ist seine Überlebensversicherung; auf ihrer Kennkarte, dem offiziellen polizeilichen Inlandsausweis, prangt kein »J« für Jude, sondern der Reichsadler samt Hakenkreuz im Eichenkranz. Denn Eva Klemperer ist »Arierin«.[35]

Doch ein Tier, das bei einem Juden lebt, ist dem Empfinden der Nationalsozialisten nach ein jüdisches Tier.[36] Da die Klemperers ihren Kater nicht an jemand anderen abgeben dürfen, ihn aber auch nicht der Polizei überlassen wollen, beschließen sie, ihn am nächsten Tag zu einem Tierarzt zu bringen.[37]

EIN LEBEN AM RANDE

Nicht nur die Klemperers müssen sich in diesen Tagen von ihrem Kater verabschieden, das Verbot gilt für Tausende von Hunden, Kanarienvögeln und anderen Tieren, die in jüdischen Haushalten leben. Aber kaum eine Tierart hat eine vergleichbare Geschichte hinter sich wie die Hauskatze. Sie brauchte lange, um hierzulande akzeptiert zu werden. Und überhaupt sei es rätselhaft, befand einst der schottische Schriftsteller Compton Mackenzie, »warum sie sich je entschieden hat, ein Haustier zu werden«.[38]

Verglichen mit dem Hund ist die Katze erst spät in Europa heimisch geworden. Alle heutigen Hauskatzen stammen ursprünglich von der Falbkatze ab, einer Unterart der Wildkatze, die einst im gesamten nordafrikanischen und arabischen Raum lebte. Deren Domestikation begann vor 8000 Jahren in Vorderasien. Ab dem achten Jahrhundert gelangten die ersten Tiere nach Europa. Heimkehrende Kreuzritter trugen im Hochmittelalter vermutlich ebenfalls dazu bei, dass sie sich weiter ausbreiteten.[39]

Obwohl sie als Mäuse- und Rattenjägerinnen sowohl auf dem Land als auch in den Städten geduldet waren, hing ihnen in Mitteleuropa dennoch lange ein schlechter Ruf nach. Weil sie sich in aller Öffentlichkeit paarten und die Weibchen dabei auch noch laut schrien, galt die Katze als Symbol für Hexerei und stand im Verdacht, mit dem Teufel im Bunde zu stehen. Zudem sahen viele in ihr einen der Auslöser des »Schwarzen Todes«, jener Pestepidemie, die Mitte des 14. Jahrhunderts in Europa wütete. Während den Juden unterstellt wurde, dass sie mit dem Teufel paktierten und Brunnen vergifteten, behaupteten christliche Geistliche wie der Prediger Berthold von Regensburg, dass die Katzen die Pest in ihrem »giftigen Atem« trügen. Infolge der Epidemien kam es vor allem in Westeuropa vielerorts zu Pogromen gegen die jüdische Bevölkerung.[40] Und auch auf Katzen machte man gezielt Jagd. Da man damals die Ursache für die Pestepidemien noch nicht kannte, hatte das fatale Folgen: Dort, wo die Katzen verschwanden, konnten sich Ratten ungehindert ausbreiten und mit ihnen auch der Rattenfloh, der das Pestbakterium in sich trug. Der von der Kirche in die Welt gesetzte Irrglaube trug dazu bei, dass schließlich 25 Millionen dem »Schwarzen Tod« zum Opfer fielen.[41]

Im Laufe des 14. Jahrhunderts war die Hauskatze so selten geworden, dass ihre Anwesenheit in Chroniken eigens erwähnt wurde.[42] Auch danach besserte sich ihr Ruf kaum. Selbst das aufstrebende Bürgertum des 18. und 19. Jahrhunderts, das Haustiere als Beweis für Kultur und Zivilisierung ansah, mied die Katze.[43] Im Gegensatz zu den Singvögeln, denen »bürgerliche« Eigenschaften wie Einehe, Fürsorge und musikalisches Talent nachgesagt wurden, verkörperte die Katze alles Zügellose und Lasterhafte.[44]

Die Vogelfreunde waren traditionell ihre schärfsten Gegner. Diese Feindschaft setzte sich auch in der Kaiserzeit fort. Der Hass auf alles Fremde ließ sich leicht mit vermeintlicher Tierliebe vereinen; einige Vogelschützer waren der Ansicht, dass die Katze »niemals ein echtes, deutsches Haustier« gewesen sei, sondern ein »aus dem Osten eingewanderte[r] Feind«.[45]

Doch sie hatte auch einflussreiche Fürsprecher. Alfred

Brehm, der so manchem Tier Bösartigkeit unterstellte, schrieb über sie in seinem *Thierleben*: »Je höher ein Volk steht, je bestimmter es sich seßhaft gemacht hat, um so verbreiteter ist die Katze.« Zudem widersprach er dem Bild von der heimtückischen und schwer erziehbaren Katze. Selbst Wildformen wie der Löwe würden in Menschenobhut »oft rückhaltlos zahm«.[46] Dass das stimmt, werden wir später noch an einem anderen prominenten Beispiel sehen.

Da auch die Hauskatze ihr wildes Leben nie so ganz aufgegeben hat, bemühten sich verschiedene deutsche Städte zu verschiedenen Zeiten, sie mittels Gesetzen zu zähmen. So kam 1911 im Münchener Gemeindeausschuss der Vorschlag auf, neben einer Erhöhung der Hundesteuer auch gleich eine Katzensteuer zu erheben. Es blieb allerdings bei der bloßen Idee. Denn einige Ratsmitglieder hielten es schlicht für unmöglich, die weitgehend frei lebenden Tiere zu kontrollieren. Andere wiederum wandten ein, dass eine Katze mit einer Plakette am Hals beim Klettern hängen bleiben und sich allzu leicht verletzen könnte. Manche nahmen den Vorschlag gar nicht erst ernst und scherzten, dass dann »auch noch die Montagskater mitversteuert werden« müssten.[47]

Im Jahre 1930 wagte die Stadt Dresden den Versuch und führte eine Katzensteuer ein, die sie allerdings schon im folgenden Jahr wieder abschaffte. Wie die *Dresdner Nachrichten* im März 1931 berichteten, betrugen die Einnahmen nur etwas mehr als 100 000 Reichsmark – was heute umgerechnet 30 000 Euro entspräche – und waren damit »geradezu kläglich«.[48] Die Katze blieb steuerfrei und führte weiterhin ihr Leben am Rande der Gesellschaft.

In der Wohnung der Klemperers sind mittlerweile drei Tage vergangen seit der für sie so einschneidenden Nachricht. Muschel ist immer noch bei ihnen. Sie haben es bislang nicht übers Herz gebracht, ihn wegzubringen. Eva ist es kaum gelungen, morgens aufzustehen. Muschel verhält sich hingegen so ausgelassen wie selten zuvor.

»Das Tierchen spielt herum, ist vergnügt und weiß nicht, daß es morgen stirbt«, sagt Eva mehr zu sich als zu ihrem Mann, während sie den Kater betrachtet. Victor antwortet nichts darauf, aber ein Gedanke schießt ihm sofort durch den Kopf: ob es jemanden gibt, der vielleicht von uns weiß: Morgen sterben sie?[49]

Doch die Zeit drängt, ein schriftlicher Ablieferungsbefehl für Muschel soll bereits unterwegs sein. Wenn der erst einmal zugestellt ist, haben sie es nicht mehr selbst in der Hand, was mit ihm geschieht. Da ihr angestammter Tierarzt im vorigen Jahr verstorben ist, hat Eva sich bereits erkundigt, ob sie seinem Nachfolger vertrauen können. Wenn die Gestapo herausbekäme, dass ein Kater aus einem jüdischen Haushalt zum Tierarzt gebracht wurde, statt ihn den Behörden auszuliefern, könnte das für ihren Mann das Ende bedeuten.[50]

Zum Abschied hat Eva für Muschel 450 Gramm Kalbfleisch besorgt. Das ist beinah so viel, wie Victor und Eva pro Woche zusteht. Seit Kriegsbeginn gibt es Nahrungsmittel nur gegen Lebensmittelkarten; Fleisch ist streng rationiert. Mitte 1942 beträgt die wöchentliche Ration für zwei Personen 600 Gramm, schon bald bekommen Juden überhaupt kein Fleisch mehr zugeteilt. Davon weiß Muschel natürlich nichts. Genüsslich schmatzend macht sich der Kater über das Kalbfleisch her. Es ist seine Henkersmahlzeit.[51]

Auch der vierte Tag neigt sich allmählich dem Ende entgegen. Victor hat es Eva überlassen, ob sie Muschel wegbringt oder nicht. Um vier Uhr am Nachmittag, eine Stunde, bevor die Tierarztpraxis schließt, rafft sie sich auf, setzt Muschel in einen Karton und macht sich mit ihm auf den Weg. Sie streichelt und beruhigt ihn, als der Tierarzt mit einer Spritze die Blausäure injiziert, sie bleibt bei ihm, bis er sich nicht mehr rührt. Als sie am Abend alleine heimkehrt, sagt sie zu Victor nur diese vier Worte: »Er hat nicht gelitten.«[52]

Eine halbe Woche später erfahren sie von ihrer Nachbarin Frau Kreidl, dass deren jüdischer Mann im Konzentrationslager Buchenwald umgekommen ist. »Muschel ist drei Tage zu früh gestorben«, sagt Eva zu Victor, »heute könnte er offiziell der arischen Witwe Elsa Kreidl gehören.« Victor fühlt sich gekränkt, dass Eva immer noch an Muschel denkt, während er um sein eigenes Schicksal bangt.[53]

Moriturustage – die Tage des Todgeweihten –, so nennt Victor Klemperer im Nachhinein die Zeit, in denen sie mit sich rangen, ob sie Muschel abgeben oder nicht. Am Silvesterabend wird er in sein Tagebuch schreiben, dass das Jahr 1942 bisher das schlimmste von allen war. Muschel ist nicht mehr, und auch all diejenigen, mit denen sie vor einem Jahr noch zusammen waren, sind verschwunden. Moriturustage – und kein Ende.

DER REIZ DES RAUBTIERS

Während die Katze auch im »Dritten Reich« wegen ihres unsteten Wesens mit Argwohn betrachtet wird, so hat sich das Ansehen der Haustiere in dieser Zeit im Allgemeinen grundlegend gewandelt. Zivilisationskritiker wie der Psychologe Erich Rudolf Jaensch oder der Zoologe und Mediziner Konrad Lorenz sehen in ihnen nicht mehr den Beweis, wie hoch entwickelt, sondern vielmehr wie »entartet« eine Gesellschaft ist. Das Wilde und Ursprüngliche steht jetzt hoch im Kurs, und das gilt nicht nur für Tiere: »Die nordische Bewegung ist seit jeher gefühlsmäßig gegen die ›Verhaustierung‹ des Menschen gerichtet gewesen«, schreibt Lorenz 1940, »sie kämpft für eine Entwicklungsrichtung, die derjenigen, in der sich die heutige zivilisierte Großstadtmenschheit bewegt, gerade entgegengesetzt ist.« Um ein gesundes Volk zu schaffen, brauche es »eine noch schärfere Ausmerzung ethisch Minderwertiger«, fordert Lorenz, »als sie es heute schon ist«.[54]

So wie der Städter im Vergleich zum Bauern als verweichlicht und verkommen gilt, so wird das Haustier – mit Ausnahme des »treuen« Hundes – zumeist nur als eine degenerierte Form des Wildtiers angesehen.[55] Der Beliebtheit von Haustieren tut das in der breiten Bevölkerung dennoch keinen Abbruch. Auch die Männer aus der Führungsriege um Hitler halten Haustiere – vor allem Hunde wie ihr »Führer« selbst. Mit Katzen gibt sich eigentlich niemand von ihnen ab. Abgesehen von Hermann Göring.

Mucki heißt er, weil er anfangs »ebenso klein wie drollig« war.[56] Da er aber eines Tages mal ein stattlicher König sein wird, ruft Göring ihn auch Caesar. Das klingt standesgemäßer, majestätischer. Gemeinsam mit seiner Frau Emmy hat er ihn mit der Flasche großgezogen. Damals war Mucki gerade einmal so groß wie eine Hauskatze. An der Größe der Tatzen ließ sich aber schon erahnen, dass es nicht dabei bleiben würde. Mittlerweile hat Mucki annähernd die Maße eines Schäferhundes. Die braunen Kringel auf dem sandfarbenen Fell, die so typisch sind für Jungtiere seiner Art, verblassen allmählich. Nicht mehr lange, und Göring wird sich wohl oder übel von ihm trennen müssen, wie schon von Muckis Vorgängern. Denn selbst für seine Wohnverhältnisse ist ein ausgewachsener Löwe eine Spur zu groß und gefährlich.

Es passt zu Görings Capricen, dass er sich zu Hause wilde Tiere hält, so wie es schon die römischen Kaiser taten.[57] Er

Im Bann des Raubtiers. Auch dieser junge Löwe dürfte bald zu groß für Görings Haushalt sein.

liebt alles Majestätische, Extravagante und Prunkvolle. Er sammelt Titel, Trophäen und Gemälde wie andere Briefmarken. Im Laufe der Zeit bringt er es auf mehr als zwanzig Ämter. Außer Reichsjägermeister, Reichsluftfahrtminister, Vorsitzender des Ministerrats für Reichsverteidigung und Oberbefehlshaber der Luftwaffe wäre Göring nur zu gerne auch noch Reichskriegsminister, doch auch nachdem er den amtierenden Werner von Blomberg erfolgreich aus dem Amt gedrängt hat, geht er leer aus. Stattdessen wird er später nur Blombergs Spottnamen erben – »Gummilöwe«.[58]

Was die Tiere betrifft, so hat Göring klare Vorlieben. Mit Hunden weiß er kaum etwas anzufangen, sieht jedoch ein, dass sie zur Jagd unerlässlich sind. Vor Schlangen hat er geradezu panische Angst, Pferde mag er hingegen sehr, auch wenn er es vorzieht, sich von ihnen herumkutschieren zu lassen, statt selbst auf ihnen zu reiten. Auf Hirsche und Wildschweine liebt er es zu schießen. Kein Wesen hat es ihm allerdings so angetan wie der König der Tiere. Im Grunde existieren für ihn nur zwei zoologische Klassen: »Es gibt Tiere – und Löwen!«[59]

Göring inszeniert sich auch in der Öffentlichkeit gern als »fanatischer Tierfreund«.[60] Als Mucki noch klein war, hat er sich von Heinrich Hoffmann, Hitlers Haus- und Hoffotografen, dabei ablichten lassen, wie er das Löwenbaby im Arm hielt und ihm das Fläschchen gab. Und als sich Göring auf dem Obersalzberg von den Folgen eines Autounfalls erholte, filmten ihn die Kameras der »Deutschen Wochenschau«, wie er auf der Terrasse auf einem Divan liegend Zeitung las, während Mucki um ihn herumschlich. Von dem Jagdhund, der stumm in Görings Schatten saß, nahmen weder Göring noch die Kameras weiter Notiz.[61]

Seinen ersten Löwen hat Göring im Juli 1933 als Geschenk des Leipziger Zoos erhalten.[62] Bis 1940 leben insgesamt sieben Löwen bei den Görings.[63] Die Jungtiere bleiben jeweils etwas mehr als ein Jahr im Haushalt. Wenn sie zu groß geworden sind, gibt er sie an seinen Jagdfreund Lutz Heck ab, den Direktor des Berliner Zoos, der ihm prompt jungen Nachschub liefert.[64] Auch die zahlreichen Staatsgäste, die beim zweiten Mann im »Dritten Reich« ein und aus gehen, lassen sich gern mit den kleinen Löwen fotografieren – der König von Siam ebenso wie der amerikanische Flugpionier Charles Lindbergh oder der italienische Diktator Benito Mussolini. Die Ära der Katzen im Hause Göring endet erst, als die mittlerweile zweijährige Tochter Edda anfängt, alleine herumzulaufen, und es für sie zu gefährlich wird.[65]

Mucki ist immer in Görings Nähe, völlig gleich, ob bei Besprechungen im Preußischen Staatsministerium in Berlin, im Sommerhaus auf dem Obersalzberg oder auf dem Jagdsitz

Carinhall in der Schorfheide. Dort und in seiner Berliner Dienstvilla am Leipziger Platz hat Göring eigens einen Löwenzwinger errichten lassen, den seine Angestellten penibel sauber halten müssen. In Carinhall gibt es für die Raubkatze zudem ein eigenes Freigehege, doch meistens läuft sie frei umher und folgt ihm auf Schritt und Tritt.[66] Selbst wenn der Reichsjägermeister nach Ostpreußen in die Rominter Heide reist, um dort zu jagen, nimmt er seinen Löwen mit, wie im Januar 1937.

Am Tag der Ankunft ist alles vorbereitet. Oberforstmeister Walter Frevert, zehn Forstbeamte und sechs Polizisten haben sich an diesem nasskalten Wintertag im Innenhof des Reichsjägerhofs eingefunden, um Deutschlands obersten Jäger gebührend zu empfangen. Als die Limousine in der Hofeinfahrt auftaucht, machen sie sich schleunigst bereit. Die Polizisten bemühen sich, ihre Karabiner zu präsentieren, wobei ihnen jedoch ihre Bäuche etwas im Wege sind. Die Jäger haben bereits ihre Jagdhörner an den Mund gesetzt, als der Wagen jäh stoppt. Görings Adjutant Karl Bodenschatz springt heraus und fuchtelt wild mit den Armen. »Nicht blasen«, ruft er den Männern zu, »der Löwe wird wild!« Kurz darauf hievt sich Göring von der Rückbank des Wagens. Auf dem Arm trägt er Mucki. »Wo können wir den Löwen einsperren?«, fragt Göring den Oberforstmeister. »Am besten im Badezimmer«, schlägt dieser vor. Kaum ist Mucki in der Badewanne verstaut, geht es zur Wildschweinjagd. Während Göring im Schneematsch stundenlang seiner Leidenschaft frönt, pinkelt der Löwe derweil das Badezimmer voll.[67]

Abgesehen vom Pferd und den von Göring überhöhten Hirschen und Wildrindern verehren die Nationalsozialisten in erster Linie Raubtiere, da sie sich selbst mit ebensolchen identifizieren.[68] Denker wie Friedrich Nietzsche oder der Historiker Oswald Spengler haben in ihren Werken mit ihrer Metapher vom »Raubtier Mensch« unfreiwillig die Vorlagen dazu geliefert: »Das Raubtier ist die höchste Form des beweglichen Lebens«, schreibt Spengler in seinem Buch *Der Mensch und die Technik* 1931. »Es gibt dem Typus Menschen einen hohen Rang, daß er ein Raubtier ist.«[69] Auch für Hitler ist das Raubtier das Leitmotiv schlechthin, wenn er etwa seine Idealvorstellungen von der künftigen deutschen Jugend beschreibt: »Das Schwache muss weggehämmert werden. Stark und schön will ich meine Jugend, herrisch und unerschrocken. Das freie, herrliche Raubtier muss aus ihren Augen blitzen.«[70]

Obwohl die Hauskatze aus den genannten Gründen einen schweren Stand hat, verkörpern ihre größeren, wilden Verwandten all das, was die Nationalsozialisten an Raubtieren schätzen. Während der Löwe für Göring vor allem ein Zeichen von Macht und Geltung ist, spielen andere Raubkatzen mit den ihnen zugeschriebenen Eigenschaften wie Gewandtheit, Aggressivität und Schnelligkeit noch eine weitaus wichtigere Rolle. Denn was für die künftige Soldatengeneration gilt, soll ebenso für ihre Waffen gelten.

KATZEN IN KETTEN

Vier Tiger mühen sich Ende August 1942 durch die Sümpfe um Leningrad. Sie kommen kaum voran, denn sie sind viel zu schwer für den morastigen Boden und sinken immer wieder ein. Genau genommen sind sie noch gar nicht bereit für diesen Einsatz, weil sie noch zu viele Mängel aufweisen. Doch Hitler wird zunehmend ungeduldig und will schnelle Erfolge sehen. Deshalb hat er persönlich auf der Rüstungskonferenz Anfang März darauf gedrängt, die Tiger gleich im Fronteinsatz zu erproben.[71] Eigentlich sollten sie den Feind überraschen und vernichtend schlagen. Stattdessen endet ihr erster Einsatz in einem Desaster: Drei von ihnen geben mitten im Morast den Geist auf und müssen mit Zugmaschinen mühsam herausgezogen werden. Noch schlimmer als der Ausfall der Panzer ist nur, dass die Russen nun die neueste deutsche Geheimwaffe kennen. Und vor allem deren Schwächen.

Nach dem Beginn des Russlandfeldzugs im Sommer 1941 hat sich bald herausgestellt, dass die deutschen Panzer nicht so wirkungsvoll sind, wie es die NS-Propaganda weiszumachen versuchte. Außerdem ist die deutsche Wehrmacht nicht auf einen lange andauernden Kampf im russischen Winter eingestellt gewesen, erst recht nicht auf Temperaturen von mehr als 40 Grad Celsius unter null wie im Winter 1941/42. Fast eine Million Soldaten sind in dieser Zeit an der Ostfront gefallen, erfroren oder an Krankheiten zugrunde gegangen. Zudem verfügt die Rote Armee mit dem T-34 über einen Panzer, der bislang allen deutschen Modellen überlegen und zum Schrecken der Wehrmacht geworden ist. Im November 1941 sind erstmals mehr deutsche als russische Panzer zerstört worden. Neue, vor allem schnellere Panzer müssen her, die es mit dem T-34 aufnehmen können.[72] Und nicht nur das – allein schon ihre Namen sollen verdeutlichen, dass sie ebenso schnell, wendig und tödlich wie Raubtiere sind. So entsteht im Rüstungsministerium die Idee, die beiden neuen Modelle nach Großkatzen zu benennen. Erstmals in der deutschen Militärgeschichte werden Kriegsfahrzeuge nicht mit Kombinationen aus Buchstaben und Zahlen gekennzeichnet. Der schwerere der beiden Panzer erhält den Namen »Tiger«, der leichtere, wendigere heißt fortan »Panther«.

Ein Jahr nachdem die ersten vier Tiger im Sumpf bei Leningrad stecken geblieben sind, ergeht es den Panthern bei Kursk kaum besser.[73] Die Erfolge werden immer seltener, bis der

Krieg schließlich auch Deutschland erreicht. Zuerst kommt er von oben.

Die Stadt Dresden hat im Laufe dieses Krieges schon viele Luftangriffe überstanden. Victor Klemperer hat sie alle miterlebt und überlebt, so wie er bislang auch den Deportationen entgangen ist. Aus den »Moriturustagen«, wie er sie nannte, sind ganze Jahre geworden. Die Menschen in seinem Umfeld wurden immer weniger. Und mit jedem weiteren Tag wächst die Gefahr, dass auch er bald an der Reihe sein könnte. Er kennt die Gerüchte, dass auch die letzten in der Stadt verbliebenen Juden »evakuiert« werden sollen, wie es offiziell heißt. Auch von einem »auswärtigen Arbeitseinsatz« hat Klemperer gehört, und er ahnt, was das zu bedeuten hat.[74] Von Auschwitz weiß er zwar nicht viel, aber allemal genug, um sich im Klaren darüber zu sein, was ihn dort erwarten würde. Am 13. Februar 1945 leben nur noch 70 Juden in Dresden, die in der folgenden Woche deportiert werden sollten. Unter ihnen würde auch er dann sein. Aber dazu kommt es nicht mehr.

Es ist gegen halb zehn Uhr am Abend, als er von ferne her ein Summen vernimmt, das immer lauter dröhnt.[75] Es sind die Motoren der britischen Bomber, die sich im Anflug auf Dresden befinden. 174 Luftangriffe hat es seit dem vergangenen Herbst gegeben.[76] Aber was in dieser Februarnacht 1945 und den folgenden anderthalb Tagen auf die Stadt niedergeht, haben die Dresdner noch nicht erlebt. Fast 4000 Tonnen Spreng- und Brandbomben werfen die britischen und amerikanischen Geschwader ab.[77] Der dadurch ausgelöste Feuersturm, der anschließend durch die Straßen der Innenstadt tobt, macht keinen Unterschied zwischen »Ariern« und »Juden«. Und so zynisch es auch klingen mag, für Victor Klemperer ist dies die Rettung. Im Chaos der Trümmer und Brandherde können Eva und er von der Gestapo unbemerkt entkommen.[78]

In den folgenden Tagen schlagen sie sich gemeinsam über Pirna ins Vogtland und von dort bis nach Bayern durch, wo sie drei Monate später vom Ende des Krieges erfahren. Im Juni 1945 kehren sie nach Dresden zurück. Bald darauf ziehen sie wieder in ihr altes Haus ein, das sie vor fünf Jahren räumen mussten. Es wird nicht lange dauern, bis es auch zum Revier eines weißen Katers mit grauen Flecken wird.[79]

Zwei Jahre nach Kriegsende wird Klemperer sein Werk über die von ihm so benannte »Lingua Tertii Imperii« veröffentlichen. *LTI: Notizbuch eines Philologen**, heißt das Buch, an dem er heimlich während des Krieges geschrieben hat, als er, von allen Bibliotheken und Archiven ausgeschlossen, nur noch zu Hause arbeiten konnte. Darin erwähnt er auch jene Anordnung aus dem Frühjahr 1942, die für ihren Kater Muschel das Ende bedeutete – und nicht nur für ihn. Wie viele Tiere aus jüdischen Haushalten dies das Leben gekostet hat, ist nicht bekannt, doch es geschah, schreibt Klemperer, »nicht in Einzelfällen und aus vereinzelter Niedertracht, sondern amtlich und systematisch, und das ist eine der Grausamkeiten, von der kein Nürnberger Prozeß berichtet, und denen ich, läg' es in meiner Hand, einen turmhohen Galgen errichten würde, und wenn mich das die ewige Seligkeit kostete.«[80]

Die Galgen sind zu dieser Zeit zwar längst noch nicht abgebaut, viele Täter sind dennoch davongekommen und selbst zur (neuen) Tagesordnung übergegangen. Doch die Spuren des »Dritten Reichs« sind noch spürbar; in der Sprache findet Klemperer sie überall. Er bemerkt, wie sehr die Reden der kommunistischen Politiker in der DDR im Tonfall denen der ihnen

* »LTI« ist eine Anspielung auf die Vorliebe der Nazis für Abkürzungen und steht für »Lingua Tertii Imperii« – die Sprache des »Dritten Reiches«.

so verhassten Nationalsozialisten ähneln. Diese »Sprache des vierten Reiches«, wie Klemperer sie nennt, erscheint ihm »manchmal weniger von der des dritten unterschieden als etwa das Dresdener Sächsische vom Leipziger.«[81]

Auch im Westen setzt man auf Altbewährtes, wenngleich in etwas anderer Form. Als keine zwanzig Jahre nach dem Ende des Zweiten Weltkriegs wieder der erste deutsche Panzer vom Band rollt, setzt die Bundeswehr die Tradition der Wehrmacht fort und wählt als Namensgeber für den neuen Panzer erneut eine Raubkatze.[82]

»Leopard« heißt er.

5

RAUFBOLD

Das Anständigste bei der Jagd ist das Wild.
Adolf Hitler, 1941

Im Schatten der Bäume steht der moosgrüne Koloss, als sei er soeben erst aus dem schützenden Dickicht hinaus auf die Lichtung getreten. Den Kopf mit dem ausladenden Geweih erhoben, blicken seine Augen starr in die Ferne, als halte er inne, um zu wittern, ob die Luft rein ist. Doch er rührt sich nicht. So steht er schon seit Langem da im Berliner Tierpark. Menschen und Zeiten kamen und gingen, Patina legte sich auf sein metallenes Fell. Nichts verrät, wie er heißt und woher er kam. Die meisten laufen achtlos an ihm vorbei. Dabei hätte er viel zu erzählen, wenn er könnte, denn eine lange Reise liegt hinter ihm.

Begonnen hat sie mehr als acht Jahrzehnte zuvor und rund zwanzig Kilometer weiter westlich. Die Menschen, die an diesem Herbstmorgen im Jahre 1937 die Berliner Masurenallee entlangströmen, sehen schon von Weitem seinen goldenen Körper, der selbst im milchig trüben Novemberlicht leuchtet. Von seinem Steinsockel aus wacht er majestätisch über die Szenerie; starr blickt er die Allee hinauf zum Adolf-Hitler-Platz, dem späteren Theodor-Heuss-Platz.

Im August ein Jahr zuvor hat Berlin unweit von hier die Jugend der Welt empfangen und sich anlässlich der Olympischen Spiele eine freundliche Maske aufgesetzt. Und wie damals auf dem obersten Rang des Olympiastadions wehen nun auch vor den Messehallen wieder Flaggen aus allen Erdteilen neben der Hakenkreuzfahne. An diesem 3. November 1937 sind Jäger aller Herren Länder in die deutsche Hauptstadt gekommen. Da stehen französische Parforcejäger in roten Mänteln und weißen Lederhosen, umringt von einer aufgeregt umherspringenden Meute Jagdhunde. Am Eingangsportal sitzt ein finnischer Falkner zu Pferde. Die klobige Bärenfellmütze hat er sich tief ins Gesicht gezogen. Mürrisch lugt er darunter hervor, während der Steinadler auf seinem rechten Arm aufgeregt hin und her schaut. Links und rechts der goldenen Hirschstatue haben sich deutsche Förster nebeneinander aufgereiht. Aus dem lodengrünen Spalier ragen nur die Gamsbärte ihrer Hüte wie übergroße Rasierpinsel hervor.[1]

Der 3. November ist nicht irgendein Datum. Es ist der Hubertustag, an dem die Jägerschaft ihres Schutzpatrons gedenkt, des heiligen Hubertus, der um das Jahr 700 lebte. Der Legende nach entdeckte Hubertus, damals noch ein junger adliger Draufgänger, auf der Pirsch einen Hirsch, der ein leuchtendes Kruzifix im Geweih trug. Von diesem Anblick war er dermaßen beeindruckt, dass er den Hirsch am Leben ließ, fortan ein frommer Christ und später sogar Bischof von Lüttich wurde. Dieselbe Geschichte wird allerdings ebenfalls dem heiligen Eustachius zugeschrieben, der als frühchristlicher Märtyrer rund 600 Jahre früher in Rom hingerichtet wurde. Erst im 17. Jahrhundert ging die Legende auf Hubertus über. Es war der Versuch, der feudalen Jagd ein christliches Antlitz und damit eine moralische Berechtigung zu verleihen, indem man vorgab, »den Schöpfer im Geschöpfe« zu ehren, wie es der Jagdliterat Oskar von Riesenthal 1880 in seinem Gedicht »Waidmannsheil« beschrieb.[2]

An diesem Hubertustag im Jahre 1937 gedenkt Berlin jedoch weniger der vergangenen Jagdheiligen, von den Geschöpfen Gottes ganz zu schweigen. Die Jäger sind nach Berlin gekommen, um der Eröffnung der Internationalen Jagdausstellung beizuwohnen. Es ist einer der seltenen und letzten Anlässe, bei denen die Nationalsozialisten den Begriff »international« nicht dazu verwenden, um gegen Juden zu hetzen, sondern um dem Ausland die Illusion eines weltoffenen Deutschlands vorzugaukeln.[3] Die Ausstellung soll die »kameradschaftliche Zusammenarbeit der Jäger der ganzen Welt« festigen. Zumindest wird ihr Schirmherr dies im Nachhinein als ihren größten Erfolg rühmen.[4] Und dieser Schirmherr ist auch der eigentliche Grund für den großen Menschenauflauf. Jeden Moment soll Hermann Göring hier erscheinen.

BELEIBT UND BELIEBT

Göring ist der zweitmächtigste Mann hinter Hitler und Nationalsozialist der ersten Stunde. Er war bereits beim Putschversuch 1923 in München dabei, saß ab 1928 für die NSDAP im Berliner Reichstag und wirkte als Reichstagspräsident ab 1932 tatkräftig am Scheitern der Weimarer Republik mit. Es hat ihn jedoch weniger seine politische Gesinnung zu Hitler geführt als vielmehr sein Hunger nach Macht.* Der ehemalige Jagdflieger, der für seine zahlreichen Abschüsse im Ersten Weltkrieg mit dem höchsten militärischen Orden, dem »Pour le Mérite«, ausgezeichnet worden war, suchte in den Wirren der jungen Demokratie nach einer neuen Herausforderung. Und Hitler wiederum brauchte einen ebenso anerkannten wie skrupellosen Verbündeten. Göring war wesentlich an der Ein-

* Der Publizist Joachim Fest bezeichnete Göring als Urtypen des »geborenen Nationalsozialisten«, der »mit einem spontanen Verlangen nach kämpferischer Bewährung sowie einem unreflektierten, elementaren Hunger nach Macht« ausgestattet gewesen sei (vgl. Fest 1963: 104).

richtung der Gestapo beteiligt, ließ die ersten Konzentrationslager errichten und schreckte auch nicht davor zurück, alte Weggefährten umbringen zu lassen, wenn sie ihm, wie SA-Chef Ernst Röhm, im Weg standen.[5] Auf der anderen Seite halfen Görings Ansehen als Kriegsheld und seine Kontakte in die besseren Kreise der Gesellschaft, den Nationalsozialismus »salonfähig« zu machen.[6] Mit seiner geselligen, volkstümelnden Art hat er zudem als einer der wenigen führenden Nazis etwas scheinbar Nahbares an sich, weshalb er auch in der Bevölkerung mindestens so beliebt ist wie Hitler selbst.[7]

Nun, Ende der Dreißigerjahre, befindet Göring sich auf dem Höhepunkt seiner Macht. Er ist preußischer Ministerpräsident, Präsident des Reichstags, Reichsluftfahrtminister sowie Oberbefehlshaber der Luftwaffe und verantwortlich für den Vierjahresplan. 1934 hat er zwar die Leitung der Gestapo an Heinrich Himmler abtreten müssen, erhielt im Gegenzug allerdings zwei neue Posten. Seitdem darf er sich auch Reichsforstmeister nennen und – was ihm vermutlich noch mehr bedeutet – Reichsjägermeister.[8]

Der Titel des Reichsjägermeisters entstand bereits im Heiligen Römischen Reich Deutscher Nation unter Kaiser Maximilian, was ganz nach Görings Geschmack gewesen sein dürfte.[9] Schließlich verbrachte er einen Großteil seiner Kindheit und Jugend auf der Burg seines Patenonkels Hermann Epenstein.[10] Er liebt den Prunk vergangener Zeiten und bezeichnet sich selbst als letzten Menschen der Renaissance.[11]

Göring sucht stets den großen Auftritt. Obwohl der Himmel an diesem Novembermorgen bedeckt ist und das Thermometer gerade mal auf sieben Grad Celsius gestiegen ist, lässt er sich im offenen Mercedes vorfahren. Man erkennt ihn auf Anhieb an seinem immensen Körperumfang. Der US-Diplomat William C. Bullitt, der ihn später im Laufe dieses Monats besuchen wird, wird anschließend sagen, Göring habe eine starke Ähnlichkeit »mit dem Hinterteil eines Elefanten«.[12]

Sosehr Göring es genießt, Ämter und Reichtümer anzuhäufen, sosehr liebt er es auch, sich in Uniformen aller Art zu hüllen. Wenn ihm danach ist, wechselt er bis zu fünfmal am Tag seine Kleidung.[13] Zu jedem Amt hat er das passende Gewand. An diesem Tag trägt er zum Jägerhut samt Gamsbart einen fast bodenlangen Lodenmantel, an dessen Ärmeln und Kragenspitzen jeweils ein goldener Hirschkopf prangt, der sogenannte Hubertushirsch. Statt eines Kruzifixes erstrahlt zwischen dessen Geweihstangen ein goldenes Hakenkreuz. Es ist das Abzeichen des »Reichsbundes Deutsche Jägerschaft«, dem jeder deutsche Jäger anzugehören hat.[14] Die Uniform soll Göring selbst entworfen haben, die grünen Uniformen der deutschen Jäger, die hier für ihn Spalier stehen, hat er nach dem Vorbild der blauen Dienstanzüge der Luftwaffe anfertigen lassen.[15]

Nachdem Göring sich aus seiner Limousine gewuchtet hat, marschiert er mit lax angedeutetem Hitlergruß die Reihen entlang und vorbei an der goldenen Hirschskulptur. »Kronenhirsch« hat der Berliner Bildhauer Johannes Darsow die Statue wegen ihres ausladenden Geweihs genannt. Darsow hat sie eigens im Auftrag Görings entworfen und gießen lassen. Als Vorbild für die Statue diente das Geweih eines Rothirsches, den Göring im Vorjahr erlegt hat. Schon seit Längerem hatte er es auf ihn abgesehen, »Raufbold« wurde er genannt.

Bereits unter dem jagdbesessenen Kaiser Wilhelm II. war es üblich gewesen, den Hirschen mit den imposantesten Geweihen nach ihrem Tod klangvolle Namen zu geben. Seitdem Göring der oberste Jäger im Reich ist, werden sie schon zu Lebzeiten benannt. Ihre Namen sollen markant und eingängig sein, dürfen sich aber nicht wiederholen, sodass es im Laufe der Zeit immer schwieriger wird, Bezeichnungen zu finden, die noch nicht verwendet wurden. Meistens werden die Hirsche nach militärischen Dienstgraden, germanischen Gottheiten oder auffälligen Merkmalen und Eigenschaften benannt. Sie heißen Kriegsminister, Odin, Einohr – oder eben Raufbold.[16] Dessen Geweih hängt in der Sonderschau des Reichsjägermeisters, der ein eigener Raum vorbehalten ist. Von all den Trophäen, die Göring geschossen hat, sind hier nur jene ausgestellt, die es in seinen Augen wert sind, von der Öffentlichkeit bewundert zu werden.

Viele der erlegten Hirsche lässt Göring von seinem Lieblingsjagdmaler Gerhard Löbenberg in Aquarellen und Ölgemälden verewigen. Er frönt ebenjenem Kunstmotiv, das erst im Laufe des 19. Jahrhunderts in den Ateliers der Naturmaler aufkam und anschließend in die Wohnstuben der Kleinbürger einzog – dem »röhrenden Hirschen«. Im späten 19. Jahrhundert war es erstmals möglich, Kunstdrucke günstig und in großen Massen herzustellen. Zudem waren gerade naturalistische Bilder im städtischen Bürgertum beliebt. So wurde der Rothirsch zum Mainstream-Motiv. Seitdem hängt er ebenso über Esstischen wie über Ehebetten – als Gegenpol zur industrialisierten Stadtlandschaft oder Chiffre für Biedermanns Liebeslüste.[17] Denn der Hirsch ist auch ein Symbol archaischer Männlichkeit, ein Sexual-Egoist, der »hemmungslose Promiskuität« verkörpert.[18]

Görings gemalte Hirsche röhren nicht. Meist stehen sie einfach da, haben ihr Haupt gesenkt oder werfen ihren majestätischen Kopfschmuck nach hinten. Und doch scheinen sie nur schmückendes Beiwerk zu sein, denn den Mittelpunkt bilden stets ihre Geweihe. Auch von Raufbold lässt Göring später ein Gemälde anfertigen. Aber dieser Hirsch ist der einzige, dem er auch ein Denkmal gesetzt hat.

Dem aufmerksamen Besucher der Ausstellung dürfte aufgefallen sein, dass es einen kleinen, aber feinen Unterschied zwischen Darsows Kronenhirsch und Raufbolds Überresten gibt. Die Trophäe hat einen kleinen Makel: An der rechten Geweihstange ist die zweite Spitze oberhalb des Schädels – die sogenannte Eissprosse – nur schwach ausgeprägt und kaum länger als ein Dorn. Da das Symbol der Internationalen Jagdausstellung makellos sein musste, hat der Bildhauer der Statue auf Geheiß Görings deshalb zwei perfekt geformte Eissprossen verpasst.[19]

AUF DER JAGD NACH EINEM ANFÜHRER

Wann genau und weshalb Göring das Jagdfieber gepackt hat, ist im Nachhinein kaum zu sagen. Schon seine Mutter soll eine begeisterte Jägerin gewesen sein und sein Patenonkel ihn des Öfteren zur Gamsjagd mitgenommen haben. Und da Göring als Kind gern in der Natur unterwegs war, machte er vermutlich bereits in sehr jungen Jahren seine ersten Erfahrungen.[20] Glaubt man seinem Biografen und Adjutanten Erich Gritzbach, dann fehlte ihm während der »Kampfzeit« – so nennen die Nazis im Nachhinein das wenig glamouröse Auf und Ab ihrer Partei in den Zwanzigerjahren – vor lauter Kämpfen die Zeit zum Jagen.[21] Wahrscheinlicher ist jedoch, dass Göring erst Anfang der Dreißigerjahre von der Gier nach immer größeren Geweihen gepackt worden ist. Verantwortlich dafür war nicht zuletzt die deutsche Jagdlobby.[22]

Über Jahrhunderte war die Jagd in Deutschland ein Privileg des Adels gewesen. Die leibeigenen Bauern waren darauf angewiesen, dass die Fürsten ihnen die Rehe und Hasen von den Feldern fernhielten. Erst im Zuge der Revolution von 1848 legte die Frankfurter Nationalversammlung fest, dass jeder Grundbesitzer auf seinem eigenen Grund und Boden jagen dürfe.[23] Von nun an konnten die Bauern selbst jagen, um ihre Ernte zu schützen und den eigenen Fleischbedarf zu decken.[24] Bald schon kamen jedoch kritische Stimmen auf, die die »öffentliche Ordnung« und »gemeine Sicherheit« in Gefahr sahen und die Bauern als »Aasjäger« verunglimpften. In den Folgejahren wurde die allgemeine Jagdfreiheit gesetzlich zunehmend eingeschränkt, allerdings war es den Bauern weiterhin möglich, Wildtiere vom eigenen Grund zu vertreiben und im Zweifel zu erlegen.[25]

Doch die organisierte Jägerschaft versuchte, die bäuerliche Jagd – bei der es vor allem um Fleischversorgung und den Schutz der eigenen Ernte ging anstatt um Trophäen – einzudämmen und das Jagdrecht wieder auf ihren elitären Kreis zu beschränken. Als die Nationalsozialisten im Januar 1933 die Macht übernahmen, sah die Jagdlobby die Gelegenheit gekommen, endlich ihre lang verfolgten Ziele zu erreichen.

Schon seit Jahrzehnten forderte sie ein reichsweites Jagdgesetz. Zur Zeit der Weimarer Republik gab es je nach Provinz unterschiedliche Vorschriften, die zum Teil stark voneinander abwichen. So betrug etwa im Jahr 1925 die Schonzeit für Rotwild in Bayern zehn Monate, während sie im benachbarten Hessen überhaupt nicht existierte. Ein weiteres Problem war, dass es mehrere Jagdverbände gab, die zudem untereinander zerstritten waren. Erst 1928 wurde mit dem Reichsjagdbund ein gemeinsamer Dachverband geschaffen. Das änderte jedoch noch nichts an der Tatsache, dass der Großteil der deutschen Jagdscheinbesitzer in keinem dieser Verbände Mitglied war.[26] Doch auch diese wollten die organisierten Jäger unter ihre Kontrolle bringen, was dem Ziel der Nationalsozialisten, alle Lebensbereiche gleichzuschalten und zu hierarchisieren, sehr entgegenkam. Die Jäger suchten unter den neuen Machthabern daher nach einem »politischen Anwalt« für ihre Interessen.[27]

Warum sie ausgerechnet auf Göring gekommen waren, ist nur schwer nachzuvollziehen. Er hatte weder eine forstliche Ausbildung noch irgendwelche Erfahrungen als Jäger vorzuweisen. Otto Braun, Görings Vorgänger als preußischer Ministerpräsident und selbst langjähriger Jäger, hatte den Jägern in Preußen Ende der Zwanzigerjahre bereits gesetzliche Zugeständnisse gemacht. Infolge der Machtübernahme 1933 musste der Sozialdemokrat Braun jedoch in die Schweiz fliehen. Der greise Reichspräsident Paul von Hindenburg, ebenfalls Jäger, war ihnen vermutlich zu alt und zu schwach. Möglicherweise erhofften sie sich gerade von Göring die nötige politische Durchsetzungskraft. Im Nachhinein behauptete die deutsche Jägerschaft jedenfalls, dass er die beste und einzige Lösung gewesen sei.[28]

Was auch immer den Ausschlag gegeben haben mag, so setzten sie jedenfalls von nun an alles daran, ihm die Jagd schmackhaft zu machen. Sie luden ihn zu Trophäenjagden in der Schorfheide und an der Oder ein. Er sollte »Blut lecken« – und der Plan ging auf, wie sich recht bald zeigte.[29] Bereits im Mai 1933 traf Göring sich mit führenden Jagdfunktionären in Berlin, um sich ihre Vorschläge für ein neues Jagdgesetz anzuhören. Und bei dieser Gelegenheit boten sie ihm, scheinbar ganz nebenbei, die Führerschaft über das deutsche Jagdwesen an.[30]

Einmal angefacht, konnte es dem ungeduldigen Göring gar nicht schnell genug gehen, die Jägerschaft unter seine Führung zu bringen. Die Jagdpresse wurde gleichgeschaltet und jubilierte bald einhellig. Das Magazin *Wild und Hund* – das schon Kaiser Wilhelm II. bei seinen Massenabschüssen applaudiert hatte und bis heute noch als auflagenstärkste Jagdzeitschrift existiert - feierte den neuen »Schirmherr[n] der deutschen Jagd« als »sehr schnellen und sehr sicheren Büchsenschützen«.[31] Die Jäger wurden in einer einzigen Organisation zusammengeführt - dem »Reichsbund Deutsche Jägerschaft«. Im Juli 1934 wurde - ohne dass der Reichstag dazu angehört worden wäre - das Reichsjagdgesetz erlassen, das auf einen Schlag die bislang geltenden 17 verschiedenen Landesjagdgesetze ablöste.[32]

Das neue Gesetz erfüllte die Wünsche der Jagdlobby vollends: Es sicherte den Jägern eine eigene Ehrengerichtsbarkeit zu, sodass sie Jagdverstöße nun unter sich klären konnten.[33] Zudem durften nur noch natürliche Personen ein Jagdrevier pachten, nicht jedoch juristische, was etwa einen Zusammenschluss von mehreren Jägern einer Dorfgemeinschaft verhinderte und diese wieder abhängig von den Großgrundbesitzern machte.[34]

Auf der anderen Seite passten die Ansichten der Jägerschaft bestens ins Gedankengut von »Blut und Boden«. Der nationalsozialistischen »Rassenhygiene« kam die seit der Jahrhundertwende angewendete »Hege mit der Büchse« sehr entgegen.[35] Dieser Begriff geht zurück auf den preußischen Forstmeister Ferdinand von Raesfeld, der ihn erstmals 1895 in einem Artikel in *Wild und Hund* formulierte. Raesfeld ging es darum, Hirsche mit möglichst starken und ausladenden Geweihen für die Trophäenjagd heranzuziehen, während schwache Tiere mit kleinen oder verformten Geweihen frühzeitig abgeschossen werden sollten. Dass Jagdtradition und Nazi-Ideologie hervorragend miteinander harmonierten, drückt sich auch in Görings Präambel zum Reichsjagdgesetz aus, in der es heißt:

> Die Liebe zur Natur und ihren Geschöpfen und die Freude an der Pürsch in Wald und Feld wurzelt tief im deutschen Volk. Aufgebaut auf uralter germanischer Überlieferung, hat sich so im Laufe der Jahrhunderte die edle Kunst des deutschen Waidwerks entwickelt. [...] Die Pflicht eines rechten Jägers ist es das Wild nicht nur zu jagen, sondern auch zu hegen und zu pflegen. [...] Das Jagdrecht ist unlösbar verbunden mit dem Recht an der Scholle, auf der das Wild lebt, und die das Wild nährt. [...] Treuhänder der deutschen Jagd ist der Reichsjägermeister; er wacht darüber, daß niemand die Büchse führt, der nicht wert ist, Sachwalter anvertrauten Volksguts zu sein.[36]

Zum ersten Mal war von der »deutschen Waidgerechtigkeit« die Rede.* Sie war eine Neuschöpfung der Nazis, für die es weder eine genaue Definition gab noch gibt. So galt es etwa als »undeutsch«, dem Wild unnötige Schmerzen zuzufügen. Die Verwendung von Schrotmunition oder das Fallenstellen wurden als Tierquälerei gebrandmarkt und verboten. Allerdings dürfte das Wohl des Tieres hierbei nicht der entscheidende Grund gewesen sein, sondern eher die Tatsache, dass es sich dabei vor allem um typische Jagdmethoden der Bauern handelte, die endgültig von der Jagd ausgeschlossen werden sollten.

So manche fragwürdige Jagdmethode galt hingegen nur deshalb als »waidgerecht«, weil sie eine lange Tradition hatte, wie etwa die Saufeder.[37] Hinter dem so harmlos klingenden Namen verbirgt sich eine Art Lanze, die seit dem Mittelalter

* Der Begriff taucht auch im 1952 verfassten Bundesjagdgesetz auf und ist damit bis heute rechtlich legitimiert (siehe BGBl. I 1952 S. 780). Die DDR vermied hingegen den vorbelasteten Begriff der »Waidgerechtigkeit« in ihrem Jagdgesetz von 1953 (Bode 2016: 67).

vor allem bei der Jagd auf Wildschweine, der sogenannten Sauhatz, verwendet wurde. Sie besteht meist aus einem rund zwei Meter langen, biegsamen Stab aus Eschenholz, an dem eine Metallklinge samt Parierstange befestigt ist. Da Wildschweine sehr wehrhaft sind und Geschwindigkeiten von bis zu 50 Kilometern in der Stunde erreichen können, galt es als besonders heldenhaft, sich ihnen in vollem Lauf entgegenzustellen. Dazu hetzte man sie zunächst mithilfe von Hunden in Richtung des Jägers. Dieser verankerte die Saufeder im Boden oder stützte sie an einem Baum ab und hielt sie von sich gestreckt, sodass das heranstürmende Wildschwein geradewegs in die Klinge rannte. Die Parierstange verhinderte, dass das Tier dem Jäger zu nahe kommen und ihn verletzen konnte. Im günstigsten Fall durchbohrte die Saufeder Herz oder Lungen, und das Wildschwein war sofort tot. Oft verblutete es jedoch langsam und qualvoll.[38]

Auf Tradition legt Göring mehr wert als auf den Tierschutz. Und obwohl es im Grunde ein Widerspruch an sich ist, will er ein »Deutsches Jagdliches Brauchtum« schaffen und zur »Tradition« erklären, in dem steht, mit welchen Weihen die Jagd in deutschen Landen vonstattenzugehen habe. Dazu müssen zunächst all die Bräuche zusammengetragen werden, die sich in den einzelnen Regionen entwickelt haben. Mit dieser Aufgabe beauftragt er Walter Frevert. Frevert ist ein erfahrener Jäger und seit 1933 NSDAP- sowie SA-Mitglied. Zudem leitet er seit Ende 1936 das Forstamt Nassawen. Dies ist eines der vier Ämter, in die die Rominter Heide in Ostpreußen aufgeteilt ist. Wir werden sie später noch genauer kennenlernen.

Da es vielerorts kaum schriftliche Quellen über solche Bräuche gibt, muss Frevert sie in vielen Fällen erst erfinden, etwa welche Hunderasse zur Saujagd eingesetzt werden soll, wie der Abschuss eines Hirschs zeremoniell zu begleiten und wie die Jagdstrecke zu legen ist. In manchen Gegenden wie Sachsen oder Österreich wird das erlegte Wild nach der Jagd bislang auf die linke Körperseite gelegt. Frevert bestimmt, dass es fortan auf die rechte Körperseite zu legen ist, absteigend vom stärksten Tier von links nach rechts hin zu den schwächeren. Anschließend ist es Sitte, die Strecke mit Jagdhörnern zu »verblasen«. Doch Jagdhorn ist nicht gleich Jagdhorn. Die weitverbreiteten französischen *trompes de chasse* sind fortan verboten, weil sie als »ungermanisch« gelten. Erlaubt sind nun nur noch die kleineren Fürst-Pless-Hörner aus Schlesien und die Sauerländer Halbmonde. Französische Jagdmelodien werden ebenfalls verboten und die Noten verbrannt. Dem erlegten männlichen Hirsch wird zudem ein »letzter Bissen« in den Äser, das Maul, gelegt. Meist handelt es sich dabei um einen Fichtenzweig, den der Hirsch im Leben nie gefressen hätte.[39]

Ob nachvollziehbar oder nicht – Göring kann von solchen Zeremonien nicht genug bekommen.[40] Mit Freverts Fleißarbeit dürfte er mehr als zufrieden gewesen sein, denn er wird ihn von nun an immer wieder mit besonderen Aufgaben betrauen. Dass Göring sich persönlich allerdings nicht immer darum schert, ob er die von ihm erlassenen Gesetze einhält, zeigt sich besonders am Schicksal von Raufbold.

DER OGER VON ROMINTEN

Gehen wir dazu noch einmal einige Jahre zurück: Zu dieser Zeit lebt Raufbold weit im Osten des Deutschen Reiches an der Grenze zu Polen in der Rominter Heide. Die Wälder dort sind die Überreste der sogenannten »Großen Wildnis«, jener unzugänglichen Wald- und Sumpflandschaft, die bis ins Mittelalter weite Teile Ostpreußens prägte.[41] Ihren Namen verdankt Rominten, wie die Gegend auch genannt wird, dem Flüsschen Rominte, das sich hier gemächlich durchs sanfte Hügelland schlängelt. Schon die preußischen Könige gingen an seinen Ufern auf die Jagd. Ende des 19. Jahrhunderts wurde die Rominter Heide zum kaiserlichen Hofjagdrevier erklärt und mit einem 100 Kilometer langen Zaun samt Einsprüngen umgeben. Diese Öffnungen im Gatter wurden meist dort angelegt, wo das umliegende Gelände höher als das umzäunte Jagdrevier lag, sodass Wildtiere von außen leicht hineingelangen, aber kaum wieder herausspringen konnten.

Insgesamt umfasst die Rominter Heide rund 25 000 Hektar, was ungefähr der zehnfachen Fläche des Berliner Grunewalds entspricht. Kurz nach der Machtübernahme 1933 hat Göring sie sich für seine Jagden reserviert und in den folgenden Jahren dort den Reichsjägerhof Rominten errichten lassen. In das herrschaftliche, reetgedeckte Anwesen im Blockhausstil lädt er nur ausgewählte Jagdgäste ein. Wann immer es seine zahlreichen Ämter zulassen – und das ist weit häufiger der Fall, als man annehmen würde –, geht er hier auf die Jagd.[42]

Die Rominter Rothirsche sind berühmt für ihre gewaltigen Geweihe. Das Geweih besteht aus Knochenmaterial, das der Hirsch jedes Jahr im Frühjahr abstreift, woraufhin sich anschließend wieder ein neues, meist noch größeres bildet. Wie ausladend es im Laufe seines Lebens wird, liegt in seinen Genen. Nur das Gewicht – die Geweihstärke, das entscheidende Kriterium der Trophäenjäger – unterliegt direkten Umwelteinflüssen.[43] Deshalb werden Raufbold und seine Artgenossen vom Einbruch des Winters bis zum Mai mit Hafer, Kleie und Sesamkuchen gefüttert.[44] So ist Raufbold zu einem kapitalen Rothirsch herangewachsen, einem »Zwanzigender«, wie er wegen der Anzahl seiner Geweihsprossen bezeichnet wird. In dem weitläufigen Gelände fehlt es ihm an nichts. Außerdem lauern hier kaum natürliche Fressfeinde – der letzte Bär wurde vor 150 Jahren erlegt, der letzte Luchs vor rund 80 Jahren.[45] Erst ab 1940 lässt Göring hier wieder einzelne Luchse gezielt ansiedeln.[46] Manchmal streifen Wölfe aus Polen auf der Suche nach Nahrung durch die Rominter Heide. Doch sie verschwinden schnell wieder, da Görings Forstbeamte nur allzu gern einen von ihnen zur Strecke bringen.[47] Auf Dauer regiert in Rominten nur ein einziges Raubtier – Göring höchstpersönlich. Im April 1938 erklärt er Rominten zum Staatsjagdrevier und löst es aus der allgemeinen Forstverwaltung heraus, sodass er dort fortan der unumschränkte Herrscher ist.[48] Dieses Bild wird der französische Schriftsteller Michel Tournier rund drei Jahrzehnte später in seinem Roman *Der Erlkönig* aufgreifen und Göring als menschenfressende Sagengestalt beschreiben, als den »Oger von Rominten«.[49]

Dieser hat es vor allem auf die kapitalen Hirsche und ihre Geweihe abgesehen. Mit der Zeit hat er sich vom Schießwütigen, der gar nicht genug Hirsche erlegen kann, zum gezielten Trophäenjäger gewandelt. Seitdem erlegt er nur noch Hirsche, die ihm von seinen Forstbeamten zuvor beschrieben und gezielt für ihn ausgewählt wurden und von denen er weiß, dass sie sich auf dem Höhepunkt ihres Lebens befinden.[50] Die meisten Rothirsche erreichen diesen etwa ab dem »neunten Kopf«, wie es in der Jägersprache heißt, also mit zehn Jahren. Dann ist ihr Körper ausgewachsen und sie haben genügend Energie für die Geweihbildung übrig. Nach dem zwölften Lebensjahr nimmt sowohl das Gewicht als auch die Endenzahl des Geweihs allmählich wieder ab.[51] Der Hirsch setzt zurück, sagen die Jäger. Ihr Ziel ist es daher, den Hirsch vorher zu erwischen, eben dann, wenn er »reif« ist. Um diesen Zeitpunkt zu bestimmen, steht jeden Sommer in Rominten die sogenannte »Stangenparade« an, bei der die Revierförster die abgeworfenen Geweihstangen begutachten und daraufhin festlegen, welche Hirsche sie im kommenden Herbst zum Abschuss freigeben.[52]

Wie alt Raufbold war, als Göring ihn schoss, können wir nur vermuten. Wahrscheinlich ist er irgendwann zu Beginn oder Mitte der Zwanzigerjahre geboren worden. Sicher belegt ist nur der Tag seines Todes, der 9. Februar 1936.[53] Einige Tage später – und Raufbold hätte sein Geweih womöglich bereits verloren. Übrig geblieben wären dann nur die Abwurfstangen, zurückgelassen irgendwo im Wald, wo sich bald Mäuse und andere Nager über sie hergemacht hätten. Der Monat Februar wurde früher auch Hornung genannt, weil es der Monat ist, in dem die Rothirsche ihr Geweih abwerfen. Die Zeit drängte also. Göring wollte sich Raufbolds Geweih auf keinen Fall entgehen lassen und schon gar nicht noch ein Jahr warten, um dann womöglich festzustellen, dass es nicht mehr so imposant wäre. Da spielte es für ihn auch keine Rolle, dass Anfang Februar die gesetzliche sechsmonatige Schonzeit bereits angebrochen war.[54] Für ihn zählte nur die Trophäe.

Mit einem Gewicht von acht Kilogramm bringt ihm Raufbolds Geweih auf der Internationalen Jagdausstellung sogar eine Medaille der ersten Klasse ein – auch wenn sie bei Weitem nicht die schwerste Trophäe der Ausstellung ist.[55] Dass für Göring eigene Regeln gelten, versucht er gar nicht erst zu vertuschen. Alle Besucher können sehen, dass der »Führer der grünen Gilde« sein eigenes Gesetz gebrochen hat, um Raufbold zu erlegen.[56] Dazu müssen sie nur das Abschussdatum lesen, das an der Trophäe vermerkt ist.

Am dritten Tag der Ausstellung besucht schließlich auch Adolf Hitler die Messehallen. Mit verschränkten Armen und angewidertem Blick geht er an den endlos scheinenden Reihen von Knochen und Pelzen vorbei.

Hitler hat keine hohe Meinung von der Jagd. Sie ist für ihn nicht mehr als ein »feiger Sport«.[57] Im vertrauten Kreis lässt er sich hin und wieder über Görings Leidenschaft aus: »Wenn wenigstens noch eine Gefahr damit verbunden wäre, wie in den Zeiten, als man mit dem Speer gegen das Wild anging«, sagt er in einer seiner Gesprächsrunden im Führerhauptquartier. »Aber heute, wo jeder mit einem dicken Bauch aus der Entfernung sicher das Tier abschießen kann.« Für ihn ist die Jagd, ebenso wie das Pferderennen, einer der letzten »Überreste einer abgestorbenen, feudalen Welt«.[58] Allein für Wilddiebe hegt Hitler eine gewisse romantisch-verklärte Sympathie, weil diese seiner Meinung nach bei der Jagd noch ihr Leben riskieren würden.[59] So verfügt er im Januar 1940, dass Wilderei kein Grund für einen Parteiausschluss sein darf.[60]

Mit seiner ablehnenden Haltung zur Jagd ist er nicht allein. Propagandaminister Joseph Goebbels hält das neue Jagdgesetz und die Jägerei grundsätzlich für »reaktionär«.[61] Hitlers Kanzleileiter Martin Bormann beschwert sich sogar, dass viele Gauleiter sich nichts anderem mehr widmen würden als »ihrer verfluchten Jägerei«.[62] Auch wenn Hitler die Jägerschaft als »grüne Freimaurer« bezeichnet, tut er seinem »besten Mann« und »getreuen Paladin« Göring dennoch diesen Gefallen und trägt sich, wenn auch missmutig, ins »Grüne Buch« der Internationalen Jagdausstellung ein.[63]

In Hitlers Umfeld ist Göring wegen seines dekadenten Lebensstils und selbstverliebten Auftretens umstritten. Joseph

Goebbels, der einen Hang zu ausgefallenen Begriffen hat, nennt ihn abschätzig einen »Sybarit«, einen Schwelger.[64] Vor allem stört den Propagandaminister aber Görings »mangelnde Gesinnungstreue«. Mit der Partei habe dieser so viel zu tun »wie die Kuh mit der Strahlenforschung«, schreibt Goebbels.[65] Den Angefeindeten kümmert das nicht weiter. Er macht auch keinen Hehl daraus, dass ihn weder Idealismus noch irgendein politischer Plan antreiben, sondern einzig und allein Geltungsdrang und Machthunger.

Rund zwei Jahre nach der Internationalen Jagdausstellung zieht die Statue des Kronenhirsches um und erhält einen neuen Platz auf Görings Anwesen in der Schorfheide, einem mehr als tausend Quadratkilometer großen Waldgebiet nördlich von Berlin. Wie Rominten in Ostpreußen ist auch sie ein altes Jagdrevier der preußischen Könige. Dort, auf einem 120 Hektar großen Areal zwischen zwei Seen, liegt Carinhall: Von außen wirkt es wie eine schwedische Blockhütte mit Reetdach und Hakenkreuzornamenten an der Terrassentür. Innen jedoch versprüht es den Glanz eines Märchenschlosses, an dessen Wänden ganze Trophäenlandschaften hängen. Als der jugoslawische Prinzregent Paul Karadjordjevic Carinhall besucht, ist er von dem Prunk derart beeindruckt, dass er staunend ausruft: »So etwas gab es nicht mal bei den Zaren!«[66]

Mehr als 18 Millionen Reichsmark – umgerechnet fast 70 Millionen Euro – beträgt der Wert des riesigen Anwesens.[67] Den Bau sowie die zahlreichen Erweiterungen musste Göring jedoch nicht aus eigener Tasche bezahlen, sondern bekam sie vom preußischen Staat und dem Reichsluftfahrtministerium bezahlt. Denn Carinhall dient vor allem einem Zweck: Hier soll Göring Staat und Partei angemessen repräsentieren.[68]

Den Namen Carinhall hat er als Erinnerung an seine verstorbene erste Frau gewählt. Am Seeufer hat er ihr sogar eine eigene Gruft errichten lassen und sie mit großem Brimborium eigens aus ihrem Grab in Schweden dorthin umbetten lassen. Auf Carinhall empfängt der »Nebenaußenminister« vor allem befreundete Staatsgäste wie den italienischen »Duce« Benito Mussolini oder den britischen Botschafter Neville Henderson.[69]

Der Weg in Görings Reich führt vorbei an zwei steinernen Wachhäuschen, dahinter zieht sich eine sandige, von Rosskastanien gesäumte Allee rund einen Kilometer lang schnurgerade durch den Wald.[70] Am westlichen Ende der Allee, kurz bevor der Hof erreicht ist, passieren die Besucher den sogenannten Hirschplatz. Schon von Weitem sehen sie die riesige Hirschskulptur. Es ist der in Bronze gegossene Raufbold, der von seinem Sockel aus über die Lichtung blickt. Zahllose Gäste werden in den kommenden Jahren in Carinhall ein und aus gehen und stets an ihm vorbeikommen. Er wird auch dann noch dort sein, wenn Göring selbst die Schorfheide längst verlassen haben wird.[71]

Vorerst ist Göring jedoch noch der uneingeschränkte Herrscher der Schorfheide. Unweit seiner Residenz ist zu seinen Ehren eine hölzerne Stele errichtet worden, die zeigt, welche Ausmaße seine Eitelkeit und die Hörigkeit der Jägerschaft angenommen haben. Die Inschrift lautet:

> Dem Reichsjägermeister Hermann Göring
> Dank für das neue Jagdgesetz
> Das deutsche Wild[72]

Göring lädt allerdings nicht nur Präsidenten, Diplomaten und Adlige in die Schorfheide ein. Im Juni 1939 etwa veranstaltet er anlässlich der Tagung des Deutschen Forstvereins ein Fest am Westufer des nahe gelegenen Werbellinsees. Die 2000 Förster, die aus dem gesamten Reich gekommen sind, lässt er mit 40 Omnibussen aus Berlin dorthin bringen. Der Anblick, der sich ihnen bietet, dürfte sie sprachlos gemacht haben. So mancher der Gäste mag sich an die Zeilen Theodor Fontanes erinnert gefühlt haben, der einst unweit von hier am Seeufer weilte und schrieb: »Es ist ein Märchenplatz an dem wir sitzen, denn wir sitzen am Ufer des Werbellin.«[73] Nicht weniger dürfte das Ziel des selbst ernannten »Renaissance-Menschen« Göring gewesen sein. Über riesigen Feuern werden ganze Ochsen und Schweine am Spieß gebraten. Während Göring mit Pfeil und Bogen auf hölzerne Wisent-Attrappen schießt, tanzt auf einem vorbeiziehenden Floß das Berliner Staatsballett.[74] Der Alkohol fließt in Strömen. Und man darf annehmen, dass sich auf den langen hölzernen Tafeln neben Bier und Wein auch Flaschen mit jenem braunen Trank finden, der seine Popularität zu einem großen Teil auch Göring und seiner grünen Gefolgschaft verdankt.

Begonnen hat es mit der Schnapsidee eines Essigfabrikanten und Weinhändlers aus dem niedersächsischen Wolfenbüttel. Um seinen kriselnden Familienbetrieb vor dem Ruin zu retten, wollte Firmenchef Curt Mast 1934 sein Sortiment um Spirituosen erweitern und den ersten industriell hergestellten Kräuterlikör auf den Markt bringen. Das Einzige, was ihm noch fehlte, war ein passender Name. Es musste einer sein, der sich sofort einprägte. Da Mast in seiner Freizeit gerne jagen ging, wusste er, dass sich die 180 000 Jäger in Deutschland, die jedes erlegte Tier nach dem Blasen des »Halali« noch »tot tranken«, bestens als neue Zielgruppe eigneten.[75]

Zunächst sollte der Kräuterschnaps »Hubertusbitter« heißen. Doch dann fiel Mast Göring ein, der seit einigen Monaten als »Reichsjägermeister« firmierte und auch die gesamte Jagdverwaltung unter sich in einen Oberstjägermeister sowie mehrere Gaujägermeister und Kreisjägermeister eingeteilt hatte. Der Name »Jägermeister« gefiel Mast so gut, dass er ihn sich Ende März 1935 als Warenzeichen patentieren und von einem Grafiker jenes Etikett mit dem Hubertushirsch entwerfen ließ, das im Kern bis heute beibehalten wurde. Das Getränk kam noch im selben Jahr in den Handel und wurde schnell zum Erfolg, nicht nur unter Jägern.[76]

DEM UR AUF DER SPUR

Feste wie jenes in der Schorfheide 1939 zeigen auch, dass die Jagd für Göring nicht nur privater Zeitvertreib und Selbstzweck ist. Sie ermöglicht es ihm vor allem, auf kameradschaftlicher Ebene seine politischen Kontakte zu pflegen.

Dabei ist Göring bei Weitem nicht so großzügig, wie er sich auf seinen Feiern gibt, schon gar nicht, wenn es um Hirsche geht. Er hat einen ausgeprägten Trophäenneid und kann es kaum ertragen, wenn ein anderer ihm einen Hirsch vor der Nase wegschießt. Im September 1935 hätte dieser Neid beinahe die zarten Beziehungen zu Ungarn beendet, noch bevor sie richtig begonnen hatten. Bei einer gemeinsamen Jagd in Rominten hatte der ungarische Ministerpräsident Gyula Gömbös einen Hirsch geschossen, der eigentlich für Göring vorgesehen war. Der war außer sich vor Wut und ließ sich nur dank Gömbös' Gelassenheit nach einer Weile wieder beruhigen. Anschließend fiel er wiederum ins andere Extrem und ließ als Zeichen seiner Güte einen nahe gelegenen See nach Gömbös benennen.[77]

So nachsichtig ist Göring mit Joachim von Ribbentrop nicht. Der deutsche Botschafter in London ist von Hitler im Februar 1938 zum Außenminister ernannt worden. Diesen Posten

Großmut, Geiz und Größenwahn. Hermann Göring, sein Adjutant Erich Gritzbach und Gyula Gömbös (v. l. n. r.) beim Treffen in Rominten 1935, das die deutsch-ungarischen Beziehungen arg strapazierte.

hätte auch der Ämter hortende Göring gerne innegehabt, der Ribbentrop ohnehin nicht ausstehen kann. Als er auch noch erfährt, dass Ribbentrop in Rominten ohne seine Erlaubnis einen »ausgesprochenen Zukunftshirschen« geschossen hat, von dem er sich in den kommenden Jahren ein noch stattlicheres Geweih erhofft hatte, sorgt Göring umgehend dafür, dass Ribbentrop sein Revier nie wieder betreten darf.[78]

Ganz selten bekommt aber auch Göring die Grenzen seines Einflusses zu spüren. Drei Jahre nach dem Vorfall mit Ribbentrop, im September 1941, erlegt Generalfeldmarschall Walther von Brauchitsch in Rominten den »Eggenhirsch«, einen »ungeraden Dreißigender« – ein Tier, dessen eine Geweihstange 15 und dessen andere 14 Enden zählt. Brauchitsch' Beute zählt zu den mächtigsten Rothirschen, die jemals dort geschossen wurden. Walter Frevert, Oberforstmeister der Rominter Heide und zuständig für Görings Hirschgästeliste, hat ihn eigens für von Brauchitsch ausgewählt. Göring lässt sich zunächst nichts anmerken und spendiert zur Feier des Tages Champagner. Erst als er die Jagdstrecke betrachtet, bei der der Eggenhirsch als stärkster, wie es das jagdliche Brauchtum verlangt, ganz links liegt und die beiden schwächeren, von Göring geschossenen Hirsche rechts daneben, sagt er zu Frevert: »Meine Gäste lassen Sie die Kapitalhirsche und mich selbst Ihre Abnormitäten schießen!«

»Herr Reichsjägermeister«, entgegnet ihm Frevert, »dieser Gast war aber auch der Oberbefehlshaber des Heeres.« Woraufhin sich Göring murrend zurückzieht.[79] Wenige Tage später gibt er folgenden Erlass an alle Staatsjagdreviere heraus:

»Kapitale und hochkapitale Hirsche werden in Zukunft in den Revieren, in denen ich persönlich während der Hirschbrunft anwesend zu sein pflege, nur durch mich und nicht mehr durch meine Gäste erlegt. [...] Ausnahmen [...] können allein durch mich befohlen werden.«[80]

Mit Hirschen allein gibt sich Göring schon bald nicht mehr zufrieden. Er träumt von dcr Jagd in cincr Urwildnis, wie es sie seinen Vorstellungen nach bei den alten Germanen gab – und die ihren Weg auch ins Reichsjagdgesetz gefunden hat. Dort sind unter den »jagdbaren« Wildarten mit Elch, Wisent und Alpensteinbock auch jene genannt, die hierzulande seit Langem ausgestorben waren. Das soll sich jedoch schleunigst ändern. Denn zu seinem Glück gibt es Lutz Heck.

Der Direktor des Zoologischen Gartens in Berlin setzt sich seit den Zwanzigerjahren zusammen mit anderen Kollegen dafür ein, die letzten in Menschenobhut lebenden Wisente zu erhalten und wieder zu vermehren.[81] Göring ist davon so begeistert, dass er unter anderem in der Schorfheide einige von ihnen in einem Gatter aussetzen lässt. Doch Hecks aufsehenerregendstes Unternehmen ist ein anderes. Gemeinsam mit seinem Bruder Heinz, dem Direktor des Münchner Tierparks Hellabrunn, versucht er, den Auerochsen wieder auferstehen zu lassen.

Zahlreiche Legenden ranken sich um dieses größte europäische Wildrind, das bereits im Nibelungenlied als Ur besungen wird und mit einer Schulterhöhe von bis zu zwei Metern sogar den Wisent übertraf. Wegen seines Fleisches, seines Felles und vor allem seiner Hörner, die bei den Stieren eine Länge von mehr als einem Meter erreichen konnten, wurde er jedoch so stark bejagt, dass er bereits im 13. Jahrhundert weitgehend ausgestorben war. In Ostpreußen kam er noch bis zum Beginn des 16. Jahrhunderts vor, verschwand jedoch auch dort bald darauf. Das letzte Tier seiner Art, eine Kuh, starb schließlich 1627 in der Nähe von Warschau, vermutlich an Altersschwäche.[82]

Um den Auerochsen wieder zum Leben zu erwecken, kreuzen die Brüder Heck verschiedene Hausrinderrassen so lange miteinander, bis deren Jungtiere wieder der Wildform ähnlich sehen. Unter Zoologen sind sie deswegen nicht unumstritten. Viele ihrer Kollegen kritisieren die Versuche als unwissenschaftlich und nennen die beiden Brüder daher abschätzig »Urmacher«.[83] Doch Göring ist begeistert von den Zuchtversuchen, weil er sich davon neue, außergewöhnliche Jagdtrophäen verspricht. Zum Dank betraut er Lutz Heck 1938 mit der Leitung der Abteilung Naturschutz im Reichsforstamt und verleiht ihm am 20. April desselben Jahres – am »Führergeburtstag« – den Professorentitel.[84]

Ab 1938 lässt Göring eine kleine Herde von »Heck-Rindern« in Rominten ansiedeln, wo sie allerdings schnell für Unruhe sorgen.[85] Denn die Brüder Heck haben nicht nur darauf geachtet, dass ihre Rückzüchtungen den ausgestorbenen Urahnen im Aussehen ähneln, sondern auch möglichst viel von deren sagenumwobenem Temperament in sich tragen. Und so klaut der Leitbulle den Pferden der örtlichen Waldarbeiter den Hafer und geht dann auf die Männer los, während eine der Kühe eine Gruppe Wanderer angreift. Erst aber als sich herausstellt, dass die Rinder das Rominter Rotwild von den Futterstellen vertreiben, werden sie wieder eingefangen und umgesiedelt.[86] Naturschutz bedeutet für Göring in erster Linie die Sicherung seiner Jagdgründe. Und seine Hirsche gehen ihm über alles.[87]

Obwohl der Rothirsch in mehreren Unterarten ganz Europa von Skandinavien bis zum Mittelmeerraum bewohnt, wird er im »Dritten Reich« nur noch »deutscher Edelhirsch« genannt. Wenn der Wald selbst schon »deutsch« ist, so scheint es, muss auch der »König des Waldes« ein Deutscher sein.

UNTER DEUTSCHEN BÄUMEN

»In keinem modernen Lande der Welt ist das Waldgefühl so lebendig geblieben wie in Deutschland«, schrieb Elias Canetti in seinem 1960 erschienenen Hauptwerk *Masse und Macht*.[88]

Der Mythos vom »Deutschen Wald« hat eine lange Tradition. An seinem Anfang steht der Kampf der Cherusker und ihres Anführers Arminius, die im Jahre 9 die Truppen des römischen Feldherrn Varus im Teutoburger Wald besiegten. Zu den ältesten erhaltenen Quellen für die sagenumwobene Schlacht zählt die *Germania*, die der römische Historiker Tacitus rund 100 Jahre nach dem Ereignis verfasst hat.[89] Über den genauen Ort der Schlacht gibt es mittlerweile verschiedene Thesen. Vermutlich lag er in der Umgebung von Osnabrück.[90]

Aber der genaue Ort spielte für den aufkommenden Nationalstolz im späten 18. Jahrhundert auch keine Rolle. Dichter und Dramatiker wie Friedrich Gottlieb Klopstock, Heinrich von Kleist oder Joseph von Eichendorff sowie Maler wie Caspar David Friedrich griffen den Mythos in ihren Werken wieder auf.[91] Im Wald, ihrem angestammten Lebensraum, so lautete fortan die Legende, bezwangen die Germanen die feindlichen Eroberer. Aus Arminius wurde Hermann – der erste deutsche Held.

In dieser Zeit wandelte sich auch die Sicht auf den Wald. War er für die Menschen zuvor jahrhundertelang ein Hort der Gefahren, in dem wilde Tiere und Räuberbanden hausten, verlor er in der Romantik zunehmend seinen bedrohlichen Charakter und wurde zum Symbol Deutschlands und zum Alleinstellungsmerkmal. Der Historiker und Dichter Ernst Moritz Arndt sah sogar eine enge Verbindung zwischen Landschaftsbild und »Volkscharakter«.[92] Wilhelm Heinrich Riehl, Volkskundler und ein Student Arndts, entwickelte diese Idee weiter und versuchte daraus den Zustand der einzelnen Nationen abzulesen. In den frei zugänglichen Wäldern entdeckte er das zentrale Merkmal, das Deutschland von anderen Ländern unterscheide, wie England, das statt freier Wälder fast nur noch »eingehegte Parke« besitze. »In dieser deutschen Waldfreiheit, die so fremdartig aus unsern übrigen modernen Einrichtungen hervorlugt«, schrieb Riehl, »liegen mehr bestimmende Einflüsse auf unser höheres Bildungsleben, und namentlich auf die romantische Stimmung in demselben, als mancher sich träumen läßt.«[93] Es müsse daher das Ziel sein, den Wald unbedingt zu erhalten, »nicht bloß damit uns der Ofen im Winter nicht kalt werde, sondern auch damit die Pulse des Volkslebens warm und fröhlich weiter schlagen, damit Deutschland deutsch bleibe«.[94]

Der deutsche Wald war zum Symbol der Heimat geworden, das es ebenso wie diese zu verteidigen galt. Nach dem Ersten

Weltkrieg machten sich völkische Strömungen den Wald zunehmend zu eigen, um sich von bestimmten Volksgruppen abzugrenzen. Der Laubmischwald galt ihnen dabei als natürliches Ideal, wohingegen die Monokultur des Fichtenwaldes als Sinnbild der »kommunistischen Gleichmacherei« abgetan wurde.[95] Erst »in hartem Kampfe mit dem Walde«, schreibt 1934 der langjährige Leiter der Staatlichen Stelle für Naturdenkmalpflege in Preußen, Walther Schoenichen, »schuf sich der deutsche Mensch mit zäher Entschlossenheit seinen Lebensraum«.[96]

Nach der Machtergreifung der Nationalsozialisten dient der »natürliche Aufbau des Waldes« auch im Schulunterricht dazu, die gewachsene Hierarchie der Volksgemeinschaft zu vermitteln. In dem Heft »So lebt die Waldgemeinschaft« von 1938 sollen die Kinder die Gemeinsamkeiten zwischen Wald und »Volksgemeinschaft« anhand von Schaubildern kennenlernen: Die Baumkronen entsprechen dort der herrschenden Schicht, Stämme und Sträucher der Mittelschicht. Darunter bilden Kräuter, Moose und Waldboden das Äquivalent zur beherrschten Unterschicht. Die Erklärung dazu lautet: »Die oberste Schicht wird von wenigen gebildet. Sie lassen sich zählen. Je weiter hinab, desto mehr Lebensgenossen sind in einer Schicht vereint.«[97]

Um es auch jenseits des Schulunterrichts nicht bei der Theorie zu belassen und die Bevölkerung in der Breite zu erreichen, hat die »NS-Kulturgemeinde« im Auftrag Alfred Rosenbergs, des Chef-Ideologen der NSDAP, im Jahre 1935 zudem den Schwarz-Weiß-Film »Ewiger Wald« drehen lassen. Der Film sollte nationalsozialistische Weltanschauung als Kunst fürs Volk verpackt vermitteln.[98] Im Film wechseln sich Aufnahmen von Wäldern und Bäumen mit Spielfilmsequenzen ab, in denen historische Themen von der Steinzeit über die

Hermannsschlacht und die Ostsiedlung der Deutschordensritter im Hochmittelalter bis zum bäuerlichen Idyll zur Zeit des Nationalsozialismus gezeigt werden.[99] Unterlegt sind die Bilder mit Chorälen und einer Männerstimme, die in mantrahaften Versen die »immerwährende Schicksalsgemeinschaft zwischen deutschem Wald und deutschem Volk« in Erinnerung ruft.[100]

Als der Film im Sommer 1936 in die Kinos kommt, ist die Resonanz bescheiden. Die Zuschauer können mit Zeilen wie: *»Aus dem Wald kommen wir / Wie der Wald leben wir / Aus dem Wald formen wir / Heimat und Raum«* kaum etwas anfangen. Selbst die Kritiken der gleichgeschalteten Presse sind zum Teil verhalten. Damit hat die Partei anscheinend gerechnet, denn sie hat den Film nur unter der Einschränkung freigegeben, »daß weder im Film noch in den Ankündigungen auf die NSDAP oder eine ihrer Gliederungen [...] Bezug genommen wird«.[101]

Rosenberg vermutet dahinter eine Schikane von Propagandaminister Goebbels, der sich tatsächlich nicht einmal die Mühe macht, sich den Titel des Films zu merken – in seinem Tagebuch nennt er ihn »Der deutsche Wald«. Doch laut Goebbels stammt die Einschränkung von Hitler selbst.[102]

Hitler fährt am liebsten mit dem Auto »fernab von allen menschlichen Siedlungen« durch den Wald, da dort seiner Ansicht nach nur »lauter Kretins« wohnen.[103] Von der Theorie vom heroischen Waldvolk hält er jedenfalls nichts. »Von der Schlacht im Teutoburger Wald machen wir uns falsche Vorstellungen«, erzählt er seinen Zuhörern in seinem Hauptquartier Mitte August 1941. »Schuld daran ist die Romantik unserer Geschichtsprofessoren. Im Wald konnte man damals so wenig wie heute Kämpfe führen.«[104] Nur »unterlegene Völker«, so lautet Hitlers Einschätzung, zögen sich in die Wälder zurück.[105]

Doch der deutsche Wald ist mehr als nur der Ort von Görings Jagd- und Naturromantik. Er ist zunächst einmal auch ein entscheidender Rohstofflieferant. »Wir müssen so viel wie möglich aus dem Deutschen Wald herausholen«, hat Göring am 11. Juli 1934 in seiner ersten Sitzung mit den Landesforstverwaltungen gesagt. Zwar hat er auch die Einrichtung von Naturschutzgebieten gefördert, »in denen neben der Aufgabe der Holzerzeugung unter dem Gesichtspunkt des Heimatschutzes urwüchsige Bestände als Zuflucht hochwertigen Wildes erhalten und gepflegt werden sollen«.[106] Doch der Naturschutz ist nebensächlich, die Kriegsvorbereitungen sind längst in vollem Gange. Göring ist verantwortlich für den Vierjahresplan. Anstatt den Wald zu schonen, wird unter Göring doppelt so viel Holz geschlagen, wie es eine nachhaltige Nutzung zuließe. Am Ende des Krieges wird es in Deutschland 14 Prozent weniger Wald geben als noch zu Beginn des Vierjahresplans im Jahre 1936.[107]

Spätestens mit dem Überfall auf Polen im September 1939 bekommt der Wald eine weitere Bedeutung, als neuer »Lebensraum im Osten«. Der sogenannte »Generalplan Ost« sieht unter anderem vor, die Landschaft der eroberten Gebiete nach deutschem Vorbild umzugestalten, sodass sie den neuen Siedlern eine »ihrer deutschen Seele entsprechende Umgebung« bieten.[108] Daher strebt das Reichsforstamt eine »Wiederbewaldung des Ostens« an.[109] Wieder einmal ist vom »deutschen Waldvolk« die Rede, im Gegensatz zum »slawischen Steppenvolk« und »jüdischen Wüstenvolk«.[110]

Auch wenn Göring anfangs einem erneuten Krieg skeptisch gegenüberstand, nutzt er die Eroberungszüge nun auch zu rein persönlichen Zwecken, um seine Jagdreviere zu erweitern und neue hinzuzugewinnen. Im Herbst 1939 lässt er die Rominter Heide vergrößern und den bestehenden vier Forstämtern ein fünftes hinzufügen, welches auf bislang polnischem Gebiet liegt. Zehn Dörfer müssen seinem Plan weichen, die Bewohner werden in die besetzten Gebiete des Generalgouvernements vertrieben.[111]

MENSCHENJAGD

Dass es Göring auch auf andere Jagdgebiete in Polen abgesehen hat, hat sich schon zwei Jahre zuvor auf der bereits erwähnten Internationalen Jagdausstellung im November 1937 gezeigt.

Als er damals einige Tage vor der Eröffnung die Messehallen besucht, kann er sich kaum an der polnischen Sammlung sattsehen. Dicht an dicht hängen dort Wolfsdecken, Luchspelze und Hirschgeweihe. Auf den Podesten darunter reiht sich Vogelbalg an Rehgeweih. Inmitten all dieser Kadaver und Knochen thront ein ausgestopfter Wisent. Am meisten erweckt jedoch eine esstischgroße Reliefkarte Görings Interesse. Sie zeigt Białowieża, den letzten Urwald Europas, in dem die letzten wilden Wisente leben.

Göring kennt das Gebiet bereits, seit ihn der polnische Botschafter in Berlin, Józef Lipski, im März 1934 erstmals dorthin zur Jagd eingeladen hat. Göring war so begeistert, dass er fortan jedes Jahr wiederkam.[112] Während Göring nun mit seinem Gefolge vor der Karte steht und von der urwüchsigen Landschaft und ihrem reichen Wildbestand schwärmt, hat er die linke Hand lässig in die Hosentasche gesteckt. In der rechten hält er eine Reitgerte, mit der er, scheinbar beiläufig, über das vor ihm ausgebreitete Land streicht. Wie ein Feldherr, der seinen nächsten strategischen Zug plant.

Im Katalog zur Ausstellung findet sich später ein Foto von

dieser Szene. Doch den Verfassern dürfte die unmissverständliche Symbolkraft dieses Bildes bewusst gewesen sein, weshalb sie die Peitsche in Görings Hand wegretuschiert haben.[113] Damals, rund zwei Jahre vor dem Angriff auf Polen, hätte eine solche kriegerische Geste nicht in das Bild gepasst, das Nazi-Deutschland von sich zeichnen wollte. Damals trat Göring noch als Hitlers wichtigster Diplomat in Erscheinung. Erst vier Jahre später wird er seinen Traum von einem »germanischen Jagdurwald« in die Tat umsetzen.[114]

Nachdem Deutschland und die Sowjetunion Polen überrannt und das besetzte Land unter sich aufgeteilt hatten, war Białowieża vorerst von den Russen besetzt. Das ändert sich jedoch im Sommer 1941 mit dem deutschen Überfall auf die Sowjetunion. Nun steht Göring eigentlich nichts mehr im Wege.

Göring will dort ein riesiges »Reichsjagdgebiet« einrichten und den Wald von 1600 auf 2600 Quadratkilometer vergrößern; allein die Erweiterungsfläche wäre größer als das gesamte Stadtgebiet Berlins. Um dies zu schaffen, beauftragt er Walter Frevert mit der Leitung des neu geschaffenen »Oberforstamtes Bialowies«, wie es nun eingedeutscht heißt, und erteilt ihm zudem einen Sonderauftrag. Er soll den Wald »befrieden« und »evakuieren«.[115]

Frevert, der bereits als Oberforstmeister die Rominter Heide verwaltet, ist ein skrupelloser Pragmatiker.[116] Wenn es seiner Forstkarriere und Jagdleidenschaft dient, ist er zu allem bereit. Viele Jahre nach dieser Zeit wird er einmal sagen: »Für Rominten hätte ich mich dem leibhaftigen Teufel verschrieben!«[117] – Nicht nur für Rominten, wie er in Białowieża beweist.

Frevert wird eine Hundertschaft des Forstschutzkorps zur Verfügung gestellt. Diese paramilitärischen Einheiten sind bereits seit 1940 im besetzten Polen im Einsatz. Sie wurden aus bewaffneten Waldarbeitern und Förstern rekrutiert und sollten ursprünglich in den Waldgebieten den Holztransport sichern sowie die Wilderei und den illegalen Waffenhandel bekämpfen.[118] Doch in Białowieża haben sie einen anderen Auftrag. Ab Juli 1941 durchkämmen die Männer um Frevert den Wald, um versprengte Soldaten der Roten Armee aufzuspüren. Dann nehmen sie sich die örtliche Bevölkerung vor, die Bäume nur noch in geringer Zahl fällen darf. Die am Waldrand angesiedelten Industriestätten wie Köhlereien und Sägewerke werden geschlossen. Ende Juli 1941 beginnt Freverts Einheit zusammen mit dem Polizeibataillon 322, das eigens für diesen Auftrag hierhin verlegt worden ist, das »Reichsjagdgebiet Bialowies« menschenleer zu räumen.

Frühmorgens dringen sie in die Dörfer ein und umstellen die Häuser. Eine halbe Stunde geben sie den Bewohnern, um das Nötigste zusammenzupacken. Bevor Freverts Männer die Häuser in Brand setzen, nehmen sie mit, was sie selbst gebrauchen können. Innerhalb einer Woche werden so fast 7000 Menschen vertrieben und 34 Dörfer niedergebrannt.[119]

Noch rücksichtsloser geht die Polizeieinheit gegen die jüdische Bevölkerung vor. Anfang August 1941 – rund zwei Monate bevor die Massendeportationen der Juden aus Deutschland beginnen – werden die Frauen und Kinder aus der Umgebung ins 90 Kilometer entfernte Getto von Kobryn gebracht. Die 584 Jungen und Männer werden auf der Stelle erschossen.[120] Einige können in die Wälder entkommen, wo Forstschutzkorps, Polizei und ein eigens dafür eingesetztes Sonderkommando der Luftwaffe von nun an gezielt Jagd auf sie machen.[121] Offiziell nennen sie es »Bandenbekämpfung«.

Frevert verlässt Białowieża im Herbst 1941 für einige Zeit in Richtung Rominten, wo Göring ihn schon erwartet die Brunftzeit der Hirsche steht an. In den folgenden zwei Jahren kehrt er jedoch mehrfach auf Geheiß Görings ins »Reichsjagdgebiet Bialowies« zur »Bandenbekämpfung« zurück. »Leider sind aber immer noch Partisanen und sonstige Banditen in großer Zahl hier«, schreibt er im März 1942 an einen Jagdkameraden, »und die Strecke an diesen ist ganz erheblich größer als an allem Wild.«[122]

DIE ENDEN DER HIRSCHE

Während in Białowieża in Görings Auftrag Menschen gejagt werden, konzentriert sich der Reichsjägermeister derweil in seinem Revier in der Rominter Heide auf das aus seiner Sicht Wesentliche, die Hirschjagd. Seine Gier nach immer größeren Trophäen kennt keine Grenzen. Denn er verfolgt ein Ziel, das viele Jäger eint – den Lebenshirsch. So nennen sie den mächtigsten Hirsch, den sie zeitlebens zu erlegen trachten und der die Krönung ihrer Jagdzüge sein soll.

Seit Göring in Rominten jagt, hat er durchschnittlich fünf Hirsche pro Jahr geschossen. Zahlreiche Geweihe an den Wänden des Reichsjägerhofs zeugen davon. Viele von ihnen übertreffen den Raufbold, das Symbol der Internationalen Jagdausstellung von 1937, bei Weitem. Doch noch nie hat er einen wie den »Matador« erlegt.[123]

Bereits im November 1940, während Görings Luftwaffe Angriff um Angriff auf englische Städte fliegt und die deutsche Propaganda den Begriff »coventrieren«* prägt, hat Göring den

* Der Ausdruck bezieht sich auf die Zerstörung der mittelenglischen Industriestadt Coventry durch deutsche Bomber im November 1940. (Vgl. Klemperer 1947: 134–135.) Vorbild für diesen Begriff war vermutlich »magdeburgisieren«. Er entstand infolge der Verwüstung Magdeburgs während des Dreißigjährigen Krieges im Mai 1631 und meint »dem Erdboden gleichmachen«.

Hirsch mit dem Fernglas an der Futterstelle beobachtet.[124] Seine Forstbeamten haben ihm berichtet, dass dessen Geweih Jahr für Jahr rund zwei Kilogramm an Gewicht zugenommen hat. Nun, im Herbst 1942, ist der Matador ein Zweiundzwanzigender und geschätzte neun Jahre alt. Da die Geweihe der Rominter Hirsche in der Regel nach dem »neunten Kopf« kaum noch zulegen und allmählich zurücksetzen, ist für Göring nun der richtige Zeitpunkt gekommen. Das Risiko, dass der Hirsch bei einem Revierkampf ums Leben kommt – was äußerst selten vorkommt – oder ein anderer Jäger ihn vorher erwischt – was nicht vorkommen darf! –, ist ihm zu groß. Tatsächlich wäre der Matador beinahe von einem Freund Freverts zuvor geschossen worden, als der Hirsch seine angestammten Wege verlassen und sich in eine andere Försterei verirrt hatte. Doch davon erfährt Göring zum Glück nichts.[125]

Am 22. September 1942 erlegt er schließlich den Matador. Dessen Geweihstangen messen jeweils mehr als einen Meter und wiegen fast zwölf Kilogramm. Es ist die schwerste Trophäe, die jemals in Rominten erbeutet wurde, auch Kaiser Wilhelm II., der dort vor Göring oberster Jagdherr war, hat hier nie einen mächtigeren Hirsch geschossen. Seit 200 Jahren hat es überhaupt nur zwei Hirsche in ganz Europa gegeben, die stärker waren.[126] Es ist im wahrsten Sinne des Wortes Görings Lebenshirsch. Von nun an geht es für ihn nur noch bergab.

Seine Luftwaffe erringt immer weniger Erfolge. Vor dem Krieg soll Göring noch getönt haben, dass er »Meier« heißen wolle, »sollte auch nur ein einziges feindliches Flugzeug die deutsche Grenze überfliegen«.[127] Die Luftschlacht um England ist schon lange verloren, die Luftangriffe der Alliierten auf Deutschland sind längst Alltag geworden. In den Luftschutzkellern von Köln bis Königsberg versuchen sich die Menschen mit Witzen über »Hermann Meier« abzulenken.

Göring selbst lässt Carinhall derweil zur Festung ausbauen. Das Reetdach wird 1942 gegen Ziegel ausgetauscht, die Gebäude werden mit Tarnnetzen verhängt und die Zahl der Flakgeschütze von vier auf neun erhöht. Doch damit nicht genug. Einige Kilometer weiter im Norden steht ein detailgetreuer Nachbau von Görings Residenz aus Holz und Segeltuch. Nur einige ältere Pioniersoldaten harren dort aus, um im Falle von Fliegeralarm mit Pyrotechnik und Lichteffekten den Anschein zu erwecken, es handele sich um das wahre Carinhall.[128]

So gesichert lässt es sich für Göring aushalten. Als der Reichskommissar für das besetzte Norwegen, Josef Terboven, ihn an einem Sonntag dort besucht, werden feindliche Verbände über ganz Deutschland gemeldet. Doch Göring lässt sich lediglich von seinem Adjutanten informieren, ob eine Luftwarnung für Carinhall gemeldet sei. Als dieser ihm Entwarnung gibt, atmet Göring auf und sagt zufrieden: »Schön, lassen Sie uns etwas jagen.«[129]

Mittlerweile wirkt sich seine Jagdbesessenheit auch auf die eigene Bevölkerung aus. Im Winter 1942 kommt es zum sogenannten »Haferkrieg«. Während die 6. Armee bei Stalingrad eingekesselt ist und kaum noch versorgt werden kann und auch die Vorräte in der Heimat allmählich zur Neige gehen, werden die Hirsche in Görings Staatsjagdrevieren weiterhin mit Hafer gefüttert. Dieser könnte jedoch auch für Kleinkindernahrung verwendet werden, worüber sich mehrere Ernährungsämter und Gauleiter beschweren. Da die Kriegsmoral der Bevölkerung nicht gefährdet werden soll, muss Görings Reichsjagdamt die Fütterungen schließlich einstellen.[130] Vermutlich auch deswegen, weil Hitlers Kanzleileiter Martin Bormann davon erfährt und sagt: »Ich sehe schwarz, wenn der Führer das erfährt.«[131]

Hitler hat in den vergangenen Jahren nie einen Hehl daraus

gemacht, wie armselig er die Jagd findet. Solange Göring Erfolge errang und den NS-Staat nach außen repräsentierte, hat er darüber hinweggesehen. Doch in Hitlers Gunst ist Göring schon lange gesunken, vermutlich bereits seit 1938, denn er glaubte, dass Göring nur deswegen Einwände gegen den Krieg hege, damit er sich endlich ganz seinen angehäuften Reichtümern und Privilegien hingeben könne.[132]

Tatsächlich ähnelt Göring in dieser Phase immer mehr einem Hirsch in der Feistzeit, jenen Wochen im Hochsommer, in denen sich die Hirsche Fettreserven für die kräftezehrende Brunft im Herbst anfressen, sich zurückziehen und jedem Streit aus dem Weg gehen. Ein Sprichwort unter Jägern lautet: »Der Feisthirsch ist ein Waldgespenst, das du nur ahnst und niemals kennst.« Je mehr politische Rückschläge Göring hinnehmen muss, desto mehr zieht er sich zurück. Zu den Lagebesprechungen im Führerhauptquartier erscheint er nur noch selten. Und wenn, dann sind es meist Auftritte wie der im August 1944.

In Fallschirmspringer-Uniform und Jagdstiefeln stürzt Göring in den Besprechungsraum zu Hitler an den Tisch. Er sorgt sich wegen des Vormarsches der Russen. Die Menschen in Ostpreußen haben ihre Bankkonten geleert, die Züge gen Westen sind überfüllt. In endlosen Trecks fliehen die Menschen vor der heranrückenden Roten Armee. Nur Göring hat ganz andere Probleme: »Meine armen Hirsche. Das ist entsetzlich!«[133]

Mittlerweile ist es Herbst geworden, in der Rominter Heide hat die Brunftzeit begonnen. In das vertraute Röhren der Hirsche mischt sich 1944 immer häufiger das ferne Donnern der Kanonen. Unaufhaltsam rückt die Front näher. Nur noch zehn Kilometer liegen zwischen ihr und der Ostgrenze der Heide.

Als bereits die ersten russischen Fallschirmspringer in Rominten landen, gehen Göring und sein Gefolgsmann Frevert

Anfang Oktober ein letztes Mal auf die Jagd, doch diesmal hat Göring keinen Erfolg. Unverrichteter Dinge verlässt er am folgenden Tag sein Revier und wird es danach nie mehr betreten.[134]

Damit der Reichsjägerhof mitsamt den angehäuften Reichtümern nicht den Sowjets in die Hände fällt, hat Göring alles, was wertvoll ist, in Sonderzügen fortschaffen lassen. Auch das Wachpersonal und die Forstbeamten verlassen die Heide. Schließlich bleibt nur ein Hausmeister zurück, um den letzten Akt von Görings Herrschaft zu vollenden, die den Tarnnamen »Johannisfeuer« trägt.

Seit alters ist es ein christlicher Brauch, in der Johannisnacht Ende Juni ein Feuer zu entzünden, um böse Geister fernzuhalten. Görings Feuer dient jedoch nur dem einen Zweck, dass nichts als verbrannte Erde zurückbleibt. Am 20. Oktober 1944, fast zwei Wochen nachdem Göring Rominten für immer verlassen hat und kurz bevor die Rote Armee das Gut erreicht, geht der Reichsjägerhof in Flammen auf.[135]

Im Frühjahr 1945 liest Joseph Goebbels in der *Joachimsthaler Zeitung*, dass Göring einen seiner kostbaren Wisente in der Schorfheide als Fleischration für die fliehende Bevölkerung geschossen habe. Goebbels ist erbost. Dies stellt für ihn »so ungefähr den Höhepunkt der moralischen Verwirrung Görings und seiner Umgebung dar«, schreibt er in sein Tagebuch und gibt den Zeitungsartikel an Hitler weiter mit dem Hinweis, Göring erinnere ihn »an jene bourbonische Prinzessin, die, als die Masse mit dem Ruf ›Brot!‹ die Tuilerien stürmte, die naive Frage stellte: ›Warum essen die Leute denn keinen Kuchen?‹«[136]

Bevor die Rote Armee auch Carinhall in der Schorfheide erreicht, erteilt Göring die Order, das Anwesen zu sprengen. Er selbst hat sich mit seiner Familie erst nach Bayern in seine

Stummer Zeuge. Die Statue des »Kronenhirsches« überdauerte die Herrschaft Görings weitgehend unversehrt und steht noch heute, ohne Hinweis und historische Einordnung, im Tierpark Berlin.

Sommerresidenz und kurz danach ins Salzburger Land abgesetzt, wo ihn die Alliierten im Mai 1945 gefangen nehmen werden.

Als die sowjetischen Truppen auf der Kastanienallee entlangmarschieren, die nach Carinhall führt, sehen sie schon von Weitem, dass im Grunde nichts als Trümmer von Görings Reich übrig geblieben sind. Doch inmitten all des Schutts wacht einsam auf seinem Sockel ein aufrecht stehender bronzener Hirsch. Der Kronenhirsch.

Wie durch ein Wunder hat er die Sprengungen überstanden. Die Rote Armee nimmt ihn mit und stellt ihn im Garten einer besetzten Villa in Potsdam-Babelsberg auf. In den Fünfzigerjahren wird er dann in den Park von Schloss Sanssouci ziehen, bis er schließlich Ende der Sechzigerjahre in den Ost-Berliner Tierpark gelangt, wo er bis heute steht.[137]

»In 50 oder 60 Jahren«, hat Göring kurz vor seinem Selbstmord 1946 zu einem Militärpsychiater in Nürnberg gesagt,

»werden in ganz Deutschland Standbilder Hermann Görings zu sehen sein. Vielleicht kleine Standbilder, aber eines in jedem Hause.«[138]

Er sollte sich irren. Stattdessen hat ihn sein Reichsjagdgesetz in Teilen überdauert. Bis heute ist im Bundesjagdgesetz die »deutsche Waidgerechtigkeit« verankert, bis heute pflegen Jäger das »jagdliche Brauchtum«, das erst im »Dritten Reich« festgelegt wurde. Mit Görings Erbe ist es wie mit der Skulptur des Raufbold. Der Goldglanz von einst mag verschwunden sein. Doch er ist, wenn auch versteckt, immer noch da. Im Schatten.

6

KESSELFLEISCH

Noch nie wurde der unbekannte Held aus der Reihe
der Pferde gewählt, obwohl sie, für die Sache anderer gekämpft
und gestorben, jedes Recht auf Heldentum hätten.
Varujan Vosganian, Buch des Flüsterns

Zu Tausenden ziehen sie voran, Falben und Füchse, Rappen und Schimmel. Unter ihnen sind hochgewachsene Trakehner, die edelsten und schnellsten deutschen Vollblüter. Sie trotzen der Sommerhitze Südfrankreichs ebenso wie den Winterstürmen Russlands.[1] Dahinter trotten, wie in Gedanken versunken, wuchtige Kaltblute. Die empfindlichen Kolosse werden die Ersten sein, die Hunger und Krankheiten dahinraffen. Am Ende des Trosses folgen die kleinen, gedrungenen Haflinger, geschätzt für ihre Trittsicherheit und Ausdauer.[2]

Ob sie nun von einem Gestüt in Ostpreußen stammen, wo sie eigens für den Krieg gezüchtet wurden; ob sie in einer Remonteschule* in Niedersachsen lernten, ihren Fluchtinstinkt zu unterdrücken und sich auf Kommando hinzulegen, um ihrem Reiter im Gefecht als lebendes Schutzschild zu dienen; oder ob sie vor Kurzem erst von einem Acker im Allgäu zwangsrekrutiert worden sind, um anstelle eines Pflugs fortan ein Geschütz hinter sich herzuziehen – sie alle sind auserkoren, Ton-

* Es handelte sich um eine spezielle Reitschule, in der drei- bis vierjährige Pferde, sogenannte Remonten, für den Einsatz im Krieg ausgebildet wurden.

nen von Nachschub über Tausende von Kilometern hinweg nach Osten zu schleppen, fast bis ans Ende Europas.

Vielleicht waren einige von ihnen bereits dabei, als die Wehrmacht im September 1939 Polen angriff und innerhalb weniger Wochen überrannte. Oder als deutsche Reiter Anfang Juni 1940 die Seine durchschwammen und eine Woche später in Paris einzogen. An jeder Front, ob im Westen oder Osten, sind sie dabei gewesen. Von 1933 bis zum Kriegsanfang hat die Wehrmacht ihren Bestand an Einhufern mehr als verzehnfacht.[3]

Der Bevölkerung in der Heimat vermittelt man freilich einen anderen Eindruck. Seit Kriegsbeginn gaukelt die »Wochenschau« den deutschen Kinobesuchern das Bild vom technisierten Blitzkrieg vor, in dem es mit Panzern und Flugzeugen immerzu nur vorwärts geht. Die Erfolgsmeldungen aus Polen, Skandinavien, Belgien und Frankreich stärken den von der Propaganda viel beschworenen Mythos von der hochmodernen und schier unbesiegbaren deutschen Armee. Doch vor allem an der Ostfront ginge ohne Pferde nichts voran. Dort ist das Pferd wie seit Jahrtausenden noch immer der wahre Muskel des Krieges. Denn es gibt nicht genügend motorisierte Fahrzeuge und Treibstoff, um Waffen und Proviant so zuverlässig und schnell an die Front zu bringen, wie dies mit Pferden möglich ist.

Um diesen gewaltigen Bedarf zu decken, werden auch Pferde aus der heimischen Landwirtschaft abgezogen, ganz egal, ob sie dort zur Ernte gebraucht werden, wie etwa im September 1939 zu Beginn des Polenfeldzugs.[4] Wie die Wach- und Spürhunde von Wehrmacht und SS werden auch die rekrutierten Pferde von Tierärzten auf ihre Tauglichkeit getestet. Wenn ein Pferd älter als vier Jahre ist, ein Stockmaß von mehr als 1,35 Meter hat, weder vollständig erblindet ist noch lahmt und an keiner schweren Pferdeseuche leidet, gilt es als tauglich und wird eingezogen.

Zwar sind die deutschen Tierärzte bereits bald nach der Machtübernahme auf die NS-Ideologie und ihre widersprüchlichen Vorstellungen von »Tierschutz« eingeschworen worden und bei der Rekrutierung der Tiere daher ganz auf offizieller Linie.[5] Doch es gibt einige unter ihnen, die möglichst viele Pferde vor dem Fronteinsatz zu retten versuchen, wie etwa die Berliner Veterinärin, Widerstandskämpferin und »Gerechte unter den Völkern« Maria Gräfin von Maltzan. Ursprünglich stammt sie aus Schlesien, wo sie auf dem elterlichen Gutsbesitz groß geworden ist. Als Kind hat sie dort von umherziehenden Sinti-Familien einen Trick gelernt, den sie nun stets vor den Musterungen anwendet: Wenn sie einem Pferd direkt über dem Huf eine Stecknadel ins Bein sticht, beginnt es sofort zu lahmen. Sobald sie die Nadel wieder herauszieht, hört das Lahmen auf, ohne weiteren Schaden angerichtet zu haben.[6]

Im Deutschen Reich leben zu dieser Zeit knapp vier Millionen Einhufer, sodass es unmöglich ist, den gesamten Bedarf des Heeres allein aus der Heimat zu decken, ohne der Landwirtschaft grundlegend zu schaden.[7] Da sich die Rekrutierung mit fortschreitender Kriegsdauer immer schwieriger gestaltet, werden schon bald immer mehr Pferde in den besetzten Gebieten »ausgehoben«, wie die Beschlagnahmung offiziell heißt. Insgesamt werden vom September 1939 bis zum Mai 1945 fast drei Millionen Pferde, Esel und Maultiere für Deutschland in die Schlacht ziehen.[8]

Eines dieser Tiere ist Siegfried, ein ungefähr sieben Jahre alter fuchsfarbener Trakehner.[9] Man erkennt ihn schon von Weitem. Auf der Stirn trägt er eine unverkennbare weiße Blesse, die in ihrer Form an eine Daunenfeder erinnert. Mit einer Schulterhöhe, auch Stockmaß genannt, von 1,70 Meter überragt er die meisten anderen Pferde um einiges.

Trakehner scheinen wie geschaffen für den Krieg. Ursprünglich wurden sie als Reittiere für den Kurierdienst zwischen Königsberg und Berlin gezüchtet. Für die rund 600 Kilometer lange Strecke benötigten sie einen ganzen Tag weniger als andere Rassen.[10] Vor dem Ersten Weltkrieg war der Trakehner das klassische Pferd der leichten Kavallerie. Als Großabnehmer konnte das Militär daher lange Zeit seine Zuchtvorgaben für ein leichtes, schnelles Reitpferd durchsetzen, obwohl die ostpreußischen Landwirte ein Arbeitstier mit kräftigerer Statur und ruhigerem Gemüt bevorzugt hätten. Das änderte sich erst, nachdem der Bedarf im Heer mit der Kriegsniederlage 1918 stark zurückgegangen war.[11] Während die Wehrmacht die Exemplare des schweren Schlages nun vor allem als Zugpferde in der Artillerie einsetzt, dienen die des leichten weiterhin als Reittiere.[12] Ein solches ist auch Siegfried.

Im April 1941 hat sein Reiter, der Dresdner Kavallerist Max Kuhnert, den Marschbefehl erhalten. Kuhnert ist Kundschafter im Reiterzug des Infanterie-Regiments 432. Vom niedersächsischen Bergen ging es zunächst Richtung Warschau. Mehrere Wochen lang hielt sich das Regiment im besetzten Polen auf, bis es schließlich am 20. Juni 1941 ans Ufer des Westlichen Bug kommandiert wurde.[13]

Der Fluss bildet die Grenze zwischen den von den Deutschen besetzten Gebieten und der Sowjetunion. Bis hierhin und nicht weiter, hatten Adolf Hitler und Josef Stalin vereinbart, als sie im August 1939 ihren Nichtangriffspakt schlossen und anschließend gemeinsam – Hitlers Truppen von Westen, Stalins von Osten – über Polen herfielen und es unter sich aufteilten. Die meisten Soldaten aus Kuhnerts Regiment haben bis zuletzt nicht glauben wollen, dass sie den Fluss würden überqueren müssen. Doch schon am 22. Juni 1941 lässt Hitler das lange geplante »Unternehmen Barbarossa«, den Überfall auf die Sowjetunion zur Beschaffung von »Lebensraum im Osten«, beginnen. In den vergangenen Monaten haben Hitlers Generäle von der Ostseeküste bis zu den Berghängen der Karpaten drei Millionen Soldaten aufmarschieren lassen. Ausgerüstet sind sie mit 1800 Flugzeugen, 3600 Panzern, 7000 Geschützen, 600 000 Kraftfahrzeugen – sowie 750 000 Pferden.[14]

Die Männer des Infanterie-Regiments 432 zählen zu den ersten, die über den Bug müssen. Während der Großteil seiner Einheit über eine kurzerhand errichtete Pontonbrücke übersetzen soll, erhält Kuhnert den Auftrag, neben Siegfried auch Albert sicher ans andere Ufer zu bringen. Albert ist ein zehnjähriger kastanienbrauner Hannoveraner und das Reittier seines Vorgesetzten, Oberst Rudolf von Tschudi. Die Brücke können sie jedoch nicht überqueren, denn das Schwanken könnte die Pferde in Panik versetzen. Außerdem steht sie längst unter Dauerbeschuss. Kuhnert bleibt daher nichts anderes übrig, als mit den beiden Pferden hinüberzuschwimmen.

Flussdurchquerungen zu Pferde hat Kuhnert bereits während seiner Militärausbildung proben müssen, allerdings nicht mit Siegfried und schon gar nicht mit zwei Pferden auf einmal. Der Bug ist ein schnell dahinfließender Fluss. Eine Weile reiten sie am Ufer entlang, bis Kuhnert endlich eine Stelle entdeckt, an der die Böschung nicht zu steil und der Fluss nur rund 100 bis 150 Meter breit ist. Nachdem er das gegenüberliegende Ufer aus der Ferne nach Feinden abgesucht hat, zieht er sich aus, verstaut all seine Sachen in zwei Zeltplanen, packt seinen Karabiner und seinen Helm obenauf, damit sie nicht nass werden, und verschnürt alles auf den Sätteln der beiden Pferde. Während er die Zügel von Albert um seinen linken Arm schlingt, hält er sich in Siegfrieds Mähne fest und zieht sich daran hoch. Auf Siegfried sitzend führt er die beiden Pferde nun langsam die Böschung hinunter. Albert versucht sogleich umzukehren, doch als Kuhnert ihn beruhigt und er merkt, dass auch Siegfried sich ins Wasser wagt, gibt er nach. Vorsichtig schreiten sie voran, immer weiter in den Fluss hinein. Nur ab und zu ist ein nervöses Schnauben zu vernehmen.

Pferde können von Natur aus schwimmen. Kaum dass sie das Flussbett unter sich nicht mehr spüren, beginnen sie im schnellen Trab mit ihren Vorderhufen zu paddeln. Kuhnert lässt sich nun von Siegfrieds Rücken ins Wasser gleiten, um zwischen den beiden zu schwimmen. Dabei muss er ständig auf der Hut sein, nicht von ihren scharfen Hufkanten getroffen zu werden. Die linke Hand hat er auf Alberts Nacken, die rechte um Siegfrieds Hals gelegt. Wie sie da nebeneinanderher schwimmen, sind sie völlig schutzlos und geben ein allzu leichtes Ziel ab, denkt sich Kuhnert. Was, wenn die Russen sie bemerken oder die Böschung am anderen Ufer zu steil ist, um hinauszuklettern?

Von Siegfried und Albert ragen nur die Köpfe aus den Fluten empor. Sie haben die Nüstern hochgezogen und das Gebiss entblößt, als hätten sie für die gefährliche Lage nur ein verächtliches Grinsen übrig. Doch das ist eine sehr menschliche Sichtweise, denn sie tun dies instinktiv, damit kein Wasser in ihre Nasenlöcher läuft.[15]

Allmählich nähern sie sich der Flussmitte, als eine starke

Unterströmung sie plötzlich erfasst. Kuhnert hat die Fließgeschwindigkeit des Bug unterschätzt. Er greift die Zügel der beiden Pferde fester, damit sie nicht getrennt werden, aber es bleibt ihnen nichts anderes übrig, als sich mehrere Kilometer flussabwärts treiben zu lassen. Erst nachdem der Bug eine weite Biegung genommen hat und allmählich langsamer wird, können sie die verbliebenen Meter zum anderen Ufer schwimmen. Sie haben es endlich geschafft. Kuhnert bindet die Pferde am Rande eines Dickichts fest, zieht sich an und macht sich dann auf, seine Einheit wiederzufinden.

Ihr gemeinsamer Weg wird Kuhnert und Siegfried noch weiter nach Osten führen, fast bis an die Tore von Moskau. Auch wenn die Landstraßen anfangs noch passierbar sind und es vorwärtsgeht, ist der Aufwand dennoch immens. Um 90 Kilometer zurückzulegen, braucht eine Kavallerieeinheit 14 bis 16 Stunden, von Sonnenaufgang morgens um vier bis nachts um zehn. Die Rastpausen gehen zum größten Teil fürs Tränken, Füttern, Auf- und Absatteln drauf. Abends müssen die Reiter zuerst das Fell ihrer Tiere bürsten, die Druckstellen behandeln, die sich unter den schlecht sitzenden Sätteln gebildet haben, sowie Futter und Wasser besorgen. Und erst wenn sie das erledigt haben, können sie sich selbst versorgen und ausruhen.[16]

Das Pferd nimmt eine Sonderrolle in der NS-Ideologie ein. Denn während die Nazis sich selbst am liebsten mit Wölfen vergleichen und ihren Panzern die Namen von Großkatzen geben, ist das Pferd der einzige Pflanzenfresser, das einzige Fluchttier, das neben all diesen Raubtieren verehrt wird. Das zeigt sich nicht zuletzt in der NS-Kunst, die reich an Pferdemotiven ist – seien es nun hochbeinige Reittiere, die ihre Soldaten über alle Hindernisse hinweg tragen, oder wuchtige Ackergäule, die gleichmütig die heimische Scholle umpflügen. In der Ikonografie der Nationalsozialisten verkörpert das Pferd Opferbereitschaft, ohne dabei unterwürfig zu erscheinen, und Stärke.[17]

Adolf Hitler kann sich an Pferden kaum sattsehen und hat sich eigens von Josef Thorak, einem seiner Lieblingsbildhauer, zwei überlebensgroße Pferdestatuen im klassischen Stil schaffen lassen. Sie stehen im Garten der Neuen Reichskanzlei in Berlin, direkt vor Hitlers Arbeitszimmer. Doch dessen Verhältnis zu den Huftieren ist zwiespältig. Während er sich privat mit allerlei Pferdekunst umgibt, meidet er jeden direkten Kontakt mit lebenden Exemplaren – er verabscheut sie geradezu und hält sie für dumm.[18] Wie »der Russe«, der nur dann arbeite, wenn er unter einer eisernen Organisation stehe, schwadroniert Hitler eines Nachts im Führerhauptquartier, so würde auch das Pferd »im Nu alle Erziehung von sich« werfen, wenn es nicht ständig im Zaum gehalten werde.[19] Es ist ihm zu ungestüm, zu unberechenbar und vor allem zu antiquiert. Dementsprechend hält der Autonarr Hitler auch nichts von der Kavallerie.[20]

Die Kavallerie hat jedoch eine lange Tradition im Deutschen Reich. Bis 1936 verlieh man altgedienten Militärpferden aus dem Ersten Weltkrieg eine Messingplakette, auf der »Kriegskamerad« geschrieben stand.[21] In Militärkreisen genoss die Kavallerie auch in den Dreißigerjahren noch immer einen hervorragenden Ruf, verkörperte sie doch das »ritterliche Ideal des Kriegers zu Pferde«.[22] Die Verbindung von Reiter und Pferd im Krieg ist wohl die stärkste Ausprägung dessen, was der Kulturwissenschaftler Ulrich Raulff den »kentaurischen Pakt« nennt.[23] Über Jahrtausende habe es auf den Schlachtfeldern der Welt keinen beeindruckenderen Anblick als den des Reiterkriegers gegeben, der mit seinem Schlachtross zu einem noch mächtigeren Mischwesen verschmolz. Selbst im noch jungen Zeitalter des Panzers gilt das Pferd weiterhin als die »Ikone des Soldatischen«, da es neben Opferbereitschaft auch Gehorsam und Treue verkörpert.[24] So lässt sich auch General Friedrich Paulus, der spätere Oberbefehlshaber der 6. Armee in Stalingrad, fürs Familienalbum gern hoch zu Ross ablichten, weil es seinem Empfinden nach dem standesgemäßen Bild eines Offiziers entspricht.[25]

Doch die klassische Reiterei hat allmählich ausgedient. Nur vier der 25 Oberbefehlshaber im Ostheer entstammen noch der Kavallerie. Bereits im November 1941 wird die letzte Kavalleriedivision von ihren Pferden auf Panzer umsteigen. Die Reittiere werden dennoch nicht in die Heimat zurückkehren. Statt Soldaten in die Schlacht zu tragen, müssen sie von nun an tonnenschwere Gefechtswagen ziehen.[26] Zwar wird zu Beginn des Jahres 1943 unter der Leitung Georg von Boeselagers erneut ein Reiterverband bei Smolensk zur Partisanenbekämpfung aufgestellt.[27] Das ändert jedoch nichts an der Tatsache, dass sich die militärische Rolle des Pferdes im Zweiten Weltkrieg endgültig wandelt. Nur als Lastenträger, Zugpferd sowie als Reittier für Boten und Späher bleibt es weiterhin unverzichtbar.[28] Zu diesem Zweck ist auch die Wehrmacht auf ihrem Feldzug Richtung Moskau, wie schon Napoleons Truppen rund 130 Jahre zuvor, noch immer auf Pferde angewiesen. Wie sehr, wird sich schon bald zeigen.[29]

FESTGEFAHREN UND EINGEFROREN

Noch hat die Spätsommersonne über der osteuropäischen Ebene genügend Kraft, noch ist der Boden unter Siegfrieds Hufen fest und staubig, noch holpern die Gefechtswagen neben ihm voran in Richtung der russischen Hauptstadt. Doch am Horizont ziehen bereits die ersten Wolken auf. Anfang September 1941 beginnt es zu regnen. So heftig und andauernd, dass die Pfützen nicht mehr trocknen, immer weiter anwachsen und der Boden metertief aufweicht. Motorräder und Kraftwagen bleiben reihenweise im Schlamm stecken. Der Vormarsch gerät ins Stocken. Nur die Pferde ziehen weiter unbeirrt die Karren aus dem Dreck, obwohl sie selbst bald bis zum Bauch im Morast versinken. Auf den Schlamm folgt die Kälte. Eine Kälte, die die Flüsse gefrieren, die Motoren versagen und Siegfrieds warmen Atem in der Luft augenblicklich zu Eiskristallen gefrieren lässt.

Zu Beginn des Oktobers 1941 hat Hitler den Soldaten an der Ostfront noch per Flugblatt verkündet, dass der »Endsieg« zum Greifen nahe sei und sie in einem Monat Moskau erreicht hätten. Doch nun, fast vier Monate später, sitzt er in der »Wolfsschanze«, seinem Führerhauptquartier, das versteckt in den ostpreußischen Wäldern liegt, und muss einsehen, dass die Schlacht um Moskau verloren ist. Schlamm und Frost haben den deutschen Truppen schwer zugesetzt. Die Nachschubwege sind zu lang geworden, und die wenigen erbeuteten russischen Züge reichen nicht aus, um diesen Nachteil auszugleichen. Da das russische Eisenbahnnetz in seiner Spur knapp neun Zentimeter breiter als das mitteleuropäische ist, versuchen die deutschen Soldaten, die Schienen auf ihre Spurbreite umzunageln, was bei Temperaturen von 40 Grad Celsius unter null jedoch nur dazu führt, dass das Metall spröde wird und bricht. Auch die Maschinengewehre geben bei klirrender Kälte reihenweise den Geist auf. Nur auf einen ist Verlass, wie Hitler Mitte Januar 1942 missmutig feststellt: »Es funktioniert jetzt nur das Panje-Pferd.«[30]

Das Panje-Pferd ist das typische Landpferd Osteuropas und so etwas wie der Volkswagen der Ostfront. »Panje« bedeutet im Polnischen so viel wie »Herr« und ist ein Landserausdruck für den polnischen und russischen Bauern. Das ausdauernde Kleinpferd ist mit einem Stockmaß von nicht einmal 1,50 Meter kaum größer als ein Pony, kann aber bis zu 150 Kilometer täglich zurücklegen, ohne zu erschöpfen. Zudem ist es kaum krankheitsanfällig, trotzt Temperaturen von minus 50 Grad auch im Freien und gibt sich mit Ersatzfutter wie Gerste und Mais zufrieden. Im Notfall begnügt es sich sogar mit Baumrinde, die es von den Holzstämmen der Blockhütten nagt.[31] Bereits vor Beginn des Russlandfeldzuges hat jede deutsche Division 200 bis 300 Fuhrwerke mit Panje-Pferden zugewiesen bekommen, um beweglicher zu sein. Bald schon bildeten sie mehr als 20 Prozent des gesamten Pferdebestandes im Ostheer. Der einzige Nachtteil des Panje-Pferds ist seine Statur. Aufgrund seiner kurzen Beine schafft es im Trab höchstens zehn Kilometer in der Stunde. Ein Pferd wie Siegfried legt in der gleichen Zeit bis zu 15 Kilometer zurück. Zudem kann das Panje-Pferd allenfalls Lasten von 75 Kilogramm tragen und höchstens 150 Kilogramm ziehen. Für die leichte Feldhaubitze, das gebräuchlichste Geschütz der Wehrmacht, ist es schlicht zu schwach.[32]

Auch für Max Kuhnert und sein Pferd Siegfried lautet das Ziel längst nicht mehr Moskau. Ihre Einheit befindet sich bereits auf dem Rückzug, mehrere Tagesritte südwestlich der sowjetischen Hauptstadt, irgendwo in der westrussischen Einöde. Im tiefsten Winter wird es für Kuhnert immer aufwendiger, genügend Futter für sein Pferd herbeizuschaffen. Siegfried benötigt täglich rund zehn Kilogramm Heu und Hafer, um einigermaßen bei Kräften zu bleiben. Gerade Trakehner verlieren schnell an Gewicht, sobald sie zu wenig zu fressen bekommen.[33] In einigen Frontabschnitten müssen die Zugpferde sogar per Flugzeug mit Heu und Hafer versorgt werden.[34] Viele von ihnen sind durch die langen Märsche und die schlechte Ernährung bereits so stark abgemagert, dass ihnen die Sättel und Geschirre nicht mehr recht passen und ihre Rücken aufscheuern.[35] Obwohl Siegfried ebenfalls etwas schmaler geworden ist, hat es Kuhnert bislang dennoch geschafft, ihn irgendwie durchzubringen, auch wenn er am letzten Abend des Jahres 1941 kurz davor gewesen war, zu verzweifeln. Sie hatten ihr Lager in der Nähe des Dorfes Juchnow in der Region Kaluga aufgeschlagen. Stundenlang hatte er dort nach einer Portion Hafer oder Ähnlichem gesucht und doch nichts gefunden. Das Einzige, was sich hatte auftreiben lassen, war ein altes Sofa. Prompt hatte er es aufgerissen und einen Armvoll staubiges Stroh herausgeklaubt, das als Polstermaterial diente, und Siegfried hatte es bereitwillig aufgefressen.

Die zweite große Herausforderung neben der Futterbeschaffung besteht jeden Tag aufs Neue darin, einen trockenen Unterstand für die Nacht für Siegfried zu finden. Nicht gerade einfach bei einem Pferd mit seinen Maßen. Die meisten Ställe sind gerade mal hoch genug für die hiesigen Panje-Pferde. Eines Abends, als um sie herum wieder der Schneesturm tobt und sich an Siegfrieds Wimpern und Nüstern bereits kleine Eiszapfen bilden, erspäht Kuhnert an einem Feldrand eine windschiefe Hütte. Vorne befindet sich eine kleine Servierluke, hinten eine schmale Tür; im Sommer werden darin vermutlich Obst oder Gemüse verkauft. Nun steht sie leer. Während es draußen weiter schneit, versucht Kuhnert, Siegfried mit gutem Zureden Stück für Stück in den niedrigen Verhau zu bewegen. Am Ende passt er diagonal gerade so eben hinein.[36]

Die Strapazen des Russlandfeldzuges sind auch für die Pferde bereits im März 1942 so immens, dass ein Großteil von ihnen kaum mehr als zehn Kilometer pro Tag schafft.[37] Viele verlieren unterwegs ihre Hufeisen, doch es gibt nicht genügend Hufschmiede und Material, um sie neu zu beschlagen.[38] Unter der Last der schweren stählernen Gefechtswagen brechen die Tiere reihenweise zusammen, da sich deren Räder auf den unbefestigten Straßen tief in den vom Tauwasser aufgeweichten Boden eingraben. Die Soldaten haben den Gefechtswagen daher längst eine passendere Bezeichnung gegeben. »Pferdemörder«, nennen sie sie.[39]

Viele Pferde sterben an Koliken, Herzerkrankungen, der Druse, einer Bakterieninfektion der oberen Luftwege. Anderen haben die Räudemilben mitunter das gesamte Fell weggefressen, sodass man kaum noch unterschieden kann, ob es sich bei den befallenen Tieren um Rappen oder Schimmel handelt.[40] In den Sumpfgebieten Russlands und des Balkans tritt zudem eine in Deutschland wenig bekannte Krankheit auf, die zwar die einheimischen Panje-Pferde verschont, aber vor allem den empfindlichen Kaltbluten zusetzt: Die Piroplasmose, auch »Pferdemalaria« genannt, wird durch Zecken übertragen und ist in einigen Gebieten Russlands die gefährlichste Pferdeseuche.[41]

Um die große Anzahl der Pferde im Heer versorgen zu können, werden vermehrt Tierärzte an die Front abkommandiert. Bereits 1939 umfasst der gesamte Tross des Veterinärdienstes 51 000 Menschen und steigt in den folgenden Jahren auf knapp 90 000 an. Insgesamt werden mehr als 120 000 Tierärzte und Hufschmiede eingezogen.[42] Der Bedarf an Fachpersonal ist so groß, dass im Verlauf des Kriegs von den rund 10 000 Tierärz-

120.000 Tierärzte Hufschmiede

ten, die im gesamten Deutschen Reich leben, mehr als 8000 für eine gewisse Zeit eingezogen werden. Und sie leben gefährlich, denn anders als Humanmediziner und Krankenschwestern gelten die Veterinärmediziner nach der Genfer Konvention nicht als besonders geschütztes Personal. Zudem tragen die Veterinäre an ihren Uniformen karmesinrote Schulterklappen, weshalb sie leicht mit Mitgliedern des Generalstabs zu verwechseln sind. Etwa jeder Sechste von ihnen wird nicht in die Heimat zurückkehren.[43]

Max Kuhnert und Siegfried sind im Frühjahr 1942 mit ihrer Einheit noch immer bei Juchnow im Westen Russlands stationiert und wohlauf. Bis auf eine schwere Kolik aufgrund von Wassermangel sowie eine Wunde am hinteren rechten Sprunggelenk, die vom Zusammenstoß mit einem Panzer herrührt, ist Siegfried bislang glimpflich davongekommen. Da Desinfektionsmittel kaum zu bekommen sind, hat Kuhnert die Wunde zunächst mit Wasser gereinigt und anschließend darauf gepinkelt.[44]

Bei schwerwiegenden Verletzungen greifen die Heeresveterinäre auch zu rabiateren Methoden. Da es kaum Betäubungsmittel gibt, kommt bei verletzten Tieren die sogenannte Nasenbremse zum Einsatz. Dabei handelt es sich um einen einfachen Holzgriff mit einer Strickschlaufe, die über die Oberlippe des Pferdes gelegt und durch eine Drehung des Griffs so fest zusammengezogen wird, dass der hervorgerufene Schmerz die Operationsschmerzen überlagert und das Pferd ruhigstellt. Zumindest in der Theorie. In Wahrheit ist der Stress für die Pferde hingegen immens.[45]

Aber es herrscht Krieg – und wo Soldaten Tag für Tag ums Leben kommen, wird auf Pferde erst recht keine Rücksicht genommen. Das müssen auch Max Kuhnert und Siegfried schon bald auf bittere Weise erfahren. Eines Morgens geschieht es.

Siegfried ist bereits gesattelt, Kuhnert will ihm gerade die Trense, das Mundstück des Zaumzeugs, anlegen, da ertönt in der Ferne ein Donnern. Im nächsten Augenblick schlagen neben ihnen auch schon Mörsergranaten ein. Kuhnert wird von der Wucht der Explosion zu Boden gerissen. Nachdem er sich wieder aufgerappelt hat, schaut er an sich herunter – nur sein Mantel ist zerrissen und angebrannt. Dann sieht er Siegfried. Ruhig steht der Trakehner da. Doch unter seinem rechten Auge, wo eben noch Kuhnerts Hand ruhte, klafft nun eine Wunde. Siegfried dreht den Kopf zur linken Satteltasche herum, unter der das Blut bereits hervorsuppt. Ganz langsam geben seine Vorderbeine nach, dann fällt der mächtige Körper auch schon auf die Seite. Mit weit aufgerissenen Augen starrt er seinen Reiter an, dem es so vorkommt, als wolle Siegfried ihm Lebewohl sagen.

Kuhnert will es nicht wahrhaben, schlägt Siegfried in den Nacken. »Steh auf«, schreit er, »das kannst du mir nicht antun!« Doch Siegfrieds Augen blicken längst ins Leere. Weinend fällt Kuhnert neben ihm auf die Knie. Er streicht über Siegfrieds Mähne, spürt, wie die Wärme allmählich den Körper verlässt. In all den Monaten, die sie gemeinsam verbrachten und die sich für ihn wie ein ganzes Leben anfühlten, war Siegfried sein Beschützer, sein Kamerad. Wie oft hat dieser ihn vor Schlimmerem bewahrt, indem er seine Ohren in eine bestimmte Richtung drehte oder plötzlich schnaubte, wenn er etwas Ungewohntes bemerkt hatte? »Für mich war er nicht nur ein Pferd«, schreibt Kuhnert später in seinen Memoiren. »Er war mein bester Freund.« Kuhnert achtet nicht mehr auf die Granaten, die weiter ringsum einschlagen, er streichelt nur Siegfrieds Ohren. Als später einige Soldaten mit einem anderen Pferd herbeikommen, um den leblosen Körper fortzuschaffen, kann Kuhnert es immer noch nicht fassen. »Seid vorsichtig«, ruft er ihnen zu, ganz so, als sei Siegfried nur verwundet.[46]

Das Schicksal der Pferde beschäftigt viele Soldaten, selbst diejenigen, die nicht so eng mit ihnen verbunden sind, wie Kuhnert es war. In zahllosen Feldpostbriefen schildern sie das Leiden und Sterben der Kriegspferde, so auch der Berliner Student Harald Henry: »Zerrissen von Granaten, aufgetrieben, die Augen aus leeren roten Höhlen herausgekugelt, stehend und zitternd, aus einem kleinen Loch in der Brust langsam, aber unaufhörlich blutend, auslaufend – so sehen wir sie nun seit Monaten. Fast ist das schlimmer noch als die weggerissenen Gesichter der Menschen, die verbrannten, halbverkohlten Leichen mit den blutig aufgebrochenen Brustkörben, als die schmalen Blutstreifen hinter dem Ohr der aufs Gesicht Hingebrochenen.«[47] In der Wehrmacht kursiert zudem ein Gedicht, das die selbstlose Aufopferung der Pferde geradezu heroisiert. Darin heißt es:

> Dann hat sich mit faulendem Dachstroh ernährt
> Und weitergehungert Kamerad Pferd,
> Verwundet, erfroren, von Feuer versehrt
> Behalten im Herzen wir Kamerad Pferd.[48]

Das Beklagen der Pferde habe allerdings nicht nur dem Opferkult um die leidende, unschuldige Kreatur gedient, schreibt der Kulturhistoriker David de Kleijn, »sondern verweist ebenfalls auf die Klagenden selbst zurück«. Im Mitgefühl mit den Pferden drückten sich möglicherweise also auch das Selbstmitleid und die stille Trauer der Soldaten über den eigenen erlittenen Schmerz aus.[49]

FLEISCHSUPPE UND PAPRIKA

Nicht alle Soldaten haben solch ein inniges Verhältnis zu den Tieren, und vielen dürfte es angesichts des eigenen Leids schwergefallen sein, Mitgefühl mit ihnen zu empfinden. Je länger der Krieg andauert, desto häufiger werden »Kamerad Pferd« die eigenen Kombattanten sogar zum Verhängnis. Nirgendwo zeigt sich das wohl so deutlich wie in jener Stadt, die wie keine zweite zum Symbol für die deutsche Niederlage werden wird.

Nach der verlorenen Schlacht um Moskau hat die Wehrmacht in einer Sommeroffensive 1942 versucht, wieder Boden gutzumachen. Doch die 6. Armee, die die Industriestadt Stalingrad mit ihrer strategisch günstigen Lage an der Wolga einnehmen soll, ist hoffnungslos unterversorgt. Im November 1942 gelingt es der Roten Armee, sie einzukesseln. Eine Viertel Million deutscher Soldaten sitzt daraufhin in der Falle – und mit ihnen 52 000 Pferde und Maultiere.

Bereits seit Herbst 1941 werden die Kriegsgefangenen der Wehrmacht mit den Kadavern verendeter Pferde ernährt.[50] Doch je aussichtsloser die Lage in Stalingrad wird, desto mehr Tiere wandern auch in die eigenen Kochtöpfe. »Solange wir noch Pferde haben, geht es, und außerdem wird uns der Führer nicht verlassen«, schreibt ein deutscher Soldat noch voller Hoffnung wenige Tage vor Weihnachten 1942 in einem Brief an seine Eltern.[51]

Doch Hitler fordert von den Soldaten durchzuhalten. Sie sollen aus eigener Kraft die Umzingelung durchbrechen, was allerdings noch im Laufe dieses Dezembers misslingt. Um die Soldaten am Leben zu halten, werden kurzerhand 4000 Pferde der verbündeten rumänischen Kavallerie geschlachtet und zu Fleischsuppe verarbeitet. Dazu gibt es täglich zwei Scheiben

Verlassen. In den Trümmern von Stalingrad sucht dieses Pferd nach etwas Fressbarem.

Brot pro Mann.[52] Die ausgehungerten Soldaten flüchten sich in Sarkasmus und taufen sie »Horst-Wessel-Suppe« – denn ebenso wie die Kameraden im gleichnamigen Kampflied der SA marschieren die Fleischstücke in der dünnen Brühe nur »im Geiste mit«.[53]

Wenn die Quecksilbersäule des Thermometers auf 50 Grad Celsius unter null sinkt, schwinden die Kräfte von Mensch und Tier zusehends. »Das letzte Pferd ist schon lange aufgefressen und keine Ahnung wann die Scheiße ein Ende hatt« [sic!], schreibt ein Soldat Mitte Januar 1943.[54] Um nicht zu verhungern, machen sich die Soldaten nun auch über jene Tiere her, die seit Wochen tot herumliegen und allmählich zu verwesen beginnen.[55] Um die Kadaver zu zerteilen, zünden sie Handgranaten in deren Leibern und kochen die herausgerissenen Fleischfetzen anschließend in Schneewasser.[56]

Als die halb erfrorene und verhungerte 6. Armee zwei Wochen später, im Februar 1943, in den Trümmern Stalingrads die Waffen streckt, sind von den ursprünglich 250 000 eingeschlossenen deutschen Soldaten noch 90 000 am Leben. Nur 6000 von ihnen werden später aus der Kriegsgefangenschaft nach Hause zurückkehren.[57] Von ihren 52 000 Pferden kommt keines aus dem Kessel von Stalingrad wieder heraus. Sie sind allesamt erfroren, auf dem Schlachtfeld verendet oder aufgegessen worden.[58] Und auch dort, wo die Kämpfe längst vorüber sind, dauert das Sterben der Pferde an. Auf der Krim erreicht es genau genommen im Mai 1944 erst seinen traurigen Höhepunkt.

DAS PFERD ALS SIEDLUNGSHELFER

Zwei Jahre zuvor, im Juli 1942, hat die Wehrmacht die Halbinsel im Schwarzen Meer nach heftigen Kämpfen erobert. In Hitlers Wahn vom germanischen Weltreich nahm die Krim eine besondere Rolle ein. Nach dem Sieg über Stalin plante er, dort Südtiroler anzusiedeln, um so die »germanische Tradition« fortzuführen, die mit dem einst hier lebenden Volksstamm der Krimgoten im 3. Jahrhundert begonnen habe. Die Krim sollte fortan »Gau Gotenland« heißen, die Stadt Sewastopol den Namen Theoderichshafen tragen, in Erinnerung an den sagenumwobenen Goten-König Theoderich.[59]

Die Idee stammt von Alfred Frauenfeld, dem Gauleiter Wiens und designierten Generalkommissar der Krim, und wurde nicht zuletzt von Himmler vorangetrieben, der Hitler davon berichtete. Die Umsiedlung sollte nach Kriegsende in Angriff genommen werden.[60] Himmler hatte dafür in der SS-Forschungsgemeinschaft »Deutsches Ahnenerbe« eigens ein

Forschungsprogramm gestartet, um ein winterhartes Steppenpferd für die Siedler im Osten zu züchten.[61] Ernst Schäfer, der Pferdefachmann der SS, erhielt von Himmler im Sommer 1943 den Auftrag, mit der Zucht der neuen Pferderasse zu beginnen.[62] Schon bald zeichnete sich jedoch ab, dass aus alldem nichts mehr werden würde. Die Südtiroler auf der Krim blieben ebenso wie die neue Pferderasse eine Fantasterei.

Seit Herbst 1943 sind die Soldaten der dort stationierten 17. Armee vor allem damit beschäftigt, die Krim gegen die verstärkten Truppen der Roten Armee zu verteidigen. Eine Stellung nach der anderen haben sie bereits aufgeben müssen, einzig Sewastopol konnten sie bislang halten. In der stark befestigten Hafenstadt an der Südwestküste der Krim harren sie aus, bis die Lage schließlich Anfang Mai 1944 so aussichtslos ist, dass sie den lang ersehnten Räumungsbefehl erhalten.[63] Nun stellt sich allerdings die Frage – was wird aus den 30 000 Pferden?

Unter den Tieren in Sewastopol ist auch »Paprika«, eine Schimmel-Stute. Sie stammt ursprünglich aus der Stadt Barlad im Osten Rumäniens, wo sie ihr Reiter im Juni 1941 unter jenen einheimischen Reittieren entdeckt hat, die die Wehrmacht angekauft hatte, um ihren gestiegenen Bedarf zu decken und die Verluste der vorangegangenen Monate auszugleichen. Namen und Dienstgrad des Soldaten kennen wir nicht. Nur seine Erinnerungen an Paprika hat er aufgeschrieben.

»Weißt du noch, Paprika«, schreibt er in einem Brief über die gemeinsamen Erlebnisse. »Wir verstanden uns vom ersten Tag an. Du warst klug, du hattest Temperament. Auf den leisesten Schenkeldruck hast du reagiert. Natürlich war dein Trab fürchterlich. Warum mußtest du auch die Vorderbeine so hoch werfen? Sei mir nicht böse, Paprika, oft hatte ich dich im Verdacht, aus der leichtfertigen Zirkuswelt zu stammen. Aber dein herrlicher, dein unvergleichlicher Galopp, deine Schnelligkeit, dein Springvermögen waren famos.« Niemand hatte sich getraut, das ungestüme Tier zu reiten, bis auf ihn. Sie biss und trat aus, sobald ein anderes Pferd neben ihr stand. Trotzdem behielt er sie und gewann mit der Zeit ihr Vertrauen.

Paprika hat ihn auf seinem Vormarsch über 1000 Kilometer von Rumänien, durch Bessarabien im heutigen Moldawien und die Ukraine bis zum südwestlichsten Zipfel der Krim begleitet. Bei jeder längeren Pause legte sie sich neben ihn, und er legte seinen Kopf auf ihrem Bauch ab. »Das Biest schlägt dir noch einmal die Knochen entzwei«, spotteten seine Kameraden dann, doch er grinste nur verächtlich. Was wussten sie schon? Sie verstanden es ja auch nicht, wenn Paprika und er ihr kleines Kunststück aufführten und sie ihm einen Bissen Brot vorsichtig mit ihren Zähnen aus dem Mund nahm. Die anderen schüttelten nur den Kopf und sagten: »Einmal beißt dir das Biest noch die Nase ab.«

Nichts dergleichen ist passiert. Stattdessen hat er für die erfolgreichen Melderitte auf ihrem Rücken das Eiserne Kreuz erhalten. Und als sie damals auf der Halbinsel Kertsch am östlichen Rande der Krim in ein Minenfeld gerieten, hatte er es vor allem ihrer Ruhe und Präzision zu verdanken, dass sie heil wieder herausfanden. Da die Trassierbänder, mit denen die verminten Bereiche gekennzeichnet werden, gerissen waren, hatte sie rückwärts laufen müssen. »Mit gespitzten Ohren und leise schnaubend, hast du dich, unendlich langsam, in der eigenen Spur zurückgesetzt«, schreibt er. »Nie habe ich dir gesagt, Paprika, daß ich dich einmal nach einem glücklichen Kriegsende kaufen wollte, daß ich dazu schon für dich eine Unterkunft in Berlin bei guten Menschen gefunden hatte. Nun müssen wir uns trennen, ein unerbittliches Kriegsschicksal reißt uns auseinander.«

Es ist sein Abschiedsgruß an sie. Paprika mag ihm auch noch so oft das Leben gerettet haben – ihr eigenes wird hier enden. Der Rückzugsbefehl der 17. Armee ist für sie und die anderen Pferde das Todesurteil. Laut Befehl dürfen sie auf keinen Fall den Russen in die Hände fallen. Und da die Soldaten sie auf der Flucht nicht mitnehmen können, sollen sie »liquidiert« werden, alle 30 000. Viele der Reiter weigern sich jedoch, ihre Pferde eigenhändig zu erschießen. Das übernehmen die Männer der Veterinär-Kompanie. Einzeln nebeneinander reihen sie die Pferde an der Steilküste der Sewernaja-Bucht auf. »Noch einmal zog ich den warmen Atem Paprikas tief ein«, schreibt ihr Reiter, »noch einmal legte ich mein Gesicht an ihre samtweichen Nüstern. Ich sah ihr nach, bis der Wall mir den Blick versperrte.«

So eng das Verhältnis zu »Kamerad Pferd« auch gewesen sein mag – der Kadavergehorsam der Soldaten wiegt schwerer. Ein Pferd nach dem anderen wird an die Kandare genommen, dann legt man ihm den Gewehrlauf ans Ohr, drückt ab und stößt es anschließend den Steilhang hinunter ins Meer. Da sich die Hinrichtungen hinziehen und die Pferde sich zunehmend unruhig verhalten, werden die verbliebenen Tiere schließlich alle zusammengetrieben und mit Maschinengewehrschüssen durchsiebt, bis keines mehr steht. Noch lange danach sollen ihre Kadaver in der Bucht umhergetrieben sein, wo sie von der Dünung wieder und wieder gegen die Steilküste geworfen wurden.[64]

An jedem Tag, an dem der Krieg wütet, kommen im deutschen Heer im Schnitt 865 Pferde ums Leben.[65] 1,8 Millionen werden es bei Kriegsende insgesamt sein. Drei Viertel von ihnen enden wie Siegfried im Gefecht.[66] Zwar erweisen sich gerade die Trakehner als besonders zäh, sodass einige von ihnen noch im fünften Kriegsjahr mit mehr als 20 Jahren im Einsatz sind.[67] Dennoch hat Siegfried mit seinen rund acht Lebensjahren deutlich länger gelebt als die meisten seiner Artgenossen. Denn im Schnitt übersteht ein Pferd auf deutscher Seite nur vier Jahre, ehe Kugeln, Krankheiten oder Kälte es dahinraffen. Damit halten sie länger durch als die meisten Motoren; die Kraftfahrzeuge geben im Schnitt bereits nach einem Jahr aufgrund von Verschleißerscheinungen den Geist auf, am Schluss halten sie nicht einmal mehr zwei Monate durch.[68] Der Historiker Reinhart Koselleck, der als Wehrmachtsoldat nicht nur das tausendfache Sterben der Pferde miterlebt hat, wird sechs Jahrzehnte später das Dilemma dieses Krieges mit den Worten zusammenfassen: »Mit Pferden ließ er sich nicht gewinnen und ohne Pferde erst recht nicht.«[69]

DEUTSCHLAND – PFERDELAND

Allein und ohne Sattel steht es da, kein Reiter weit und breit. Den Schweif hat es abgespreizt, und es schaut eine Spur zu stolz über den Hof. Umgeben von steinernen Mauern und Trümmerresten bleibt sein in die Ferne gerichteter Blick an der gegenüberliegenden Häuserwand hängen. Bronzen und überlebensgroß steht dieses Pferd in der Münchener Schönfeldstraße, im Ehrenhof des einstigen Bayerischen Kriegsministeriums, auf einem weißen Basaltsockel.[70] »Der deutschen Kavallerie zum Gedenken«, lautet die Inschrift auf der Rückseite des Sockels, an der Frontseite sind die Jahreszahlen »1870–1945« eingraviert.

Geschaffen hat das Denkmal der Bildhauer Bernhard Bleeker im Auftrag der ehemaligen Kavallerieverbände.[71] Die 100 000 Mark für die Errichtung haben der eigens zu diesem Zweck gegründete »Verein zur Errichtung eines Denkmals für

Platzhalter. Die Spuren des Krieges an den Häuserwänden sind noch deutlich zu sehen, als der ehemalige Wehrmachtsgeneral Dietrich von Saucken am 29. Mai 1960 das Denkmal für die deutsche Kavallerie in München einweiht. Auch wenn es auf den ersten Blick den Anschein erweckt, geht es dabei nicht um die getöteten Pferde, sondern vielmehr um die gefallenen Soldaten.

die Gefallenen der Kavallerie-Regimenter« sowie der Freistaat Bayern aufgebracht.[72] Pferde gehören zu den zentralen Motiven in Bleekers Werk.[73] Er hat mehrere Entwürfe angefertigt und sie immer wieder überarbeitet. Mal war das Pferd gesattelt, mal lag ein Stahlhelm der Wehrmacht neben ihm, mal waren Tragegriffe am Sockel angebracht, sodass es aussah, als stünde es auf einem riesigen Sarg.[74] Später wird Bleeker behaupten, er habe ein Denkmal für jenes »unbekannte Kavallerie-Pferd« schaffen wollen, das stellvertretend für die vielen Pferde stehe, die er als Soldat im Ersten Weltkrieg verenden sah. Im Grunde geht es jedoch um die, die nicht zu sehen sind. Und nicht nur um Pferde.

Dass die Skulptur schließlich so schlicht ausgefallen ist und ohne jedes militärische Attribut daherkommt, ist kein Zufall. In der noch jungen Bundesrepublik ist jedes Kriegspathos unangebracht. Und dennoch liegt am 29. Mai 1960, dem Tag der

Einweihung, noch immer ein brauner Schatten über dem Platz. Bleeker, der Schöpfer des Standbildes, war nicht nur bereits 1932 in die NSDAP eingetreten, sondern hatte zudem auf der »Gottbegnadeten-Liste« gestanden – jener Liste, auf der Joseph Goebbels und Adolf Hitler noch 1944 vom Regime erwünschte Künstler verzeichnet hatten, die wegen ihrer besonders geschätzten Arbeit vom Kriegseinsatz freigestellt werden sollten.[75] Nun, 15 Jahre nach Kriegsende, ist Bleeker längst als Mitläufer eingestuft worden und bereits seit einigen Jahren wieder Mitglied der Akademie der Schönen Künste Münchens. Die Einweihungsrede für die Pferdeskulptur hält Dietrich von Saucken, ein ehemaliger General der Wehrmacht, der erst 1955 als einer der letzten Zehntausend aus sowjetischer Kriegsgefangenschaft heimgekehrt ist. In seiner Lobrede erinnert er an die »deutschen Soldatenpferde«, die »fromm, willig und ausdauernd bis zum letzten Atemzug« gedient hätten, und hebt den »geistigen Gehalt« der Kavallerie hervor.[76] Gemeint haben dürfte von Saucken wohl aber auch alle anderen Soldaten der Wehrmacht. Indem man ein Denkmal schuf, das aller deutschen Kavalleristen seit dem Deutsch-Französischen Krieg von 1870/71 gedachte, konnte man der gefallenen Kameraden der Wehrmacht gleich mitgedenken. Das Pferdedenkmal, ein Feigenblatt der Ewiggestrigen.

So ganz entkommt das Pferd seiner Rolle als Kriegssymbol also nicht. Dabei beschreibt das Denkmal, das der Schriftsteller Elias Canetti sich imaginierte, die ambivalente Beziehung von Mensch und Pferd viel treffender: »Das schönste Standbild des Menschen wäre ein Pferd, wenn es ihn abgeworfen hätte.«[77]

Bis auf Bleekers Bronzepferd und einige wenige andere Denkmäler ist nicht allzu viel übrig geblieben, was noch an die Kriegspferde von einst erinnert. Ihre Nachfahren dienen jedoch auch heute noch im Militär. In Bad Reichenhall liegt das »Einsatz- und Ausbildungszentrum für Tragtierwesen 230« der Bundeswehr, das Trag- und Reittiere für den Krieg vorbereitet. Wo das Gelände für Fahrzeuge zu unwegsam oder das Klima zu extrem ist, werden vor allem Maultiere eingesetzt, die Lasten bis zu 160 Kilogramm auch in Höhen von über 5000 Metern schleppen können. Von 2002 bis 2004 versorgte die Bundeswehr mit ihrer Hilfe die Wachposten im Kosovo entlang der nordmazedonischen Grenze. Im Jahr 2009 testete sie in der afghanischen Provinz Badakshan zudem den Einsatz von Eseln als Lastentiere im Hochgebirge. Als Reittiere für Erkundungen greift man, wie schon im Zweiten Weltkrieg, weiterhin auf die ausdauernden Haflinger zurück.[78]

Trotzdem fristet das Pferd nur noch ein Nischendasein. Von den Schlachtfeldern sind es und seine Verwandten weitgehend verschwunden. Aus unserem Alltag hat sich das Pferd ohnehin längst in die Reitsportszene und Zeitschriftenregale verabschiedet, wo es sein Dasein als kostspieliges Hobby fristet. Geblieben ist lediglich eine Abkürzung für die Leistungskraft eines Motors. *Pferdestärken*, PS – zwei Buchstaben als Reminiszenz an den einstigen Muskel des Krieges.

Wie emotional wir indes noch immer mit dem Pferd verbunden sind, zeigte sich zuletzt im Frühjahr 2013: In mehreren europäischen Ländern tauchen damals in den Supermärkten vermeintliche Rindfleischprodukte auf, die tatsächlich zu großen Teilen aus Pferdefleisch bestehen. Ein Aufschrei geht durchs Land: »Pferde-Fleisch in unserem Essen!«, titelt die *Bild* am 14. Februar 2013 und fragt sogleich: »Was ist an Pferde-Fleisch so gefährlich?« Dass die betroffenen Nudelsoßen und Tiefkühl-Lasagnen zum Teil ebenso mit Phenylbutazon, einem Medikament aus dem Pferderennsport, belastet sind, ist auch in den seriösen Medien eher ein Randthema.[79] »Die fehlende

Deklaration, also der Betrug am Verbraucher, ist der eigentliche Skandal«, heißt es in der *Zeit* eine Woche später.[80]

Die Gründe für den bis heute schlechten Ruf des Pferdefleisches sind komplex. Zum einen galt es einst als Armeleuteessen, dessen Bekömmlichkeit oft angezweifelt wurde. Zum anderen diente das Pferd nie als reiner Fleischlieferant, da es aufgrund seines hohen Futterbedarfs schlicht zu teuer dafür war.[81] Zwar wurden noch Ende der Fünfzigerjahre in Deutschland rund 20 000 Tonnen Pferdefleisch hergestellt. Doch je länger die Nachkriegszeit zurücklag und je mehr der Wohlstand stieg, desto stärker nahm auch die traditionelle Ablehnung von Pferdefleisch wieder zu, die 2013 die deutsche Öffentlichkeit so erzürnt.[82] Dahinter stecke jedoch keine »Kleinmädchenhysterie«, sondern historische Erfahrung, schreibt *Die Welt*: »Nirgendwo ist der Ekel vor Pferdefleisch so ausgeprägt wie in der Generation, die noch den Zweiten Weltkrieg und die Nachkriegsjahre erlebt haben.«[83] Auch der Kulturhistoriker Peter Peter (sic!) sieht darin »eine unangenehme Erinnerung, vor allen Dingen bei älteren Leuten«, an »Notschlachtungen von Pferden, an Stalingrad-Bilder«.[84] Sie sind vermutlich ebenso ins kollektive Gedächtnis eingegangen wie Erinnerungen an die Bombennächte und Hungerwinter.

Die besonders emotionale Reaktion auf den Pferdefleisch-Skandal mag auch daher rühren, dass er nicht nur die Erinnerung an die eigene Opferrolle heraufbeschwor, sondern vor allem die eigenen Abgründe wieder zutage treten ließ. Denn laut dem Historiker Rainer Pöppinghege steht das Pferd symbolisch für diejenigen Opfer des Krieges, »die aus Scham nicht betrauert werden«.[85] Durch einen unerwarteten Auslöser war damit das lange verdrängte Grauen aus jener Zeit wieder da, als viele in ihrer Not nicht vor ihren tierischen Kameraden haltmachten. Und manche nicht einmal vor menschlichen.

EPILOG

DIE LETZTE STUNDE DER HUNDE

Als ich Wasser holte fiel ein Haus auf mich
Wir haben das Haus getragen
Der vergessene Hund und ich.
Fragt mich nicht wie
Ich erinnere mich nicht.
Fragt den Hund wie.
Inge Müller, Unterm Schutt III

Das Ende. Die Rote Armee hat längst die Stadtgrenze überschritten. Wenige Tage noch, wenn nicht gar nur Stunden, bis Berlin fällt. Immer häufiger erzittern die Mauern der Reichskanzlei von der Wucht der Detonationen. Darunter, durch meterdicken Stahlbeton geschützt, trifft Adolf Hitler die letzten Vorkehrungen.

»Ich werde einmal nur zwei Freunde haben«, hat er in den vergangenen zwei Jahren des Öfteren zu Albert Speer gesagt, »Fräulein Braun und meinen Hund.« Es klang verächtlich und enttäuscht zugleich. Speer fühlte sich persönlich gekränkt, fand allerdings, dass Hitler damit in gewisser Weise recht hatte. Allerdings lag das weniger an Hitler selbst als vielmehr an der »Tapferkeit seiner Mätresse« und der »Abhängigkeit seines Hundes«.[1]

Gestern, am 29. April 1945, hat Hitler seine langjährige Lebensgefährtin Eva Braun für ihre »Tapferkeit« belohnt und geheiratet. Heute wird er mit ihr in den Freitod gehen. Doch zunächst ist Blondi an der Reihe. Die Schäferhündin, die seit drei Jahren bei ihm lebt, ist ihm in den vergangenen Wochen im

Bunker kaum von der Seite gewichen. Das bemerkt sogar der Egomane Hitler. Hunde, sagt er immer wieder zu seinen Sekretärinnen, seien treuer als Menschen. In dieser Zeit, in der er meist apathisch wirkt, verschanzt er sich oft stundenlang in seinem Arbeitszimmer, hört Wagner-Opern und starrt zum Porträt Friedrichs des Großen hinauf, das über seinem Schreibtisch hängt. Hitler verehrt den preußischen König und sieht in ihm eine Art Bruder im Geiste. Immer wieder zitiert er dessen Ausspruch: Seit ich die Menschen kenne, liebe ich die Hunde.[2]

Und was hat er nicht alles für sie getan: Einmal ließ er den weltberühmten Chirurgen Ferdinand Sauerbruch auf den Obersalzberg rufen, damit dieser einen seiner Schäferhunde operiere.[3] Und als Blondi mit einer ansteckenden Krankheit in einer Münchener Tierklinik lag, ließ er sich täglich per Bulletin über ihren Gesundheitszustand informieren.[4]

In den letzten Kriegsmonaten, da ihn von allen Fronten nur mehr Nachrichten von Rückzügen und Niederlagen erreichten, da er sich von seinen Generälen verlassen und verraten glaubte, hat er kaum noch von etwas anderem gesprochen als Hunden. Vor allem von Blondi und ihrer geplanten »Hochzeit«, wie sich seine Sektretärin Traudl Junge später erinnert.[5] Blondi sollte endlich Nachwuchs bekommen. Nach mehreren Versuchen mit verschiedenen Rüden klappte es schließlich, und sie brachte Anfang April 1945 fünf Welpen zur Welt. Ein männliches Jungtier hat Hitler sofort an sich genommen und ihm den Namen Wolf gegeben. Oft, so berichtet seine Sekretärin Christa Schroeder nach dem Krieg, sitzt er gedankenverloren da, streichelt Wolf und säuselt dabei dessen Namen.[6]

Seit Januar 1945 harrt Hitler nun schon im Bunker aus. Nur noch morgens verlässt er ihn für einige Minuten, um mit Blondi eine Runde im Garten der Reichskanzlei zu drehen. Zu dieser Zeit ist der Krieg längst verloren und nur noch ein einziger blutiger Rückzug. Zu Hunderttausenden fliehen die Menschen aus den Ostgebieten des Reiches vor der Roten Armee. In Ostpreußen ziehen endlose Trecks über das zugefrorene Frische Haff Richtung Königsberg, um dort eines der Flüchtlingsschiffe zu erwischen. Ihr Hab und Gut haben die Flüchtlinge auf Planwagen und Schlitten verstaut und ihre Pferde davorgespannt. Unter der Last der Kolonnen bricht das Eis. Menschen wie Pferde versinken, rutschen unter die Eischollen, erfrieren, ertrinken. Andere werden von feindlichen Jagdflugzeugen und Panzern niedergeschossen.

Von der Trakehnerzucht, einst der Stolz der Region, ist nicht mehr viel übrig. Nur 800 Stuten und 45 Zuchthengste des einst 30 000 Tiere umfassenden Bestandes gelangen mit den Flüchtlingen in den Westen und sind fortan weit über Deutschland verteilt.[7] Ostpreußen, »Deutschlands klassisches Pferdereservoir«, schreibt 1951 das Wochenmagazin *Der Spiegel*, ist fortan »russisch besetzt«.[8]

Auch aus Pommern fliehen die Menschen Anfang 1945 in Massen. Hans Schlange-Schöningen beschreibt die letzten Kriegsmonate in seinen Aufzeichnungen so, wie er es auch schon in den vergangenen Jahren getan hat – mit einer gehörigen Portion Fatalismus: »Alle Wagen werden fertiggemacht. Die meisten Leute sind in kopfloser Angst. Ich werde dafür sorgen, daß sie so geordnet wie möglich abtransportiert werden. Meine tapfere Frau und ich bleiben. Hitlers Bonzen fliehen.« Bald darauf überqueren endlose Scharen die Oder, »in grimmiger Kälte, bei Eis und Schnee und Sturm. [...] Tausende von verendeten Pferden an den Wegrändern. Tote Menschen im Schnee verscharrt. Nur vorwärts, vorwärts: Die Russen kommen! Napoleons Rückzug muß ein Kinderspiel gewesen sein.« Während sein Hof beinah vor Flüchtlingen überquillt, versucht Schlange-Schöningen mit den verbliebenen Fremdarbeitern, das Vieh, so gut es geht, zu versorgen. Doch bald muss auch er sein Familienanwesen für immer verlassen. Während eine SS-Truppe den Hof und die Ortschaft plündert, entkommt er mit seiner Familie nach Holstein.[9] Dort schreibt er: »Schöningen war ein brennender Trümmerhaufen. Ich bin in der Fremde.«[10]

Was aus seinen Tieren wurde, beschreibt er nicht, doch in den letzten Kriegswirren sind sie eine allzu leichte Beute. In weiten Teilen Deutschlands geht der Schweinebestand in dieser Zeit dramatisch zurück.[11] So etwa in Sachsen, wo er von rund einer Million Tieren vor Kriegsbeginn auf 200 000 im Jahr 1945 fällt.[12] Vermutlich wird ihnen auch zum Verhängnis, dass sie für weite Wanderungen ungeeignet sind, nicht als Lastentiere dienen, sondern stets nur einem einzigen Zweck – geschlachtet und gegessen zu werden.

Nach dem Kriegsende werden im Gefolge der Roten Armee Tausende Panje-Pferde nach Berlin gelangen, die von nun an das Straßenbild prägen. »In langen unabsehbaren Schlangen klappern die Wagen über das zerrissene Pflaster der Ruinenstadt«, schreibt im August 1945 die *Neue Zeit*. »Das Land kam in die Stadt; wir sind um vieles der Natur näher gerückt. Unser ganzes Leben ist bis in die Wirtschaft hinein vom Pferd abhängig.«[13]

Doch auch wenn der Krieg vorüber ist, ist das Leiden der Pferde noch nicht zu Ende, wie im Dezember 1945, erneut in der *Neuen Zeit*, zu lesen ist: »Ihr glänzendes Fell ist struppig geworden, und hervorstehende Rippen und Hüfthöcker zeigen nur zu deutlich, daß ihnen oft der Magen knurrt. [...] Da klappern die Hufeisen oder fehlen gar ganz, schlechtsitzende Geschirre scheuern oft handtellergroße Wunden am Kopf, am Kamm oder am Bauch des Tieres.« Jeden Tag werden sie aufs Neue vor den Karren gespannt, ohne Rücksicht auf ihre Ge-

Der Hunger kennt kein Tabu. Szenen wie diese in Berlin-Tempelhof spielen sich in den letzten Kriegstagen allerorten ab. Manche zerteilten die Pferde, noch bevor sie tot waren, wie die Lyrikerin Inge Müller es in ihrem Gedicht »Fallada 45« beschrieb: »Sie mußten überm Essen / Das Pferdeschreien vergessen / Sie wußten aus ist aus.«[14]

sundheit. »Vielleicht haben wir uns schon zu sehr an die maschinelle Gefühlslosigkeit der Motoren gewöhnt, sonst würde wohl mancher Wagenbesitzer einen liebevolleren Blick für das schwere Leben seines Zugpferdes besitzen.«[15]

DAS TOTALE TIER

Wenn es überhaupt ein Tier gibt, das – zumindest für eine gewisse Zeit – von diesem Krieg profitiert hat, dann war es wohl die Kleiderlaus. Man könnte die gesamte Geschichte dieses Krieges auch an ihr erzählen. Denn wo er tobte, war auch sie. Während Generäle und Historiker in ihren Erinnerungen und

Nachbetrachtungen kaum ein Wort über die kleinen Blutsauger verlieren, wimmelt es in den Feldpostbriefen der einfachen Soldaten nur so von ihnen. Wer über die Läuse nichts zu erzählen wisse, schrieb der Stalingrad-Veteran Wilhelm Raimund Beyer, »war nicht in Stalingrad!«[16]

Anfangs dienten die Läuse den Landsern in ihren Briefen an die Daheimgebliebenen noch als Beweis für die mitgeschleppten Vorurteile über die rückständigen und »dreckigen« Russen, während die deutsche Heimat ihnen für Sauberkeit und Ordnung stand.[17] Doch so mancher muss mit der Zeit erkennen, dass es den Läusen egal ist, wen sie beißen. Und dass sie einen beinah in den Wahnsinn treiben: »Wanzen in der Kleidung, Läuse in der Wäsche und die Flöhe zwischendurch! Xmal zieht man sich aus, sucht alles ab, nachdem ist es dasselbe«, schreibt einer. Ein anderer bittet seine Daheimgebliebenen daher um Hilfe: »Wenn es möglich ist irgend eine Salbe oder dergl. zu erhalten, die man als Abwehrmittel gebrauchen kann schickt bitte so etwas.« Wieder ein anderer rettet sich in Sarkasmus und bemerkt lapidar: »Unseren Läusen geht es sehr gut; sie vermehren sich am laufenden Band.«[18]

Selbst wenn die Waffen ruhen, beißen sie weiter, saugen immerzu, ruhen nie. Wenn man so will, dann ist die Laus die tiergewordene, beißende Ironie der Geschichte, das totale Tier. Sie trotzt allen Ideologien. So sind Freund und Feind im Juckreiz vereint. Denn gegen Läuse im Waffenrock hilft auch keine »Rassenhygiene«. Die Laus macht keine Unterschiede, beißt all jene, die gezwungen sind, im Dreck zu hausen, ob in den Luftschutzkellern der zerbombten deutschen Städte, in den vereisten Erdlöchern von Stalingrad oder den Baracken von Auschwitz. Manche machen sich dies zunutze. So berichtet der italienische Auschwitz-Überlebende Primo Levi davon, wie Wäscherinnen eines KZ die Kleiderläuse von den Toten sammelten und unter die Kragen der frisch gebügelten SS-Uniformen setzten, um die Wachmänner mit Typhus und Fleckfieber anzustecken. Denn Läuse, so schreibt Levi, »mögen nicht sehr sympathische Tierchen sein, aber sie haben keine rassistischen Vorurteile«.[19]

BLONDIS ENDE

Im Bunker der Reichskanzlei ruft Hitler derweil Werner Haase zu sich, seinen stellvertretenden Leibarzt, sowie Fritz Tornow. Tornow ist rund 40 Jahre alt und stammt ursprünglich aus Schlesien. Er ist mittelgroß, hat dunkelblondes Haar, ein ovales Gesicht. Er trägt einen schmalen Schnurrbart und im Oberkiefer falsche Zähne.[20] Tornow bekleidet zwar nur den Rang eines Unteroffiziers, doch in Hitlers Entourage besitzt er eine weitaus bedeutendere Stellung. Er ist sein Hundeführer.

Hitler mag vernarrt in Blondi sein, aber Tornow kümmert sich die meiste Zeit um sie. Auf dem Obersalzberg und in der »Wolfsschanze« in Ostpreußen hat er Stunden damit verbracht, sie abzurichten. Gerade in den Sommermonaten, wenn es Hitler vorzog, in der Kühle der Gemäuer zu bleiben, musste Tornow mit ihr spazieren gehen.[21]

Hitler hat längst aufgegeben, doch er fürchtet, nach seinem Tod »von den Russen in einem Panoptikum« oder als »Exponat im Moskauer Zoo« ausgestellt zu werden. Deshalb dürfe nichts von seiner Leiche übrig bleiben.[22] Und ebenso wenig will er, dass sein Hund dem Feind in die Hände fällt. Allein der Gedanke daran macht ihn krank.[23] Wenn er schon abtritt, dann soll sein Hund mit ihm gehen.

Für den Notfall hat Hitler von der SS kleine Ampullen mit Blausäure erhalten, doch er zweifelt, ob das Gift todsicher ist.

Hitler fragt daher Werner Haase, wie man testen könne, ob die Kapseln wirken.

An einem Hund, antwortet Haase.

Es ist bereits Mitternacht, als Hundeführer Tornow Blondi in den Toilettentrakt des Bunkers führt. Nun geht alles sehr schnell: Während Tornow der Hündin das Maul aufhält, nimmt Haase eine der Kapseln und zerdrückt sie mit einer Zange in ihrem Rachen. Der Geruch von Bittermandel steigt empor. Blondi beginnt zu taumeln und bricht dann zuckend zusammen. 30 Sekunden später rührt sie sich nicht mehr.[24] Erst jetzt betritt Hitler den Raum. Regungslos schaut er auf ihren leblosen Körper, ohne ein Wort zu verlieren. Nach einer Weile dreht er sich um und geht.

Tornows Auftrag ist jedoch noch nicht vollendet. Während Hitler sich in seinem Arbeitszimmer einschließt, steigt er die Stufen in den Garten hinauf, wo als Nächstes Wolf und die anderen Welpen an der Reihe sind. Den Kindern von Propagandaminister Joseph Goebbels gefällt es gar nicht, dass sie ihre Spielkameraden hergeben sollen, mit denen sie sich in den letzten acht Tagen die Zeit vertrieben haben. Sie ahnen nicht, dass sie ihnen schon bald folgen werden.

Außer den fünf Welpen erschießt Tornow auch noch den schwarzen Scotch Terrier, den Eva Braun mit in den Bunker gebracht hat, sowie den Hund von Hitlers Sekretärin Gerda Christian und seinen eigenen Dackel. Anschließend betrinkt er sich.[25] Hitler wird sich und Eva Braun am Nachmittag des 30. April umbringen. Als am folgenden Tag die Rote Armee die Reichskanzlei einnimmt, ergibt sich Tornow wie die übrigen Überlebenden, ohne Widerstand zu leisten.[26]

Wenige Tage später inspiziert ein sowjetischer Suchtrupp das Gelände. Im Garten finden die Soldaten die verkohlten Leichen eines Mannes und einer Frau sowie die Überreste zweier

Hunde. Bei dem einen soll es sich um einen Schäferhundwelpen handeln, bei dem anderen um ein ausgewachsenes Tier. Das Halsband ist zwar verrußt, aber die Inschrift noch lesbar: »Immer mit dir.«[27]

Am Ende offenbart der selbst ernannte Tierfreund Hitler sein wahres Verhältnis zu Hunden – sie sind dazu da, ihm zu gehorchen und ihm das Gefühl zu vermitteln, dass sie ihm treu ergeben sind. Und weil auch er keinen Lebenssinn mehr sieht, gibt es in seinen Augen auch für Blondi keinen Grund mehr zu leben. Verbrannte Erde, überall.

Was wohl Friedrich der Große zu diesem Verhalten gesagt hätte? Der preußische König, der nicht nur die Folter abschaffte, sondern auch den Tieren ein Seelenleben zusprach, schrieb 1752 in einem Brief an seine Schwester Wilhelmine: »Ich glaube, ein Mensch, der gegen ein treues Tier gleichgültig sein kann, wird gegen seinesgleichen nicht dankbarer sein, und wenn man vor die Wahl gestellt wird, ist es besser, zu empfindsam, als zu hart zu sein.«[28]

WOLFSZEIT

Auch wenn das »Dritte Reich« untergegangen ist, so wird der deutsche Schäferhund seinen Ruf nicht mehr so recht los. In der internationalen Popkultur gilt er als unverzichtbares Arier-Accessoire. Er gehört fortan zum »Widerschein des Nazismus«, wie der Historiker Wolfgang Wippermann schreibt, denn ohne ihn »scheint das Bild des Dritten Reiches nicht perfekt zu sein«.[29] Seinem Urahn ergeht es kaum anders. Wo immer Rechte und Faschisten in Deutschland zukünftig politisch an Einfluss gewinnen, nutzen sowohl sie selbst als auch ihre Gegner den Wolf als Symboltier. So etwa 1965, als der Liedermacher und Friedensaktivist Franz Josef Degenhardt auf den Aufstieg der rechtsradikalen NPD mit seinem Lied »Wölfe mitten im Mai« reagiert.

In den Monaten direkt nach Kriegsende gilt der Wolf zunächst vor allem aber als Symbol für die rauen Sitten im verwüsteten Land. Von der »Wolfszeit« ist nun die Rede, in der die Menschen nur auf sich und auf ihre Familien schauen, Fremden misstrauen, kurzum, »in der der Mensch dem Menschen zum Wolf« wird.[30]

Da kommt es allzu gelegen, wenn man all das Abgründige und Räuberische dieser Jahre auf ein leibhaftiges wildes Tier schieben kann. So geschehen in der Lüneburger Heide im Jahre 1948:

Seit dem Frühjahr häufen sich im Lichtenmoor zwischen Weser und Aller die Vorfälle von Wilderei. Zum Entsetzen der Bauern verenden mehrere Rinder, Schafe und Ziegen an rätselhaften Wunden. Die Spekulationen schießen ins Kraut. Neben streunenden Hunden will mancher einen entlaufenen Puma oder Tiger gesehen haben, ja sogar vom Werwolf ist wieder die Rede. Die Medien verpassen dem »rätselhaften Ungeheuer« schnell einen reißerischen Namen – »der Würger vom Lichtenmoor«. Doch die Bauern vermuten hinter den Rissen vor allem ihren Erzfeind – den Wolf.

In den Jahren vor der deutschen Teilung kommt es hin und wieder vor, dass vereinzelt Wölfe auf der Suche nach Nahrung bis nach Westdeutschland wandern. Doch ob es sich bei den Vorfällen von 1948 tatsächlich um einen Wolf handelt, ist fraglich. Allzu glatt sind die Wunden der getöteten Tiere, so als seien sie mit einer Klinge geschnitten und nicht mit den Zähnen gerissen. Eine wochenlange Jagd beginnt, die größte in der Geschichte Niedersachsens. Die Jäger, seit Kriegsende entwaffnet, erhalten von den britischen Besatzern eigens dafür ihre Flinten zurück, um dem »Eindringling aus dem Osten« den Garaus zu machen.

Dabei liegt eine andere, menschlichere Ursache nahe. Es sind die Monate vor der Währungsreform. Vielen stecken die vergangenen beiden Hungerwinter in den Knochen, Fleisch ist rationiert und wird auf dem Schwarzmarkt gehandelt. Es ist die Zeit, als das Stehlen nur »Hamstern« genannt wird. Dass die Risse zumindest nicht allein auf einen Wolf oder wildernden Hund zurückgehen, zeigt sich spätestens nach der Einführung der D-Mark im Juni 1948, woraufhin die Zahl der getöteten Tiere abrupt zurückgeht. Doch Ende August erschießt schließlich ein Bauer den vermeintlichen »Würger« in der Dämmerung. Stolz präsentiert er den leblosen Körper von 1,70 Meter Länge und rund 45 Kilogramm Gewicht den Kameras der neuen Wochenschau »Welt im Film«. Die Obduktion ergibt kein eindeutiges Ergebnis, ob es sich um einen echten Wolf, einen Mischling oder einen in Gefangenschaft aufgewachsenen Wolf handelt.[31]

Wie dem auch sei. Der »Würger« ist tot, die Gefahr gebannt, »und die erfundenen Fabelwesen verschwanden aus der erhitzten Fantasie der Bevölkerung. Im Lichtenmoor grast wieder das Vieh in beschaulichem Frieden.«[32] So endet der Beitrag der »Welt im Film«, der Antwort der Alliierten auf die »Deutsche Wochenschau« der Nationalsozialisten. Sie war von den Briten und Amerikanern mit dem Ziel der *»Reeducation«* ins Leben gerufen worden, um die Deutschen ein für alle Mal von ihrer braunen Gesinnung zu »befreien«. Und so hat es beinah den Anschein, als seien zusammen mit dem »Würger« auch gleich die Ungeheuer der jüngsten Vergangenheit beseitigt worden. Zumindest auf der Kinoleinwand.

DANK

Mehr als zwei Jahre Arbeit stecken in diesem Buch. Die Idee dazu entstand bereits vor drei Jahren gemeinsam mit meinem Agenten Thomas Hölzl, der mir stets mit Rat zur Seite stand. Ich danke dem Carl Hanser Verlag, allen voran meiner Lektorin Annika Domainko, für die gemeinsam absolvierte Expedition in die Fauna des »Dritten Reichs« und die hervorragende Zusammenarbeit. Außerdem danke ich Nicola von Bodman-Hensler, die das Buch mit auf den Weg gebracht hat.

Zu besonderem Dank bin ich Heinrich Schlange-Schöningen verpflichtet, der mir unveröffentlichtes Material zu seiner Familiengeschichte und dem Leben auf dem Gutshof Schöningen in Pommern zur Verfügung stellte. Darüber hinaus haben mir zahlreiche Menschen mit ihrem Wissen sowie wertvollen Hinweisen weitergeholfen, und dafür danke ich Daniel Baranowski, Hartmut Böttcher, Wilhelm Bode, Andreas Gautschi, Christoph Hinkelmann, Ernst Kalm, Rikola-Gunnar Lüttgenau, Wolfgang Matz, Theresia Mohnhaupt, Thomas Paulke, Werner Philipp, Joachim Radkau, Mieke Roscher, Wolf Stegemann, Sabine Stein, Helmut Suter, Frank Uekötter, Julia Voss und Albrecht Weber. Michael Kazmierski, Bruno Treu und Jutta Wallerich danke ich für ihre hilfreichen Korrekturen am Manuskript.

Zu guter Letzt danke ich besonders meiner Frau Juliane, meiner ersten Leserin und Kritikerin, für ihren Durchblick, wenn ich vor lauter Fakten zu Hitlers Hunden und Görings Hirschen zeitweilig die Übersicht verloren hatte.

ANMERKUNGEN

Prolog – Die Welt hinter dem Draht

1 BwA NS 4 Bu 33, Film 3.

2 Kogon 1947: 303; Hackett 2002: 164; Bildergeschichte von Kurt Dittmar: »Bärenjagd in Buchenwald« (BwA Sign. 9-96-2); Zeitungsartikel siehe: *Jungle.World* vom 16.04.2015, »Den Tieren geht es gut« und *Nordkurier* vom 12.03.2018, »Zwischen Idylle und Hölle«.

3 Protokoll des KZ-Überlebenden Leopold Reitter (BwA Sign. 31/98).

4 Zu Bildern vom Lagerzoo siehe: <www.photos.yadvashem.org>.

5 Das Archiv des Leipziger Zoos verzeichnet für den 5. Oktober 1938 die Abgabe eines Braunbärweibchens an das KZ Weimar-Buchenwald (persönliche Mitteilung Jana Ludewig/Archiv Zoo Leipzig, 02.04.2019).

6 BwA Sign. 31/1065 97.

7 BwA Sign. NS 4 Bu 102, Film 8.

8 Persönliche Mitteilung Lüttgenau, Februar 2019.

9 National Archives, Washington (BwA Sign. 018.094).

10 Lüttgenau 1993: 15–16.

11 BwA NS 4 Bu 33, Film 3.

12 BwA NS 4 Bu 102, Film 8.

13 Zit. n. Longerich 2008: 320.

14 Broszat 2006: 32.

15 Broszat 2006: 199–201.

16 Zum Reichstierschutzgesetz siehe: RGBl. I 1933, S. 987.

17 Klueting 2003: 83–85. Hitler sagte jedoch: »Man dürfe nicht so weit gehen, die Tiere etwa besser stellen zu wollen als den Menschen.« (Zitat S. 85.)

18 Möhring 2011: 230.

19 Laut Kogon 1947: 303 bereitete es ihm ein »neronisches Vergnügen«.

20 BwA Sign. 31/98.

21 Interview mit Mieke Roscher am 28.06.2019.

22 Adorno 1951: 133.

1 Blutsbande

1 Sandner 2016: 126. In einigen Quellen ist statt »Foxl« auch von »Fuchsl« die Rede.

2 Sandner 2016: 164–170.

3 Vgl. Kershaw 2013: 132.

4 *JS-Magazin* 08/2017: »Kamerad auf vier Tatzen«.

5 Hohlbaum 1932: 190.

6 Gesamter Abschnitt: Jochmann 1980: 219–220; Kershaw 2009: 75–76.

7 Jochmann 1980: 219–220.

8 Longerich 2016: 125.

9 Vgl. Einladung Heydrichs an Martin Luther vom 08.01.1942 und Protokoll der »Wannseekonferenz« vom 20.01.1942; <www.ghwk.de> – »Dokumente zur Wannseekonferenz«.

10 Zur Wannseekonferenz und Konkurrenz zw. Himmler u. Heydrich bzw. zur Rolle Hitlers vgl. Longerich 2016: 161–163; siehe auch: *Die Zeit* 04/1992: »Die Konferenz am Wannsee«.

11 Jochmann 1980: 241.

12 Für eine genauere Übersicht über Hitlers Hunde siehe: Wohlfromm & Wohlfromm 2001: 178–186.

13 Jochmann 1980: 231.

14 Fest 2013: 1057.

15 Möhring 2011: 243.

16 Wippermann 1998: 195.

17 Roscher 2016: 30.

18 Zum »Beginn der Domestikation« siehe: Fuhr 2016: 160; Barth 2014: 201; zur »Selbstdomestikation«: Reichholf 2014: 28–30; Fuhr 2016: 160.

19 Barth 2014: 201.

20 SV 1999: 19–21.

21 Wippermann & Berentzen 1999: 70.

22 Wippermann & Berentzen 1999: 69.

23 Von Stephanitz 1921: 107; Räber 2001: 260.

24 Zelinger 2018: 322.

25 Von Stephanitz 1921: 132.

26 Von Stephanitz 1921: 131.

27 Von Stephanitz 1921: 129–131.

28 SV 1999: 21.

29 Zit. n. von Stephanitz 1921: 48; vgl. Darwin 1868: 192.

30 Vgl. Barth 2014: 205–206.

31 Denk 2011: 89.

32 Haeckel 1904: 135.

33 Barth 2014: 213; <www.gedenkort-t4.eu> »Eugenik«.
34 Wippermann & Berentzen 1999: 64–65; SV 1999: 20–21.
35 Ploetz 1895: 147.
36 Barth 2014: 207.
37 RGBl. I 1933, S. 529.
38 Zu »Welpen« siehe: von Stephanitz 1921: 432–433. Wörtliches Zitat zit. n. Zelinger 2018: 321, der auf eine spätere Auflage verweist (von Stephanitz 1932: 581).
39 Wippermann 1998: 195.
40 RGBl. I 1935, S. 1146.
41 Wippermann & Berentzen 1999: 68.
42 Barth 2014: 202.
43 Wippermann & Berentzen 1999: 60–61.
44 SV 1999: 25.
45 Zu »Doggen« siehe: Wippermann & Berentzen 1999: 48 sowie SV 1999: 19; zum »Dackel« siehe: Wippermann & Berentzen 1999: 59.
46 Zieger 1973: 473–475; Roscher 2018: 76–77.
47 Jochmann 1980: 231; Wippermann & Berentzen 1999: 82.
48 Zit. n. Ahne 2016: 42.
49 Tucholsky 2013: 29.
50 Goebbels 1935: 73.
51 Lorenz 1942: 300–301.
52 Brehm 2013: 528–529.
53 Von Strombeck 1829: 334–335.
54 Brehm 2013: 528.
55 Fuhr 2016: 19–22.
56 Swietorczecki 1938: 256.
57 Bieger 1940: 173. Zum Begriff des »nichtjagdbaren Haarwild« siehe: Giese & Kahler 1944: 227; zum vermeintlichen Schutzstatus siehe: Möhring 2011: 239 sowie Sax 2017: 64, 66.
58 Frevert 1977: 168–173.
59 Sax 2017: 64–67; pers. Mitteilungen W. Bode am 15.01.2019 und 24.04.2019.
60 Swietorczecki 1938: 256–257.
61 Bieger 1940: 173.
62 Dirscherl 2012: 146; Wippermann & Berentzen 1999: 82.
63 Vgl. Eberle & Uhl 2005: 158; Junge 2011: 74; *Spiegel Online* 2015: »Hitler in Bildchen«.
64 *Die Welt* 2017: »Ui, Herr Hitler …«; Misch 2010: 105–106.
65 Misch 2010: 106.
66 Peuschel 1982: 20; Jochmann 1980: 231.

67 Misch 2010: 106.
68 Wohlfromm & Wohlfromm 2001: 183.
69 Junge 2011: 64.
70 Junge 2011: 105.
71 Schroeder & Joachimsthaler 1985: 131.
72 Deutsche Wochenschau 611, 20.05.1942.
73 Wippermann & Berentzen 1999: 83.
74 Zoller 1949. 100.
75 Speer 2010: 313.
76 Goebbels 1977: 39.
77 Speer 2010: 314.
78 Schroeder & Joachimsthaler 1985: 130–131.
79 Sauerbruch 1979: 427–429.
80 Perz 1996: 139–143; Broszat 2006: 276–277.
81 Perz 1996: 140–142.
82 Räber 2001: 28–31.
83 Richard Glazars Erinnerungsbericht in *Die Zeit* 43/1983: »Nichts«.
84 Benz & Distel 2005 I: 37.
85 Benz 2011: 299–301.
86 Interview mit Richard Glazar vom 05.02.1996. USC Shoah Foundation, Transkript FU Berlin, Nr. 8552.
87 Rückerl 1977: 230, 235; Klee, Dreßen & Rieß 1988: 225.
88 Zit. n. Perz 1996: 144–145.
89 Broszat 2006: 183.
90 Vgl. Wippermann & Berentzen 1999: 78.
91 Wippermann in der Fernsehdokumentation »Hitler und der Wolf«.
92 Perz 1996: 152; vgl. Roscher 2016: 36.
93 Perz 1996: 152.
94 Perz 1996: 147–148.
95 Broszat 2006: 181–182; Perz 1996: 152.
96 Pröse 2016: 208.
97 Schmoller 2005: 30–33; Freund 1989: 354–356.
98 Lower 2014: 326.
99 Wippermann & Berentzen 1999: 79–80; Broszat 2006: 181.
100 Russell 2008: 206; Lower 2014: 309.
101 Benz & Distel 2005 I: 254; siehe auch Glazar in *Die Zeit* 43/1983.
102 Klee, Dreßen & Rieß 1988: 224–225; Münster 2000: 183.
103 Zu Barry siehe: Rückerl 1977: 235–237; Klee, Dreßen & Rieß 1988: 224–225 u. 257–258.
104 *Der Standard* 18.12.2015: »Die verlorene Ehre«.

105 Lfd. Nr. 596a LG Düsseldorf, 03.09.1965, JuNSV, Bd. XXII, S. 57; Rückerl 1977: 237.
106 Lfd. Nr. 596a LG Düsseldorf, 03.09.1965, JuNSV, Bd. XXII, S. 215.
107 *Der Spiegel* 2011: »Dick und doof«.
108 Münster 2000: 180; *Rheinische Post* 19.10.2014: »Der vergessene Prozess«.

2 Mahlverwandtschaften

1 Falkenberg & Hammer 2008: 322; Zorn 1963: 38–39.
2 Wuketits 2011: 91.
3 *Zeitschrift für Schweinezucht* 13/1933: »Mai!« Zum Hausschwein als Nutztier siehe: Zorn 1963: 18; zur Zahl der Selbstversorger siehe: Rahlf 2015: 42; zur Schweineschlachtung siehe: Saraiva 2018: 116.
4 Vgl. Dossiers »Nutztierhaltung und Fleischproduktion in Deutschland« und »Steckbrief zur Mastschweinhaltung in Deutschland« des Thünen-Instituts.
5 Kalm 1996: 81.
6 *Pommersche Zeitung* 18.08.1979: »Schweinezucht«.
7 Schlange-Schöningen 1946: 17.
8 Gies 2019: 597.
9 Gies 2019: 396.
10 Schlange-Schöningen 1946: 5.
11 Zur Biografie Schlange-Schöningens siehe: Trittel 1987: 27–32 sowie Gies 2019: 395–397.
12 Trittel 1987: 25.
13 Schlange-Schöningen undat.
14 Ramm 1922: 17; Schlange-Schöningen 1947: 145.
15 Schlange-Schöningen undat.
16 *Pommersche Zeitung* 18.08.1979: »Schweinezucht«.
17 *Pommersche Zeitung* 18.08.1979: »Schweinezucht«.
18 Schlange-Schöningen 1946: 140.
19 Gerhard 2015: 24; Dornheim 2011: 18; *Deutschlandfunk Kultur* 25.09.2015: »Schweinemord«.
20 Dornheim 2011: 18; Sax 2017: 59.
21 Radkau 2002: 296; Sax 2017: 66.
22 Gies 2019: 35–37; *Neues Deutschland* 17.09.2016: »Schule«.
23 Corni & Gies 1997: 24.
24 Ammon 1906: 40–41; Spengler 1998: 669.
25 Vgl. Gerhard 2012: 116–117.

26 Corni 1989: 18.
27 Vgl. Longerich 2008: 137–138; kritisch dazu: Corni 1989: 18–19.
28 Corni 1989: 19.
29 Longerich 2008: 137.
30 Longerich 2008: 762.
31 Longerich 2008: 138.
32 Peuschel 1982: 133; Kater 2014: 577.
33 Goebbels 1992: 877.
34 Peuschel 1982: 136; vgl. Longerich 2008: 118.
35 Peuschel 1982: 139; Ackermann 1989: 126–127.
36 Zit. n. Ackermann 1989: 126–127.
37 Saraiva 2018: 103–104.
38 Corni & Gies 1997: 25.
39 Reischle 1935: 29.
40 Darré 1933: 5.
41 Darré 1933: 14.
42 Darré 1933: 15.
43 Darré 1933: 17.
44 Darré 1933: 10.
45 Falkenberg & Hammer 2006: 57.
46 Harris 1995: 73.
47 Harris 1995: 67.
48 Bornemann 1953: 7.
49 Radkau 2002: 76–77; zum Schweinekrieg siehe u. a.: Seebo 1998: 5–13.
50 Zorn 1963: 27; Zur Einbindung der Schweine in die Landwirtschaft siehe: Ramm 1922: III.
51 Saraiva 2018: 124.
52 Radkau 2002: 295.
53 Darré 1937: 9–10.
54 *Zeitschrift für Schweinezucht* 13/1933: »Fettschwein«.
55 Sax 2017: 59.
56 Saraiva 2018: 130.
57 Saraiva 2018: 123.
58 Berg 2015: 472; Schmitz-Berning 2000: 210.
59 Spiekermann 2018: 390.
60 Köstering & Rüb 2003: 140.
61 RGBl. I 1939, S. 2104.
62 Berg 2015: 463–465.
63 Schlange-Schöningen 1946: 138–139.
64 Longerich 2008: 435.
65 Longerich 2008: 428–429.

66 Jochmann 1980: 68.
67 Gies 2019: 666.
68 Zit. n. Radkau 2002: 296.
69 Schlange-Schöningen 1946: 155.
70 Corni & Gies 1997: 479.
71 Münkel 1996: 377.
72 *Zeitschrift für Schweinezucht* 10/1941: »Vorwort«.
73 *Zeitschrift für Schweinezucht* 01/1941: »Erzeugungsschlacht«.
74 *Zeitschrift für Schweinezucht* 19/1943: »Und es geht doch!«.
75 Zit. n. Corni & Gies 1997: 480.
76 *Zeitschrift für Schweinezucht* 19/1943: »Aufrechterhaltung«.
77 Zu den Selbstversorgern: Gerhard 2015: 54; zur Schlachterlaubnis: Corni & Gies 1997: 494.
78 RGBl. I 1939, S. 1609.
79 Münkel 1996: 384–387.
80 Herlemann 1993: 309.
81 *Legal Tribune Online*, 04.02.2018: »*Dogmatik*«.
82 Junge 2011: 78; Zoller 1949: 78.
83 Zoller 1949: 78.
84 Fest 2013: 764.
85 Speer 2010: 314.
86 Zoller 1949: 77.
87 Jochmann 1980: 128.
88 Picker 1976: 432.
89 Jochmann 1980: 217–218.
90 Göring 1967: 143–144.
91 Jochmann 1980: 57, 127.
92 Longerich 2008: 347–348.
93 Brucker 2015: 216.
94 Schwantje 1928: 8.
95 Schwantje 1942: 11.
96 Schwantje 1942: 14.
97 Brucker 2015: 215.
98 Brucker 2015: 219.
99 RGBl. I 1933, S. 203.
100 *Kleines Volksblatt*, 28.08.1938: »Filmdokument«.
101 Jentzsch 1998: 48.
102 Klueting 2003: 79; Dirscherl 2012: 37–38.
103 Klueting 2003: 81, Jentzsch 1998: 45.
104 Jentzsch 1998: 48.
105 Jentzsch 1998: 44.

106 Motadel 2017: 306–307.
107 Giese & Kahler 1944: 195.
108 Giese & Kahler 1944: 210–211.
109 Giese & Kahler 1944: 197.
110 *Zeitschrift für Schweinezucht* 30/1940: »Transportverluste«.

3 Entlarvung

1 RDK 1937: 38–48.
2 Oberthür 2002: 28–29.
3 MBLWEV (Reichsministerium für Wissenschaft, Erziehung und Volksbildung) 1943: 225.
4 MBLWEV 1940: 7.
5 Zum Stichwort »Erzeugungsschlacht« siehe: Schmitz-Berning 2000: 210–211.
6 MBLWEV 1938: 254.
7 MBLWEV 1940: 7.
8 MBLWEV 1940: 7–8.
9 RDK 1937: 16–19.
10 MBLWEV 1935: 464; *Deutsche Apotheker Zeitung* 40/2011 »Vom Maulbeerblatt …«.
11 Vgl. MBLWEV 1943: 225 und RDK 1937: 76.
12 MBLWEV 1940: 8.
13 Bäumer-Schleinkofer 1992: 49.
14 Zu Krankheiten der Seidenraupen siehe: RDK 1937: 49–51.
15 Picker 1976: 119.
16 Zit. n. von der Grün 1979: 100; vgl. Picker 1976: 97.
17 Flessau 1977: 20.
18 www.dhm.de; 07.08.2015: »Schule«.
19 Flessau 1977: 19; Rechenaufgabe zit. n. Blumesberger 2009: 2.
20 Zit. n. Bäumer-Schleinkofer 1992: 51.
21 RMWEV 1938: 91.
22 Flessau 1977: 80–81.
23 Bäumer-Schleinkofer 1992: 56.
24 Flessau 1977: 11–13; Zitat siehe: Bäumer-Schleinkofer 1992: 52.
25 MBLWEV 1940: 8.
26 RDK 1937: 16–19.
27 Leimann 2016: 9.
28 *Kölner Stadt-Anzeiger,* 30.01.2003: »15 000 Kokons«.
29 RGBl. I 1939: 710.

30 Laue 2015: 40.
31 Zit. n. Zeitzeugen-Portal.de – »Die Hitler-Jugend und der BDM«.
32 Laue 2015: 40.
33 Zur Sicht aufs Sterben und Soldatentum siehe Interviews mit Lutz Rackow und Otto Freytag: <www.zeitzeugenportal.de>; Schwertworte des Jungvolks zit. n. *Spiegel Online* 20.01.2008: »Wir werden marschieren«.
34 RJF 1938: 17.
35 Hermand 1994: 58–59.
36 Boberach 1982: 35.
37 Zitate im gesamten Abschnitt aus: Deutsche Wochenschau 568, 23.07.1941.
38 Fröhlich 2013: 81–82.
39 KAdR 1941: 6.
40 Herrmann 2009: 89–91; Brümmer 1877: 522–525.
41 Herrmann 2009: 92.
42 Brehm 1877: 186; Brümmer 1877: 522–525.
43 Herrmann 2009: 93; Geißler 1999: 444–446.
44 *IVA-Magazin Online*, 19.07.2013: »Kartoffelkäfer«.
45 Herrmann 2009: 100.
46 Herrmann 2009: 94–95.
47 Geißler 1999: 449.
48 Herrmann 2009: 93.
49 Meibauer 2017: 292–293.
50 Oberthür 2002: 25–27.
51 Herrmann 2009: 95.
52 Geißler 1999: 449; Herrmann 2009: 96.
53 Klee 2009: 233.
54 Kirchmeier 2013: 74.
55 Hiemer 1938: 5.
56 Hiemer 1940: 91.
57 Hiemer 1940: 8.
58 Die Erzählung wurde nach 1945 teils zensiert; vgl. Uther 2013: 240.
59 Zit. n. Bein 1965: 134.
60 Vgl. Bein 1965: 125; Stullich 2013: 24.
61 Thierfelder 1979: 12.
62 Bein 1965: 127.
63 Herder 1841: 250; erläuternd dazu: Bein 1965: 127–128.
64 Hitler-Zitat zit. n. Schmitz-Berning 2000: 462; Himmler-Zitat zit. n. Peterson & Smith 1974: 169.
65 Peterson & Smith 1974: 201.

66 Peuschel 1982: 53.
67 Kopie des Films online unter: <https://archive.org/details/1940DerEwigeJude1h10m352x256> (abgerufen am: 12.10.2019).
68 Zur historischen Verwendung des Begriffs »Schädling« siehe: Jansen 2003: 13–20.
69 Zit. n. Schmitz-Berning 2000: 622.
70 Klemperer 1947: 26.
71 *HJ im Vormarsch*, 04.08.1934.
72 Lieb 2007: 114.
73 RGBl. I 1944, S. 253.
74 www.1000dokumente.de »Posener Rede« <https://www.1000dokumente.de/index.html?c=dokument_de&dokument=0008_pos&object=pdf&st=&l=de> (abgerufen am: 04.10.2019).
75 Deutsche Wochenschau 737, 18.10.1944.
76 Arnold 2005: 132.
77 MBLWEV 1945: 16.
78 Geißler 1998: 122; Geißler 1999: 465.
79 Herrmann 2009: 101.
80 Herrmann 2009: 95–96.

4 Morituri

1 Nowojski & Holdack 2017: 172.
2 Zur Katze als Eva Klemperers vermeintlichem Kinderersatz vgl. Zipfel 2014: 41–58.
3 Klemperer schreibt in seinen Tagebüchern sowohl von »Muschel« als auch von »Mujel«.
4 Nowojski Bd. I 2015: 371.
5 Nowojski Bd. II 2015: 68.
6 Nowojski Bd. I 2015: 539.
7 Nowojski Bd. II 2015: 38.
8 Nowojski Bd. I 2015: 441.
9 Klemperer 1947: 179.
10 Nowojski Bd. I 2015: 307.
11 Nowojski Bd. II 2015: 70.
12 Aly 2005: 351.
13 Möhring 2011: 241; Wippermann & Berentzen 1999: 75.
14 <www.bundesarchiv.de> – »Jüdische Bevölkerung 1933–45«; Herzig 2010: 59.
15 Walk 2013: 364.

16 Nowojski Bd. II 2015: 70.
17 Interview Ilse Rewald, <http://transcripts.vha.fu-berlin.de/interviews/49>.
18 Interview Herta Höxter, <http://transcripts.vha.fu-berlin.de/interviews/623>.
19 Interview Ana Schönfeld, <http://transcripts.vha.fu-berlin.de/interviews/32>.
20 Zit. n. Longerich 2008: 320.
21 Möhring 2011: 234.
22 RGBl. I. 1936: 186.
23 RGBl. I. 1934: 559.
24 Hesse & Mann 1999: 148.
25 Zum Lebenslauf Vespers siehe: Munzinger Online Archiv: Stichwort »Vesper, Will«; *Jungle World* 2003: »Höllenkreis«, zum Thema Jagen siehe: Vesper 1995: 636.
26 Vesper 1995: 356.
27 Zitate zu den Katzeneigenschaften siehe: Vesper 1995: 356, 636 u. 678.
28 Möhring 2007: 179.
29 Zit. n. Schwangart 1937: 8.
30 <tour-de-kultur.de> – »Friedrich Schwangart«, 08.02.2017; Petzsch 1964: 60.
31 Schwangart 1937: 15.
32 Schwangart 1937: 10–11.
33 Nowojski Bd. II 2015: 70.
34 Nowojski Bd. II 2015: 73.
35 Klemperer widmete Eva sein Buch »LTI«; vgl. Klemperer 1947: 5.
36 Möhring 2011: 241.
37 Nowojski Bd. II 2015: 70.
38 Mackenzie 1965: 101–102.
39 Zur Domestikation siehe Schuller 2007: 13; zu Hauskatzen in Europa siehe Fehringer 1953: 94; Dinzelbacher 2000: 195.
40 Alcabes 2010: 34.
41 Bluhm 2014: 129–130.
42 Fehringer 1953: 94.
43 Möhring 2011: 239.
44 Zelinger 2018: 255.
45 Zit. n. Zelinger 2018: 254–255.
46 Brehm 2013: 463 und 351.
47 Zit. n. Zelinger 2018: 167–169.
48 Zit. n. Schwangart 1937: 36.
49 Nowojski Bd. II 2015: 73.

50 Nowojski Bd. II 2015: 75.
51 Nowojski Bd. II 2015: 72; zu Fleischmengen siehe: Buchheim 2010: 307.
52 Nowojski Bd. II 2015: 73.
53 Nowojski Bd. II 2015: 74.
54 Zit. n. Föger & Taschwer 2001: 110, 108
55 Möhring 2011: 239; Sax 1997: 16; Sax 2017: 118.
56 Göring 1967: 130.
57 Demandt 2007: 78.
58 Kube 1986: 2; vgl. auch Diels 1949: 63; *Der Spiegel* 36/1974 »Staatsstreich«.
59 Frevert 1977: 214–216.
60 Gritzbach 1938: 104.
61 Zum Video von Göring mit Löwen auf dem Obersalzberg siehe <https://archive.org/details/1936-Goering-bedankt-sich-beim-Volk> (abgerufen am: 07.10.2019). Video wird auf das Jahr 1936 datiert, allerdings ist Görings Autounfall in Goebbels' Tagebüchern am 17. August 1934 vermerkt; vgl. Goebbels 2005: 93.
62 Klothmann 2015: 179; Haikal 2003: 158.
63 Göring 1967: 130; Knopf & Martens 2004: 54.
64 Göring 1967: 131; Rubner 1997: 186.
65 Frevert 1977: 215.
66 Knopf & Martens 2004: 54 und 58; Göring 1967: 130.
67 Frevert 1977: 215.
68 Sax 2017: 83.
69 Vgl. Sax 2017: 21; Zitat siehe Spengler 1931: 17.
70 Picker 1976: 97.
71 Burchardt 2007: 188.
72 Speer 2010: 247.
73 Zur Namensgebung und Entwicklung von »Tiger« und »Panther« vgl. Burchardt 2007: 185–191 sowie Höge 2017: 95–107.
74 Nowojski Bd. II 2015: 536.
75 Nowojski Bd. II 2015: 535.
76 Bergander 1977: 320.
77 Zahlen laut Historikerkommission 2010: »Luftangriffe Dresden 1945«.
78 Klemperer 1947: 272.
79 Vgl. u. a. Nowojski & Löser 1999: 50, 99, 196–198.
80 Klemperer 1947: 108.
81 Borchert, Giesecke & Nowojski 1999: 171.
82 Höge 2017: 95–107.

5 Raufbold

1 Filmbeitrag zur Internationalen Jagd-Ausstellung 1937; <http://archiv-akh.de> (abgerufen am: 13.08.2019).

2 Vgl. Bode 2018: 51–53; Selheim 2009: 165–166; www.jaeger magazin.de – Hubertustag.

3 Vgl. zum Stichwort »international« siehe: Schmitz-Berning 2000: 324–325.

4 Siehe Geleitwort Görings in »Waidwerk der Welt« 1938.

5 Fest 1963: 111.

6 Kube 1989: 72.

7 Kube 1989: 73–74; Fest 1963: 106.

8 Gautschi 2010: 65; Peuschel 1982: 70; Kube 1989: 73–74.

9 Zum Titel des Reichsjägermeisters siehe: Bode 2018: 58; Gautschi 2010: 64–65.

10 Gautschi 2010: 62–63.

11 Fest 1963: 103.

12 Roosevelt & Bullitt 1972: 233.

13 Fest 1963: 112.

14 Vgl. Filmausschnitt IJA 1937.

15 Bode & Emmert 2000: 152–153.

16 Frevert 1977: 118; Dieberger 2018: 69.

17 Selheim 2009: 162–165.

18 Bode 2018: 38.

19 Perschke 1999: 482.

20 Gautschi 2010: 62–63.

21 Gritzbach 1938: 117.

22 Gautschi 2010: 60.

23 Hasel 1985: 88; Leonhardt 2008: 35.

24 Bode 2016: 58.

25 Bode & Emmert 2000: 115–120.

26 Zur Geschichte der deutschen organisierten Jäger zu Beginn des 20. Jahrhunderts siehe: Gautschi 2010: 55–57.

27 Gautschi 2010: 70–73; Bode & Emmert 2000: 139.

28 Zu Görings Wahl siehe: Bode & Emmert 2000: 141 sowie Gautschi 2010: 60–62.

29 Gautschi 2010: 58–60 (Zitat S. 60); Dieberger 2018: 68.

30 Gautschi 2010: 60.

31 Zit. n. *Der Spiegel* 46/1994: »Quasi Verrückte«.

32 Bode 2016: 83; Gautschi 2010: 64–65.

33 Bode & Emmert 2000: 146.

34 Gesetzestext siehe: RGBl. I 1934: 549; Zur Interpretation vgl. Bode & Emmert 2000: 144–145.
35 Gautschi 2010: 126; Bode 2018: 77, 79.
36 RGBl. I 1934: 549.
37 Bode 2016: 98.
38 Persönliche Mitteilung Bode, 18.01.2019.
39 Zur Person Frevert siehe: Bode 2018: 50–55; Dieberger 2018: 69–73; *Wild und Hund* 13/2017: »Der Macht verfallen«.
40 Gautschi 2010: 101–102.
41 Frevert 1977: 7.
42 Syskowski 1996: 19; Tautorat 1996: 12; Frevert 1977: 15; Frevert 2007: 135.
43 Bode 2018: 98, 100.
44 Gautschi 2010: 119; *Wild und Hund* 13/2017: »Der Macht verfallen«; Frevert 1977: 130.
45 Frevert 1977: 165, 174.
46 Frevert 1977: 181–182.
47 Frevert 1977: 168–173.
48 Frevert 1977: 15.
49 Tournier 1989: 221.
50 Gautschi 2010: 118–123.
51 Persönliche Mitteilung Bode, 13.08.2019.
52 Tautorat 1983: 26.
53 Siehe: Hirschlagerbuch Rominten (Nr. 12 »Raufbold«) beim Ostpreußischen Landesmuseum, Lüneburg.
54 Neumärker & Knopf 2008: 60, 96–97.
55 Vgl. RDJ 1938: 403, Anhang; Perschke 1999: 482.
56 Zuschreibung Görings laut seinem Biografen Gritzbach 1938: 116.
57 Jochmann 1980: 111.
58 Speer 2010: 111.
59 Jochmann 1980: 111.
60 Gautschi 2010: 163.
61 Gautschi 2010: 68.
62 Gautschi 2010: 163.
63 Zum Zitat »grüne Freimaurer« siehe Gautschi 2010: 163; Neumärker & Knopf 2008: 97; zum »besten Mann« siehe: Kube 1989: 74.
64 Goebbels 1977: 55.
65 Goebbels 1977: 56.
66 Kordt 1950: 303.
67 Knopf & Martens 2004: 70–71.
68 Knopf & Martens 2004: 25.

69 Zur Bezeichnung »Nebenaußenminister« siehe: Neumärker & Knopf 2008: 89.
70 Mildner & Resch 1997: 84.
71 Knopf & Martens 2004: 147.
72 Siehe: Mildner & Resch 1997: 132.
73 Fontane 1910: 494.
74 Gautschi 2010: 104–105.
75 Bode & Emmert 2000: 147.
76 Wohlfromm & Wohlfromm 2017: 178–180; Selheim 2009: 165–166.
77 Frevert 1977: 211; Neumärker & Knopf 2008: 56.
78 Neumärker & Knopf 2008: 98; Frevert 2007: 221.
79 Frevert 1977: 56–57.
80 Zit. n. Gautschi 2010: 123.
81 Gautschi 2010: 79.
82 Van Vuure 2005: 64–71.
83 *Der Spiegel* 26/1954: »Urmacher«.
84 Mohnhaupt 2017: 20; zu Trophäen siehe: Gautschi 2010: 122.
85 Tautorat 1996: 12; Frevert 1977: 18.
86 Frevert 1977: 17–18.
87 Gautschi 2010: 80.
88 Canetti 1994: 202.
89 *APuZ* 49–50/2017 »Natur der Nation«.
90 Zur Varusschlacht im Osnabrücker Land siehe: <http://www.kalkriese-varusschlacht.de/varusschlacht/die-suche-nach-dem-ort/> (abgerufen am: 30.12.2018).
91 Urmersbach 2018: 67–70.
92 Vgl. Urmersbach 2018: 83–84; *APuZ* 49–50/2017 »Natur der Nation«.
93 Riehl 1854: 34.
94 Riehl 1854: 32.
95 Urmersbach 2018: 99.
96 Zit. n. Urmersbach 2018: 91–92.
97 Schaubild »So lebt die Waldgemeinschaft«, 1938, abgeb. bei: Zechner 2011: 233.
98 Linse 1993: 57.
99 »Ewiger Wald«, Filmausschnitt: <https://www.youtube.com/watch?v=1MJk3HUTtCU> (abgerufen am: 20.08.2019).
100 Zechner 2016: 190.
101 Zit. n. Linse 1993: 73.
102 Linse 1993: 73.
103 Jochmann 1980: 129.
104 Jochmann 1980: 56.

105 Rubner 1982: 122.
106 Zit. n. Gautschi 2010: 74.
107 Vgl. dazu Rubner 1997: 184; Gautschi 2010: 78.
108 Franke 2010: 51; Passeick 2018: 30–31.
109 Zechner 2011: 235.
110 Zechner 2016: 191.
111 Gautschi 2010: 223.
112 Kube 1986: 105.
113 Vgl. »Waidwerk der Welt«, Abb. 14, S. 9; Gautschi 2010: 96–97; unbearbeitetes Original laut Gautschi im Institut für Jagdkunde, Göttingen.
114 Bode & Emmert 2000: 302.
115 Gautschi 2010: 223–224; Blood 2010: 251.
116 Neumärker & Knopf 2008: 129.
117 Frevert 2007: 133.
118 Blood 2010: 250; Rubner 1982: 137.
119 Blood 2010: 251; Neumärker & Knopf 2008: 129.
120 Blood 2010: 251; Gautschi 2010: 224–225.
121 Rubner 1982: 136.
122 Bode & Emmert 2000: 154.
123 Frevert 1977: 220–221.
124 Neumärker & Knopf 2008: 118–119.
125 Frevert 2007: 174.
126 Frevert 1977: 78–81.
127 Kritisch dazu: Kube 1986: 341.
128 Knopf & Martens 2004: 80–81.
129 Zit. n. Semmler 1947: 182.
130 Rubner 1982: 172–178; Gautschi 2010: 119.
131 Rubner 1982. 175.
132 Fest 1963: 114, 435.
133 Eberle & Uhl 2005: 289.
134 Frevert 1977: 85.
135 Knopf & Martens 2004: 158.
136 Goebbels 1977: 326.
137 Vgl. Perschke 1999: 483–484; *Wild und Hund* 3/2010: »Versteckt«.
138 Kelley 1961: 58.

6 Kesselfleisch

1 Piekalkiewicz 1992: 296.
2 Zu »Kaltbluten« siehe: Zieger 1973: 565–567; zu Haflingern siehe: Sambraus 1991: 112.
3 Buchner 1998: 136.
4 Roscher 2018: 79–80.
5 Schäffer & König 2015: 1244.
6 Von Maltzan 2016: 168–169.
7 Buchner 1998: 137.
8 Meyer 1982: 192; Zieger 1973: 326.
9 Kuhnert 1993: 107.
10 Piekalkiewicz 1992: 296.
11 Krüger 1939: 49–50.
12 Piekalkiewicz 1992: 296.
13 Für folgende Beschreibung der Flussüberquerung siehe: Kuhnert 1993: 71–73.
14 Piekalkiewicz 1992: 200.
15 Piekalkiewicz 1992: 98.
16 Piekalkiewicz 1992: 6.
17 Sax 2017: 83.
18 Zu »verabscheut« siehe: Raulff 2015: 267; zu »dumm« siehe: Gun 1968: 168.
19 Jochmann 1980: 38.
20 Zum »Autonarr« Hitler vgl. Jochmann 1980: 191 (»Meine Liebe gehört dem Automobil.«); zur Hitlers Sicht auf die Kavallerie siehe: Piekalkiewicz 1992: 191.
21 Pöppinghege 2009: 237–238.
22 Hürter 2007: 47.
23 Raulff 2015: 17.
24 Zit. n. Pöppinghege 2009: 238.
25 Diedrich 2008: 44, 95.
26 Piekalkiewicz 1992: 200.
27 Piekalkiewicz 1992: 261.
28 Gewinner 2017: 76.
29 Müller 2005: 84.
30 Jochmann 1980: 195.
31 Holl 1978: 48; Interview O. Maier; <www.dererstezug.com> (abgerufen am: 14.08.2019).
32 Zieger 1973: 573–574.
33 Kuhnert 1993: 107.

34 Meyer 1982: 192.
35 Piekalkiewicz 1992: 50.
36 Kuhnert 1993: 132–133.
37 Meyer 1982: 193.
38 Piekalkiewicz 1992: 50.
39 Zieger 1973: 463.
40 Zieger 1973: 334; Döpke 2004: 29.
41 Zieger 1973: 375; Döpke 2004: 29; Kutter 2012: 145.
42 Buchner 1998: 139.
43 Zieger 1973: 229–230; *Wehrmedizin und Wehrpharmazie* 4/2017, »Ausbilden«.
44 Kuhnert 1993: 130.
45 Döpke 2004: 9; zur Nasenbremse siehe: Jahrbeck 2010: 6.
46 Gesamter Absatz: Kuhnert 1993: 149–150.
47 Zit. n. Bähr & Bähr 1952: 87.
48 Döpke 2004: 21.
49 De Kleijn 2017: 52.
50 Hürter 2007: 385.
51 Ebert 2003: 177.
52 Adam 1965: 220–221.
53 Wohlfromm & Wohlfromm 2017: 239.
54 Zit. n. Ebert 2003: 290.
55 Ebert 2003: 261.
56 Zum Pferdefleisch siehe: Holl 1965: 16; Interview mit Josef Schaaf, <www.zeitzeugen-portal.de> (abgerufen am: 19.08.2019).
57 Diedrich 2008: 15.
58 Meyer 1982: 186.
59 Jochmann 1980: 124; Müller 2005: 194.
60 Longerich 2008: 476.
61 Longerich 2008: 288.
62 Kater 2006: 217.
63 Müller 2005: 290.
64 Die Geschichte von »Paprika« findet sich u. a. bei Piekalkiewicz 1992: 282–283 und Meyer 1982: 191.
65 Meyer 1980: 186.
66 Meyer 1982: 191; Sax 2017: 86.
67 Piekalkiewicz 1992: 296.
68 Meyer 1982: 192.
69 Koselleck 2005: 172.
70 Henseleit Bd. I 2006: 193.
71 Henseleit Bd. I 2006: 70.

72 Henseleit Bd. I 2006: 196–197.
73 Henseleit Bd. I 2006: 265.
74 Henseleit Bd. I 2006: 197.
75 Zu Bleekers Rolle im Nationalsozialismus siehe: Henseleit Bd. I 2006: 40; zur »Gottbegnadeten-Liste« siehe: Klee 2009: 53.
76 Zum Kavallerie-Denkmal siehe: Henseleit Bd. I 2006: 198.
77 Canetti 1993: 203.
78 Stellungnahmen des Bundesverteidigungsministeriums auf Anfrage des Autors, 24.01.2017 und 31.03.2017.
79 *Spiegel Online*, 14.02.2013: »Fleischskandal«.
80 *Die Zeit Wissen*, 20.02.2013: »Etikettenschwindel«.
81 Harris 1995: 93–104.
82 Sambraus 1991: 105–106.
83 *Die Welt*, 18.02.2013: »Der Ekel« <https://www.welt.de/kultur/article113726494/Der-Ekel-vor-Pferdefleisch-kommt-aus-Stalingrad.html> (abgerufen am: 20.08.2019).
84 Deutschlandfunk 14.02.2013: »Furcht«.
85 Pöppinghege 2009: 240.

Epilog – Die letzte Stunde der Hunde

1 Gesamter Absatz: Speer 2010: 315.
2 Zoller 1949: 230.
3 Gun 1968: 168.
4 Eberle & Uhl 2007: 291.
5 Junge 2011: 153.
6 Zoller 1949: 151.
7 Piekalkiewicz 1992: 297; <www.trakehner-verband.de> – »Geschichte« (abgerufen am: 29.11.2019).
8 *Der Spiegel* 29/1951: »Keine Staatsamateure«.
9 Muth 1970: 412.
10 Zitate aus: Schlange-Schöningen 1946: 202–204.
11 Falkenberg & Hammer 2008: 317.
12 SLL (Sächsische Landesanstalt für Landwirtschaft) 2003: 30.
13 *Neue Zeit*, 29.08.1945, S. 3: »Panjepferde«.
14 Müller 1996: 35.
15 *Neue Zeit*, 18.12.1945, S. 3: »Pferdelenker …«.
16 Beyer 1987: 29.
17 Humburg 1998: 147–148, 152.
18 Zit. n. Humburg 1998: 151–153.

19 Levi 1994: 76.

20 Vinogradov et al. 2005: 88.

21 Junge 2011: 141.

22 Zum Zitat »Panoptikum« siehe Eberle & Uhl 2007: 408; zu »Moskauer Zoo« siehe Fest 2013: 1052.

23 Fest 2004: 126; Speer 2010: 483.

24 Zur Tötung Blondis siehe u. a. Vinogradov et al. 2005: 194; Eberle & Uhl 2007: 441; Fest 2013: 1055; Junge 2011: 200; Misch 2010: 218.

25 Eberle & Uhl 2007: 451.

26 Zu den Umständen von Hitlers Tod siehe: Fest 2004: 137–138.

27 *Der Spiegel* 19/1965: »Hitlers Leiche«.

28 Zit. n. von Preußen & von Preußen 2012: 12.

29 Wippermann & Berentzen 1999: 86.

30 Jähner 2019: 10.

31 Zum »Würger« siehe *Der Spiegel* 39/1948, »Wo der Hund begraben liegt« u. *Die Zeit* 01/2008, »Das Monster im Moor«.

32 »Welt im Film« 171/1948 vom 03.09.1948, Bundesarchiv.

LITERATUR

Ackermann, Josef: Heinrich Himmler – ›Reichsführer-SS‹. In: Die braune Elite I. 22 biographische Skizzen. Herausgegeben von Ronald Smelser, E. Syring & R. Zitelmann. Darmstadt 1989. S. 115–133.

Adam, Wilhelm: Der schwere Entschluß. Berlin 1965.

Adorno, Theodor W.: Minima Moralia. Reflexionen aus dem beschädigten Leben. Berlin 1951.

Ahne, Petra: Wölfe. In: Naturkunden No. 27. Herausgegeben von Judith Schalansky. Berlin 2016.

Alcabes, Philip: Dread – How Fear And Fantasy Have Fueled Epidemics From the Black Death to Avian Flu. Philadelphia 2010.

Aly, Götz: Hitlers Volksstaat. Raub, Rassenkrieg und nationaler Sozialismus. Frankfurt am Main 2005.

Ammon, Otto: Die Bedeutung des Bauernstandes für den Staat und die Gesellschaft. Berlin 1906.

Arnold, Dietmar: Neue Reichskanzlei und »Führerbunker«. Legenden und Wirklichkeit. Berlin 2005.

Bähr, Walter & Hans W.: Kriegsbriefe gefallener Studenten 1939–1945. Tübingen, Stuttgart 1952.

Barth, Boris: Tiere und Rasse. Menschenzucht und Eugenik. In: Tiere und Geschichte. Konturen einer Animate History. Herausgegeben von Gesine Krüger et al. Stuttgart 2014. S. 199–217.

Benz, Wolfgang: Die Schatten der Vergangenheit: Richard Glazar. In: Deutsche Juden im 20. Jahrhundert. Eine Geschichte in Porträts. Herausgegeben von Wolfgang Benz. München 2011. S. 299–301.

Benz, Wolfgang & Distel, Barbara (Hg.): Der Ort des Terrors. Geschichte der nationalsozialistischen Konzentrationslager. Band 1. Die Organisation des Terrors. München 2005.

Bergander, Götz: Dresden im Luftkrieg. Weimar 1977.

Beyer, Wilhelm Raimund: Stalingrad. Unten, wo das Leben konkret war. Frankfurt am Main 1987.

Bieger, Walter (Hg.): Handbuch der Deutschen Jagd. Berlin 1940.

Bluhm, Detlef: Was Sie schon immer über Katzen wissen wollten. Berlin 2014.

Boberach, Heinz: Jugend unter Hitler. Düsseldorf 1982.
Bode, Wilhelm & Emmert, Elisabeth: Jagdwende. Vom Edelhobby zum ökologischen Handwerk. München 2000.
Borchert, Christian; Giesecke, Almut & Nowojski, Walter (Hg.): Victor Klemperer. Ein Leben in Bildern. Berlin 1999.
Bornemann, Gundula: 50 Jahre Deutsche Edelschweinzucht. Radebeul, Berlin 1953. S. 7–11.
Brehm, Alfred Edmund: Brehms Tierleben. Band 1.1 – Säugetiere. Nachdruck der Originalausgabe aus dem Jahre 1876. Bremen 2013.
Brehm, Alfred Edmund: Brehms Thierleben. Allgemeine Kunde des Thierreichs. Vierte Abtheilung – Wirbellose Thiere. Erster Band. Leipzig 1877.
Broszat, Martin (Hg.): Kommandant in Auschwitz. Autobiografische Aufzeichnungen des Rudolf Höß. München 2006.
Brucker, Renate: Für eine radikale Ethik. Die Tierrechtsbewegung in der ersten Hälfte des 20. Jahrhunderts. In: Das Mensch-Tier-Verhältnis. Eine sozialwissenschaftliche Einführung. Herausgegeben von Renate Brucker et al. Wiesbaden 2015. S. 211–268.
Buchner, Leander: Zur Bedeutung des Pferdes in der Wehrmacht. In: Veterinärmedizin im Dritten Reich. Herausgegeben von der Deutschen Veterinärmedizinischen Gesellschaft. Gießen 1998. S. 135–144.
Burchardt, Lothar: Von Katzen und Mäusen. Einige Bemerkungen zur Denominationskultur der deutschen Streitkräfte im 20. Jahrhundert. In: Von Katzen und Menschen. Sozialgeschichte auf leisen Sohlen. Herausgegeben von Clemens Wischermann. Konstanz 2007. S. 183–210.
Canetti, Elias: Gesammelte Werke. Band 3. Masse und Macht. München 1994.
Canetti, Elias: Gesammelte Werke. Band 4. Aufzeichnungen 1942–1985. Die Provinz des Menschen. München 1993.
Corni, Gustavo: Richard Walther Darré. Der »Blut-und-Boden«-Ideologe. In: Die braune Elite I. 22 biographische Skizzen. Herausgegeben von Ronald Smelser, E. Syring & R. Zitelmann. Darmstadt 1989, S. 15–27.
Corni, Gustavo & Gies, Horst: Brot · Butter · Kanonen. Die Ernährungswirtschaft in Deutschland unter der Diktatur Hitlers. Berlin 1997.
Darré, Richard Walther: Das Schwein als Kriterium für nordische Völker und Semiten. München 1933.
Darré, Richard Walther: Der Schweinemord. München 1937.
Darwin, Charles: The Variation of Animals and Plants Under Domestication. Vol. II. London 1868.
Demandt, Alexander: Das Privatleben der römischen Kaiser. München 2007.
Denk, Manfred: Die Konstruktion der jüdischen »Rasse«: Ein Ideologiever-

gleich der Rasse-Konzepte H. S. Chamberlains und A. Hitlers, durchgeführt an ihren Hauptwerken »Grundlagen des 19. Jahrhunderts« bzw. »Mein Kampf«. Dissertation, Erlangen-Nürnberg 2011.

Diedrich, Torsten: Paulus. Das Trauma von Stalingrad: Eine Biographie. Paderborn 2008.

Diels, Rudolf: Lucifer ante portas. Zwischen Severing und Heydrich. Zürich 1949.

Dinzelbacher, Peter (Hg.): Mensch und Tier in der Geschichte Europas. Stuttgart 2000.

Dirscherl, Stefan: Tier- und Naturschutz im Nationalsozialismus: Gesetzgebung, Ideologie und Praxis. Göttingen 2012.

Döpke, Oswald: Ich war Kamerad Pferd. Meine grotesken Kriegserlebnisse 1942–1945. Berlin 2004.

Dornheim, Andreas: Rasse, Raum und Autarkie. Sachverständigengutachten zur Rolle des Reichsministeriums für Ernährung und Landwirtschaft in der NS-Zeit. Erarbeitet für das Bundesministerium für Ernährung, Landwirtschaft und Verbraucherschutz. Bamberg 2011.

Eberle, Henrik & Uhl, Matthias (Hg.): Das Buch Hitler. Geheimdossier des NKWD für Josef W. Stalin, zusammengestellt aufgrund der Verhörprotokolle des Persönlichen Adjutanten Hitlers, Otto Günsche, und des Kammerdieners Heinz Linge, Moskau 1948/49. Bergisch Gladbach 2007.

Ebert, Jens (Hg.): Feldpostbriefe aus Stalingrad. November 1942 bis Januar 1943. Göttingen 2003.

Fehringer, Otto: Die Welt der Säugetiere. München 1953.

Fest, Joachim: Das Gesicht des Dritten Reiches: Profile einer totalitären Herrschaft. München 1963.

Fest, Joachim: Der Untergang. Hitler und das Ende des Dritten Reiches. Eine historische Skizze. Reinbek 2004.

Fest, Joachim: Hitler: Eine Biographie. Frankfurt am Main 2013.

Flessau; Kurt-Ingo: Schule der Diktatur. Lehrpläne und Schulbücher des Nationalsozialismus. München 1977.

Föger, Benedikt & Taschwer, Klaus: Die andere Seite des Spiegels. Konrad Lorenz und der Nationalsozialismus. Wien 2001.

Fontane, Theodor: Wanderungen durch die Mark Brandenburg. Tübingen 1910.

Freund, Florian: Arbeitslager Zement. Das Konzentrationslager Ebensee und die Raketenrüstung. Wien 1989.

Frevert, Walter: Rominten. München, Bern, Wien 1977.

Frevert, Walter: Mein Jägerleben. Gesammelte Erzählungen des großen Waidmanns. Stuttgart 2007.

Fröhlich, Elke: Der Zweite Weltkrieg. Eine kurze Geschichte. Stuttgart 2013.

Fuhr, Eckhard: Rückkehr der Wölfe. Wie ein Heimkehrer unser Leben verändert. München 2016.

Gautschi, Andreas: Der Reichsjägermeister: Fakten und Legenden um Hermann Göring. Melsungen 2010.

Geißler, Erhard: Hitler und die Biowaffen. Münster 1998.

Geißler, Erhard: Biologische Waffen – nicht in Hitlers Arsenalen: Biologische und Toxin-Kampfmittel in Deutschland von 1915 bis 1945. In: Studien zur Friedensforschung. Herausgegeben von Horst Fischer et al. Band 13. Münster 1999.

Gerhard, Gesine: Das Bild der Bauern in der modernen Industriegesellschaft. Störenfriede oder Schoßkinder der Industriegesellschaft? In: Das Bild des Bauern. Selbst- und Fremdwahrnehmungen vom Mittelalter bis ins 21. Jahrhundert. Herausgegeben von Daniela Münkel und Frank Uekötter. Göttingen 2012. S. 111–130.

Gerhard, Gesine: Nazi Hunger Politics. A History of Food in the Third Reich. London 2015.

Gewinner, Malin: Die Anthropomorpha: Tiere im Krieg. Berlin 2017.

Gies, Horst: Richard Walther Darré. Der »Reichsbauernführer«, die nationalsozialistische »Blut und Boden«-Ideologie und Hitlers Machteroberung. Köln 2019.

Giese, Clemens & Kahler, Waldemar: Das deutsche Tierschutzrecht. Bestimmungen zum Schutze der Tiere. Berlin 1944.

Goebbels, Joseph: Was wollen wir im Reichstag? In: Aufsätze aus der Kampfzeit. Herausgegeben von Hans Schwarz van Berk. München 1935. S. 73.

Goebbels, Joseph: Die Tagebücher von Joseph Goebbels. Teil I 1923–1941, Band 3/I April 1934–Februar 1936. München 2005.

Goebbels, Joseph: Tagebücher 1924–45. Band 3, 1935–1939. München 1992.

Goebbels, Joseph: Tagebücher 1945. Die letzten Aufzeichnungen. Hamburg 1977.

Göring, Emmy: An der Seite meines Mannes. Göttingen 1967.

Gritzbach, Erich: Hermann Göring. Werk und Mensch. München 1938.

von der Grün, Max: Wie war das eigentlich? Kindheit und Jugend im Dritten Reich. Darmstadt, Neuwied 1979.

Gun, Nerin E.: Eva Braun-Hitler. Leben und Schicksal. Velbert, Kettwig 1968.

Hackett, Daniel A. (Hg.): Der Buchenwald-Report. Bericht über das Konzentrationslager Buchenwald bei Weimar. München 2002.

Haeckel, Ernst: Die Lebenswunder. Gemeinverständliche Studien über biologische Philosophie. Ergänzungsband zu dem Buche über die Welträthsel. Stuttgart 1904.

Haikal, Mustafa: Auf der Spur des Löwen. 125 Jahre Zoo Leipzig. Leipzig 2003.
Harris, Marvin: Wohlgeschmack und Widerwillen. Die Rätsel der Nahrungstabus. München 1995.
Hasel, Karl: Forstgeschichte. Ein Grundriss für Studium und Praxis. Band 1. Hamburg 1985.
Henseleit, Frank: Der Bildhauer Bernhard Bleeker (1881–1968): Leben und Werk. Band 1 und 2. Dissertation, Augsburg 2006.
Herder, Johann Gottfried: Ideen zur Philosophie der Geschichte der Menschheit. Zweiter Band. Leipzig 1841.
Herlemann, Beatrix: Der Bauer klebt am Hergebrachten. Bäuerliche Verhaltensweisen unterm Nationalsozialismus auf dem Gebiet des heutigen Landes Niedersachsen. Hannover 1993.
Hermand, Jost: Als Pimpf in Polen. Frankfurt am Main 1994.
Herrmann, Bernd: Kartoffel, Tod und Teufel: Wie Kartoffel, Kartoffelfäule und Kartoffelkäfer Umweltgeschichte machten. In: Schauplätze und Themen der Umweltgeschichte. Herausgegeben von Bernd Herrmann & Urte Stobbe. Göttingen 2009. S. 71–120.
Hesse, Hermann & Mann, Thomas: Briefwechsel. Berlin 1999.
Heubach, Andrea: »Hitler war Vegetarier«. Über die Zuschreibung menschenfeindlicher Tierliebe. In: Tiere Bilder Ökonomien. Aktuelle Forschungsfragen der Human-Animal Studies. Herausgegeben von Chimaira – Arbeitskreis für Human-Animal-Studies. Bielefeld 2013. S. 213–240.
Hiemer, Ernst: Der Giftpilz. Ein Stürmerbuch für Jung und Alt. Nürnberg 1938.
Hiemer, Ernst: Der Pudelmopsdackelpinscher und andere besinnliche Erzählungen. Nürnberg 1940.
Höge, Helmut: Über Tiernamen als Waffen. In: Tiere und Krieg. Tierstudien 12/2017. Herausgegeben von Jessica Ullrich und Mieke Roscher. Berlin 2017. S. 95–107.
Hohlbaum, Robert: Von einem Ehepaar und einem Junggesellen. In: Tiere im Krieg. Herausgegeben von Johannes Theuerkauff. Berlin 1932. S. 186–190.
Holl, Adelbert: Was geschah nach Stalingrad? 7¼ Jahre als Kriegs- und Strafgefangener in Russland. Erlangen 1965.
Holl, Adelbert: Als Infanterist in Stalingrad. Erlangen 1978.
Humburg, Martin: Das Gesicht des Krieges. Feldpostbriefe von Wehrmachtsoldaten aus der Sowjetunion 1941–1944. Opladen, Wiesbaden 1998.
Hürter, Johannes: Hitlers Heerführer. Die deutschen Oberbefehlshaber im Krieg gegen die Sowjetunion 1941/42. München 2007.

Huxley, Aldous: Geblendet in Gaza. München 1987.
Jähner, Harald: Wolfszeit. Berlin 2019.
Jansen, Sarah: »Schädlinge«. Geschichte eines wissenschaftlichen und politischen Konstrukts 1840–1920. Frankfurt am Main 2003.
Jentzsch, Rupert: Tierschutz und Schächtverbot: Das Schlachtgesetz von 1933 und seine Auswirkungen. In: Veterinärmedizin im Dritten Reich. Herausgegeben von der Deutschen Veterinärmedizinischen Gesellschaft. Gießen 1998. S. 44–53.
Jochmann, Werner (Hg.): Adolf Hitler. Monologe im Führerhauptquartier 1941–1944. München 1980.
Junge, Traudl: Bis zur letzten Stunde. Hitlers Sekretärin erzählt ihr Leben. München 2011.
Kalm, Ernst: Schweinezucht in Pommern – vom Fett- zum Fleischschwein. In: Tierzucht in Pommern. Herausgegeben von der Stiftung Pommern (Kat. Ausst., Schloss Rantzaubau, Kiel 1996). Kiel 1996. S. 71–93.
Kartoffelkäfer-Abwehrdienst des Reichsnährstandes (Hg.): Die Kartoffelkäferfibel. Berlin 1941.
Kater, Michael H.: Das »Ahnenerbe« der SS 1935–1945. Ein Beitrag zur Kulturpolitik des Dritten Reiches. München 2006.
Kelley, Douglas M.: 22 Cells in Nuremberg. New York 1961.
Kershaw, Ian: Hitler: 1889–1936. München 2013.
Kershaw, Ian: Hitler: 1889–1945. München 2009.
Kirchmeier, Eva: Annelies Umlauf-Lamatsch. Die Vielfalt in ihren Kinderbüchern. Diplomarbeit, Universität Wien 2013.
Klee, Ernst: Das Kulturlexikon zum Dritten Reich. Wer war was vor und nach 1945. Frankfurt am Main 2009.
Klee, Ernst: Das Personenlexikon zum Dritten Reich. Wer war was vor und nach 1945. Hamburg 2016.
Klee, Ernst; Dreßen, Willi & Rieß, Volker: »Schöne Zeiten« – Judenmord aus Sicht der Täter und Gaffer. Frankfurt am Main 1988.
Klemperer, Victor: LTI. Notizbuch eines Philologen. Berlin 1947.
Klothmann, Nastasja: Gefühlswelten im Zoo: Eine Emotionsgeschichte 1900–1945. Bielefeld 2015.
Klueting, Edeltraud: Die gesetzlichen Regelungen der nationalsozialistischen Reichsregierung für den Tierschutz, den Naturschutz und den Umweltschutz. In: Naturschutz und Nationalsozialismus. Herausgegeben von Joachim Radkau & Frank Uekötter. Frankfurt am Main 2003 S. 77–105.
Knopf, Volker & Martens, Stefan: Görings Reich. Selbstinszenierungen in Carinhall. Augsburg 2004.

Kogon, Eugen: Der SS-Staat. Das System der deutschen Konzentrationslager. Stockholm, Frankfurt am Main 1947.

Kordt, Erich: Nicht aus den Akten. Stuttgart 1950.

Koselleck, Reinhart: Der Aufbruch in die Moderne oder das Ende des Pferdezeitalters. In: Historikerpreis der Stadt Münster. Die Preisträger und Laudatoren von 1981 bis 2003. Herausgegeben von Berthold Tillmann. Münster 2005. S. 159–174.

Köstering, Susanne & Rüb, Renate (Hg.): Müll von gestern? Eine umweltgeschichtliche Erkundung in Berlin und Brandenburg. Münster 2003.

Krüger, Wilhelm: Unser Pferd und seine Vorfahren. In: Verständliche Wissenschaft. 41. Band. Berlin 1939. S. 49–50.

Kube, Alfred: Pour le mérite und Hakenkreuz. Hermann Göring im Dritten Reich. München 1986.

Kube, Alfred: Hermann Göring – Zweiter Mann im ›Dritten Reich‹. In: Die braune Elite I. 22 biographische Skizzen. Herausgegeben von Ronald Smelser, E. Syring & R. Zitelmann. Darmstadt 1989, S. 69–83.

Kuhnert, Max: Will We See Tomorrow? A German Cavalryman At War 1939–1942. London 1993.

Kutter, Kathrin Anna Maria: Das Pferdebeschaffungswesen in der Bayerischen Armee von 1880–1920 an Hand der Akten des Kriegsarchives in München. Dissertation, München 2012.

Laue, Christoph: Jugend im Krieg. In: »Mit dem Führer zum Sieg?« Der Raum Herford im Krieg 1939–1945. Begleitmaterialien zur Ausstellung vom 1. September 2015 bis 18. Dezember 2016. Herausgegeben von Saskia Bruns und Christoph Laue. Schriftenreihe der Gedenkstätte Zellentrakt, Band 2. Herford 2015.

Leonhardt, Paul: Die Wurzeln des Bundesjagdgesetzes. In: »Jagdkultur – gestern, heute, morgen«. Schriftenreihe des Landesjagdverbandes Bayern e. V. Band 17, 2008. S. 35–44.

Levi, Primo: Die dritte Seite. Essays und Erzählungen. München 1994.

Lieb, Peter: Konventioneller Krieg oder NS-Weltanschauungskrieg? Kriegführung und Partisanenbekämpfung in Frankreich 1943/44. München 2007.

Linse, Ulrich: Der Film »Ewiger Wald« – oder: Die Überwindung der Zeit durch den Raum. Eine filmische Umsetzung von Rosenbergs »Mythus des 20. Jahrhunderts«. In: Zeitschrift für Pädagogik, 31. Beiheft: Formative Ästhetik im Nationalsozialismus. Intentionen, Medien und Praxisformen totalitärer ästhetischer Herrschaft und Beherrschung. Herausgegeben von Ulrich Herrmann & Ulrich Nassen. Weinheim, Basel 1993. S. 57–75.

Longerich, Peter: Heinrich Himmler. Biographie. München 2008.

Longerich, Peter: Wannseekonferenz. Der Weg zur »Endlösung«. München 2016.
Lorenz, Konrad: Die angeborenen Formen möglicher Erfahrung. Berlin 1942.
Lower, Wendy: Hitlers Helferinnen. Deutsche Frauen im Holocaust. München 2014.
Mackenzie, Compton: Die Katzen und ich. Zürich 1965.
von Maltzan, Maria Gräfin: Schlage die Trommel und fürchte dich nicht. Erinnerungen. Berlin 2016.
Meibauer, Jörg: »Um den Schädling zu vernichten«. Propaganda, Hass, Humor und Metapher im Kindersachbuch: »Die Kartoffelkäferfibel« (1935) und »Karl Kahlfraß und sein Lieschen« (1952). In: Verbale Aggression. Multidisziplinäre Zugänge zur verletzenden Macht der Sprache. Herausgegeben von Silvia Bonacchi. Berlin, Boston 2017. S. 289–303.
Meyer, Heinz: Geschichte der Reiterkrieger. Stuttgart 1982.
Mildner, Horst & Resch, Leonhard: Schorfheide zwischen Glanz und Entgleisung. Schwedt 1997.
Misch, Rochus: Der letzte Zeuge. Ich war Hitlers Telefonist, Kurier und Leibwächter. München 2010.
Mohnhaupt, Jan: Der Zoo der Anderen. Als die Stasi ihr Herz für Brillenbären entdeckte & Helmut Schmidt mit Pandas nachrüstete. München 2017.
Möhring, Maren: »Hygienische Helfer«. Katzen und Katzenschutz im nationalsozialistischen Deutschland. In: Von Katzen und Menschen. Sozialgeschichte auf leisen Sohlen. Herausgegeben von Clemens Wischermann. Konstanz 2007. S. 173–182.
Motadel, David: Für Prophet und Führer. Die islamische Welt und das Dritte Reich. Stuttgart 2017.
Müller, Inge: Irgendwo; noch einmal möcht ich sehn. Lyrik, Prosa, Tagebücher. Mit Beiträgen zu ihrem Werk. Herausgegeben von Ines Geipel. Berlin 1996.
Müller, Rolf-Dieter: Der letzte deutsche Krieg 1939–1945. Stuttgart 2005.
Münkel, Daniela: Nationalsozialistische Agrarpolitik und Bauernalltag. Frankfurt am Main, New York 1996.
Muth, Heinrich: Hans Schlange-Schöningen (1886–1960). In: Große Landwirte. Herausgegeben von Günther Franz & Heinz Haushofer. Frankfurt am Main 1970. S. 394–417.
Neumärker, Uwe & Knopf, Volker: Görings Revier. Jagd und Politik in der Rominter Heide. Berlin 2008.
Nietzsche, Friedrich: Die fröhliche Wissenschaft. Leipzig 1887.

Nowojski, Walter & Löser, Christian (Hg.): Victor Klemperer: So sitze ich denn zwischen allen Stühlen: Tagebücher 1945–1959. Berlin 1999.

Nowojski, Walter (Hg.): Victor Klemperer: Ich will Zeugnis ablegen bis zum letzten. Tagebücher 1933–1941. Berlin 2015.

Nowojski, Walter (Hg.): Victor Klemperer: Ich will Zeugnis ablegen bis zum letzten. Tagebücher 1942–1945. Berlin 2015.

Nowojski, Walter & Holdack, Nele (Hg.): Viktor Klemperer: Warum soll man nicht auf bessere Zeiten hoffen? Ein Leben in Briefen. Berlin 2017.

Oberthür, Wolfgang: Der Schamester. Erinnerungen an eine Kindheit und Jugend auf dem Eichsfeld. Band 3. Schamesters Kriegsende. Laatzen 2002. S. 24–29.

Perz, Bertrand: »... müssen zu reißenden Bestien erzogen werden«. Der Einsatz von Hunden zur Bewachung in den Konzentrationslagern. In: Dachauer Hefte. Studien und Dokumente zur Geschichte der nationalsozialistischen Konzentrationslager. Band 12, 1996. S. 139–158.

Peterson, Agnes & Smith, Bradley (Hg.): Heinrich Himmler: Geheimreden 1933 bis 1945 und andere Ansprachen. Berlin 1974.

Peuschel, Harald: Die Männer um Hitler. Braune Biographien: Martin Bormann, Joseph Goebbels, Hermann Göring, Reinhard Heydrich, Heinrich Himmler und andere. Düsseldorf 1982.

Picker, Henry: Hitlers Tischgespräche im Führerhauptquartier 1941–1942. Stuttgart 1976.

Piekalkiewicz, Janusz: Pferd und Reiter im II. Weltkrieg. München 1992.

Ploetz, Alfred: Die Tüchtigkeit unsrer Rasse und der Schutz der Schwachen. Ein Versuch über Rassenhygiene und ihr Verhältniss zu den humanen Idealen, besonders zum Socialismus. Berlin 1895.

Pöppinghege, Rainer: Abgesattelt! – Die publizistischen Rückzugsgefechte der deutschen Kavallerie seit 1918. In: Tiere im Krieg. Von der Antike bis zur Gegenwart. Herausgegeben von Rainer Pöppinghege. Paderborn 2009. S. 234–250.

von Preußen, Sibylle Prinzessin & Friedrich Wilhelm Prinz (Hg.): Friedrich der Große. Vom anständigen Umgang mit Tieren. Göttingen 2012.

Pröse, Tim: Jahrhundertzeugen: Die Botschaft der letzten Helden gegen Hitler. 18 Begegnungen. München 2016.

Räber, Hans: Enzyklopädie der Rassehunde. Band 1. Stuttgart 2001.

Radkau, Ulrich: Natur und Macht. Eine Weltgeschichte der Umwelt. München 2002.

Ramm, Eberhard (Hg.): Deutsche Hochzuchten. Dritter Band: Deutsche Schweinehochzuchten. Berlin 1922.

Raulff, Ulrich: Das letzte Jahrhundert der Pferde. Geschichte einer Trennung. München 2015.

Reichholf, Josef H.: Auf den Hund gekommen. In: Schriftenreihe der Stiftung Vontobel, Nr. 2100, 3/2014.
Reichsjugendführung (Hg.): Pimpf im Dienst. Ein Handbuch für das Deutsche Jungvolk in der HJ. Potsdam 1938.
Reichsministerium für Wissenschaft, Erziehung und Volksbildung (Hg.): Erziehung und Unterricht in der Höheren Schule. Berlin 1938.
Reichsverband Deutscher Kleintierzüchter e. V. (Hg.): Der Seidenbau in der Erzeugungsschlacht. Berlin 1937.
Reischle, Hermann: Reichsbauernführer Darré. Der Kämpfer um Blut und Boden. Eine Lebensbeschreibung. Berlin 1935.
Riehl, Wilhelm Heinrich: Die Naturgeschichte des Volkes als Grundlage einer deutschen Social-Politik. Erster Band. Land und Leute. Stuttgart, Tübingen 1854.
Roosevelt, Franklin D. & Bullitt, William C.: For the President. Personal and Secret. Correspondence between Franklin D. Roosevelt and William C. Bullitt. Boston 1972.
Rubner, Heinrich: Naturschutz, Forstwirtschaft und Umwelt in ihren Wechselbeziehungen, besonders im NS-Staat. In: Wirtschaftsentwicklung und Umweltbeeinflussung (14.–20. Jahrhundert). Herausgegeben von Hermann Kellenbenz. Wiesbaden 1982. S 105–123.
Rubner, Heinrich: Deutsche Forstgeschichte, 1933–1945: Forstwirtschaft, Jagd und Umwelt im NS-Staat. Gutenberg 1997.
Rückerl, Adalbert (Hg.): Nationalsozialistische Vernichtungslager im Spiegel deutscher Strafprozesse. Belzec, Sobibor, Treblinka, Chelmno. München 1977.
Russell, Edward: The Scourge of the Swastika: A Short History of Nazi War Crimes. New York 2008.
Rüter, Christiaan F. & De Mildt, Dick W. (Hg.): Justiz und NS-Verbrechen. Sammlung (west-)deutscher Strafurteile wegen nationalsozialistischer Tötungsverbrechen. Amsterdam 2010.
Sambraus, Hans Hinrich: Nutztierkunde. Biologie, Verhalten, Leistung und Tierschutz. Stuttgart 1991.
Sandner, Harald: Hitler – Das Itinerar. Aufenthaltsorte und Reisen von 1889 bis 1945. Band I 1889–1927. Berlin 2016.
Saraiva, Tiago: Fascist Pigs. Technoscientific Organisms and the History of Fascism. Cambrigde, London 2018.
Sauerbruch, Ferdinand: Das war mein Leben. Biographie. München 1979.
Sax, Boria: Animals in the Third Reich. Pets, Scapegoats and the Holocaust. New York, London 2017.
von Scheffel, Joseph Victor: Lieder des Katers Hiddigeigei. In: Der Trompeter von Säckingen. Ein Sang vom Oberrhein. Zutphen 1864.

Schlange-Schöningen, Ernst-Siegfried: Unveröffentlichtes Buchmanuskript zur Geschichte Schöningens. Familienarchiv Schlange-Schöningen, undatiert.
Schlange-Schöningen, Hans: Am Tage danach. Hamburg 1946.
Schlange-Schöningen, Hans: Lebendige Landwirtschaft. Hamburg 1947.
Schmitz-Berning, Cornelia: Vokabular des Nationalsozialismus. Berlin 2000.
Schroeder, Christa & Joachimsthaler, Anton: Er war mein Chef. Aus dem Nachlaß der Sekretärin von Adolf Hitler. München 1985.
Schuller, Wolfgang: Bastet, das Kätzchen. Die Katze im alten Ägypten. In: Von Katzen und Menschen. Sozialgeschichte auf leisen Sohlen. Herausgegeben von Clemens Wischermann. Konstanz 2007. S. 13–24.
Schwangart, Friedrich: Vom Recht der Katze. Mit Richtlinien für die Katzenhaltung. Leipzig 1937.
Schwantje, Magnus: Tierschlachtung und Krieg. Ein am 7. September 1927 auf dem VII. Demokratischen Friedens-Kongreß in Würzburg gehaltener Vortrag. Berlin 1928.
Schwantje, Magnus: Sittliche Gründe gegen das Fleischessen. Zürich 1942.
Seebo, Kurt W.: Der Schweinekrieg. In: Das Ende des Schweinekrieges. Marion Gölzows Photoaktion »Paarweise« als Friedenssymbol. Celle 1998. S. 5–13.
Semmler, Rudolf: Goebbels – the man next to Hitler. London 1947.
Speer, Albert: Erinnerungen. Berlin 2010.
Spengler, Oswald: Der Mensch und die Technik. Beitrag zu einer Philosophie des Lebens. München 1931.
Spengler, Oswald: Der Untergang des Abendlandes. Umrisse einer Morphologie der Weltgeschichte. München 1998.
Spiekermann, Uwe: Künstliche Kost. Ernährung in Deutschland, 1840 bis heute. In: Umwelt und Gesellschaft. Band 17. Herausgegeben von Christof Mauch und Helmuth Trischler. Göttingen 2018.
von Stephanitz, Max: Der deutsche Schäferhund in Wort und Bild. Jena 1921.
von Strombeck, Friedrich Heinrich (Hg.): Ergänzungen des Allgemeinen Landrechts für die Preußischen Staaten. Leipzig 1829.
Swietorczecki, B.: Die Biologie des Wolfes. In: Waidwerk der Welt. Herausgegeben vom Reichsbund »Deutsche Jägerschaft« (Kat. Ausst., Internationale Jagdausstellung, Berlin 1937). Berlin 1938. S. 256–257.
Syskowski, H. M. F.: Rominter Heide. Herausgegeben von der Landsmannschaft Ostpreußen, Abteilung Kultur. Hamburg 1996.
Tautorat, Hans-Georg: Rominten. Herausgegeben von der Landsmann-

schaft Ostpreußen, Abteilung Kultur. Geänderter Nachdruck. Hamburg 1983.
Tautorat, Hans-Georg: Ausflug in die Forst- und Jagdgeschichte. In: Rominter Heide. Herausgegeben von der Landsmannschaft Ostpreußen, Abteilung Kultur. Hamburg 1996. S. 10–12.
Thierfelder, Andreas: Die antike Komödie und das Komische. In: Würzburger Jahrbücher für die Altertumswissenschaft. Herausgegeben von Joachim Latacz et al. Band 5 (1979). S. 7–24.
Tournier, Michel: Der Erlkönig. Berlin, Weimar 1989.
Tucholsky, Kurt: Der Hund als Untergebener. Bissiges über Hunde und ihre Halter. Großhansdorf 2013.
Twardoch, Szczepan: Drach. Hamburg 2017.
Urmersbach, Viktoria: Im Wald, da sind die Räuber. Eine Kulturgeschichte des Waldes. Berlin 2018.
Uther, Hans-Jörg: Handbuch zu den »Kinder- und Hausmärchen« der Brüder Grimm. Entstehung – Wirkung – Interpretation. Berlin 2013.
Vesper, Bernward: Die Reise. Reinbek 1995.
Vinogradov, V. K.; Pogonyi, J. F. & Teptzov, N. V.: Hitlers Death: Russias Last Great Secret from the Files of the KGB. London 2005.
Vosganian, Varujan: Buch des Flüsterns. Wien 2013.
Van Vuure, Cis: Retracing the Aurochs. History, morphology and ecology of an extinct wild ox. Sofia, Moskau 2005.
Walk, Joseph (Hg.): Das Sonderrecht für die Juden im NS-Staat. Heidelberg, München, Landsberg, Frechen, Hamburg 2013.
Wippermann, Wolfgang & Berentzen, Detlef: Die Deutschen und ihre Hunde. Ein Sonderweg der Mentalitätsgeschichte? München 1999.
Wohlfromm, Hans-Jörg & Gisela: Deckname Wolf. Hitlers letzter Sieg. Berlin 2001.
Wohlfromm, Hans-Jörg & Gisela: »Und morgen gibt es Hitlerwetter!« Alltägliches und Kurioses aus dem Dritten Reich. Köln 2017.
Wuketits, Franz M.: Schwein und Mensch. Die Geschichte einer Beziehung. Hohenwarsleben 2011.
Zechner, Johannes: Von »deutschen Eichen« und »ewigen Wäldern«. Der Wald als national-politische Projektionsfläche. In: Unter Bäumen. Die Deutschen und ihr Wald. Herausgegeben von Ursula Breymayer & Bernd Ulrich. (Kat. Ausst., Deutsches Historisches Museum, Berlin 2011). Berlin 2011. S. 230–235.
Zechner, Johannes: Der deutsche Wald. Eine Ideengeschichte. Darmstadt 2016.
Zelinger, Amir: Menschen und Haustiere im Kaiserreich. Eine Beziehungsgeschichte. Bielefeld 2018.

Zieger, Wilhelm: Das deutsche Heeresveterinärwesen im Zweiten Weltkrieg. Freiburg 1973.
Zoller, Albert: Hitler privat. Erlebnisbericht seiner Geheimsekretärin. Düsseldorf 1949.
Zorn, Wilhelm: Schweinezucht. Züchtung, Fütterung, Haltung. Neubearbeitet von Gustav Comberg und Karl Richter. Stuttgart 1963.

Zeitungs-, Zeitschriften- und Online-Artikel

Anonym: »Ein erschütterndes Filmdokument«. In: *Kleines Volksblatt*, 28.08.1938.
Anonym: Fleischskandal: Pferdemedikament gelangte ins Essen. *Spiegel Online*, 14.02.2013; <http://www.spiegel.de/wirtschaft/soziales/pferde-medikament-soll-ins-essen-gelangt-sein-a-883372.html> (abgerufen am: 02.05.2018).
Anonym: Keine Staatsamateure mehr. In: *Der Spiegel* 29/1951.
Anonym: »Panjepferde«. In: *Neue Zeit*, 29.08.1945.
Anonym: »Pferdelenker oder Pferdeschinder?« In: *Neue Zeit*, 18.12.1945.
Anonym: »Quasi Verrückte«. In: *Der Spiegel* 46/1994.
Anonym: »Rezept: Wie hinterlasse ich sichtbare Spuren meiner nationalsozialistischen Gesinnung?« In: *HJ im Vormarsch*. Beilage der *Rheinsberger Zeitung*, 04.08.1934.
Anonym: »Staatsstreich gegen die Wehrmacht«. In: *Der Spiegel* 36/1974.
Anonym: Urmacher unerwünscht. In: *Der Spiegel* 26/1954.
Anonym: »Verhindert Transportverluste bei Schlachtschweinen!«. In: *Zeitschrift für Schweinezucht* 30/1940.
Anonym: »Vesper, Will«. In: Munzinger Online/Personen – Internationales Biographisches Archiv; <http://www.munzinger.de/document/00000004175> (abgerufen am: 05.09.2018).
Anonym: Vorwort der Schriftleitung. In: *Zeitschrift für Schweinezucht* 10/1941.
Anonym: Wo der Hund begraben liegt. In: *Der Spiegel* 36/1948.
B., S.: »Und es geht doch!« In: *Zeitschrift für Schweinezucht* 19/1943.
Backe, Herbert: »Aufrechterhaltung der Schweinebestände«. In: *Zeitschrift für Schweinezucht* 19/1943.
Bäumer-Schleinkofer, Änne: Biologie unter dem Hakenkreuz. Biologie und Schule im Dritten Reich. In: *Universitas. Zeitschrift für interdisziplinäre Wissenschaft*. 47. Jahrgang (1992), 1. Band, Heft 1. S. 48–61.
Bayerische Staatsbibliothek: Rede des Reichsführers SS bei der SS-Gruppenführertagung in Posen am 4. Oktober 1943. In: 100(0) Schlüsseldo-

kumente zur deutschen Geschichte im 20. Jahrhundert; <https://www.1000dokumente.de/index.html?c=dokument_de&dokument=0008_pos&object=pdf&st=&l=de> (abgerufen am: 26.10.2018).
Bein, Alexander: »Der jüdische Parasit«. In: *Vierteljahreshefte für Zeitgeschichte*. 13. Jahrgang (1965), Heft 2. S. 121–149.
Berg, Anne: The Nazi rag-pickers and their wine: the politics of waste and recycling in Nazi Germany. In: *Social History* 4 (2015), Jg. 40. S. 446–472.
Blood, Philip W.: Securing Hitler's *Lebensraum*: The Luftwaffe and Białowieża Forest, 1942–1944. In: *Holocaust and Genocide Studies* 2 (2010). S. 247–272.
Blumesberger, Susanne: Von Giftpilzen, Trödeljakobs und Kartoffelkäfern – Antisemitische Hetze in Kinderbüchern während des Nationalsozialismus. In: *Medaon – Magazin für jüdisches Leben in Forschung und Bildung* 5 (2009). S. 1–13.
Bode, Wilhelm: »Die anerkannten Grundsätze der deutschen Weidgerechtigkeit« gem. § 1 Abs. 3 BjagdG – ein trojanisches Pferd der völkischen Rechtserneuerung im Jagdrecht? In: *Jahrbuch des Agrarrechts*. 2016, Band XIII. S. 33–121.
Bode, Wilhelm: Hirsche. In: *Naturkunden* No. 46. Herausgegeben von Judith Schalansky. Berlin 2018.
Broich: Die deutsche Schule hilft der Luftfahrt durch Seidenbau. In: *Deutsche Wissenschaft, Erziehung und Volksbildung. Amtsblatt des Reichsministeriums für Wissenschaft, Erziehung und Volksbildung und der Unterrichtsverwaltungen der Länder*. 6. Jahrgang 1940, Heft 2. S. 7–8.
Brümmer, Johannes: Ein überschätzter Feind. In: *Die Gartenlaube* 31/ 1877. S. 522–525.
Buchheim, Christoph: Der Mythos vom »Wohlleben«. Der Lebenswandel der deutschen Zivilbevölkerung im Zweiten Weltkrieg. In: *Vierteljahresschrift für Zeitgeschichte*. 58. Jahrgang (2010), Heft 3. S. 299–328.
Bundesarchiv (Hg.): Die jüdische Bevölkerung im Deutschen Reich 1933–1945, 25.06.2019; <https://www.bundesarchiv.de/gedenkbuch/einfuehrung.html.de?page=2#fnY13> (abgerufen am: 14.10.2019).
Clement, Richard M.: Interview mit Oswald Maier, Unterveterinär in der Veterinärkompanie der 305. Infanteriedivision; <http://www.dererstezug.com/VetMaier.htm> (abgerufen am: 13.04.2018).
Deutscher Jagdverband (DJV): Hubertustag – Warum wir Jäger diesen Tag in Ehren halten. In: *Jäger – Zeitschrift für das Jagdrevier*, 3. November 2016; <https://www.jaegermagazin.de/jagd-aktuell/news-fuer-jaeger/hubertustag-warum-wir-jaeger-diesen-tag-in-ehren-halten/> (abgerufen am: 22.01.2019).

Dieberger, Johannes: Geschichte der Jagdkultur und das Dritte Reich. Auswirkungen auf unser heutiges Weidwerk, Teil II. In: *Der OÖ Jäger. Info-Magazin des OÖ Landesjagdverbandes*, Juni 2018, 45. Jahrgang, Nr. 159. S. 68–73.

Falkenberg, Heinz & Hammer, Horst: Zur Geschichte und Kultur der Schweinezüchtung und -haltung. 1. Mitteilung: Zur Domestikation und Verbreitung der Hausschweine in der Welt. In: *Züchtungskunde* 1/2006. S. 55–68.

Falkenberg, Heinz & Hammer, Horst: Zur Geschichte und Kultur der Schweinezüchtung und -haltung. 4. Mitteilung: Schweinezucht und -produktion in Europa zwischen 1900 und 1945. In: *Züchtungskunde* 4/2008. S. 315–333.

Franke, Nils M.: Naturschutz und Rechtsextremismus. Historische und aktuelle Befunde. In: *Denkanstöße. Naturschutz und Wissenschaft*, Heft 8, April 2010, S. 51–53.

Gerriets, Jan: »Mai!« In: *Zeitschrift für Schweinezucht* 21/1933.

Glazar, Richard: Wie schwer wiegt das »Nichts«? In: *Die Zeit* 43/1983.

Hartmann, Volker & Lange, Heike: »... Ausbilden, Erziehen und Führen.« Interview mit dem leitenden Veterinär der Bundeswehr, Oberstveterinär Dr. Leander Buchner. In: *Wehrmedizin und Wehrpharmazie* 4/2017; <http://www.wehrmed.de/article/3273-ausbilden-erziehen-fuehren.html> (abgerufen am: 18.10.2019).

Haus der Wannsee-Konferenz: Dokumente zur Wannsee-Konferenz; <https://www.ghwk.de/wannsee-konferenz/dokumente-zur-wannsee-konferenz/> (abgerufen am: 18.10.2019).

Hecht, Heinrich: »Schweinezucht in Pommern und der Verband pommerscher Schweinezüchter«. In: *Pommersche Zeitung*, 18. August 1979.

Heine, Matthias: Der Ekel vor Pferdefleisch kommt aus Stalingrad. In: *Die Welt*, 18.02.2013; <https://www.welt.de/kultur/article113726494/Der-Ekel-vor-Pferdefleisch-kommt-aus-Stalingrad.html> (abgerufen am: 22.03.2018).

Herzig, Arno: 1933–1945: Vertreibung und Vernichtung. In: *Jüdisches Leben in Deutschland. Informationen zur politischen Bildung* 307/2010. S. 51–61.

Holtz, Tobias: Zwischen Idylle und Hölle. In: *Nordkurier*, 12.03.2018. S. 24.

Hopp, Paul-Joachim & Weitz, Wolfgang: Walter Frevert – Der Macht verfallen. In: *Wild und Hund* 13/2017.

Hutter, Ralf: Die Schule in Witzenhausen. In: *Neues Deutschland*, 17.09.2016.

Industrieverband Agrar e. V.: Kartoffelkäfer – ein Schädling mit Geschichte. In: *IVA-Magazin Online, Schule & Wissen*, 19.07.2013; <https://www.iva.de/iva-magazin/schule-wissen/kartoffelkaefer-ein-schaedling-mit-geschichte> (abgerufen am: 13.10.18).

Jäckel, Eberhard: Die Konferenz am Wannsee. In: *Die Zeit* 04/1992.
Jahrbeck, Andrea: Zur Anwendung von Zwangsmaßnahmen bei Pferden unter besonderer Berücksichtigung der Nasenbremse unter Tierschutzgesichtspunkten. *Merkblatt Nr. 129*. Herausgegeben von der Tierärztlichen Vereinigung für Tierschutz e. V., 2010, S. 6.
Kater, Michael H.: Die Artamanen – Völkische Jugend in der Weimarer Republik. In: *Historische Zeitschrift*, Band 213, Heft 1, 2014. S. 577–638.
Kellerhoff, Sven Felix: »Ui, Herr Hitler, Sie dressieren Hunde aber fein!« In: *Welt.de*, 18.05.2017; <https://www.welt.de/geschichte/plus164685882/Ui-Herr-Hitler-Sie-dressieren-Hunde-aber-fein.html> (abgerufen am: 11.07.2018).
Kircher-Kannemann, Anja: Friedrich Schwangart – ein Mann zwischen Poesie und Wissenschaft. In: *Kultur-Geschichte(n)-Digital*, 08.02.2017; <https://tour-de-kultur.de/2017/02/08/friedrich-schwangart-ein-mann-zwischen-poesie-und-wissenschaft/> (abgerufen am: 22.08.2018).
de Kleijn, David M.: Von *Reitergeist* und *stummen Kameraden*. Narrative Leitsemantiken des Pferdebildes im deutschen Weltkriegsgedenken. In: *Tierstudien* 12/2017. Tiere im Krieg. S. 46–56.
Klimenko, Iwan: Wie ich die Leiche Hitlers fand. In: *Der Spiegel* 19/1965.
Klingenberg, Axel: »Höllenkreis der Familie«. In: *Jungle World* 2003/26.
Landeshauptstadt Dresden: Abschlussbericht der Historikerkommission zu den Luftangriffen auf Dresden zwischen dem 13. und 15. Februar 1945. 2010; <https://www.dresden.de/media/pdf/infoblaetter/Historikerkommission_Dresden1945_Abschlussbericht_V1_14a.pdf> (abgerufen am: 10.10.2018).
Leimann, Kaya: Entstehung und Niedergang der Osnabrücker Seidenproduktion – 1920 bis 1945. Hausarbeit, Universität Osnabrück 2016; <https://hvos.hypotheses.org/files/2017/03/Entstehung-und-Niedergang-der-Osnabrücker-Seidenproduktion---1920-bis-1945-1.pdf> (abgerufen am: 06.08.2019).
Lüdemann, Dagny: Etiketten-Schwindel. Alles Wichtige zum Pferdefleisch-Betrug. In: *Zeit Wissen*, 20.02.2013; <https://www.zeit.de/wissen/umwelt/2013-02/faq-pferdefleisch> (abgerufen am: 02.05.2018).
Lüttgenau, Rikola-Gunnar: Ein Zoo in Buchenwald? In: *Weimar-Kultur-Journal* 12/1993. S. 15–16.
Möhring, Maren: »Herrentiere« und »Untermenschen«. Zu den Transformationen des Mensch-Tier-Verhältnisses im nationalsozialistischen Deutschland. In: *Historische Anthropologie. Tierische (Ge)Fährten.* Herausgegeben von Gesine Krüger und Aline Steinbrecher. 19. Jahrgang, Heft 2, 2011. S. 229–244.

Mohnhaupt, Jan: Kamerad auf vier Tatzen. In: *JS-Magazin* 08/2017. PDF abrufbar unter: <https://www.js-magazin.de/heftarchiv/2017> (abgerufen am: 08.10.2019).

Münster, Erika: Kurt Franz aus Ratingen. In: *Die Quecke. Ratinger und Angerländer Heimatblätter*, Nr. 70, Dezember 2000. S. 179–183.

Passeick, Yannik: Umweltschutz ist auch Heimatschutz? Was rechtsextreme Ideologien mit Natur- und Umweltschutz zu tun haben. In: *Rundbrief Forum Umwelt und Entwicklung* 4/2018. S. 30–31.

Perschke, Mario: Der Hirsch von Johannes Darsow im Tierpark Berlin-Friedrichsfelde. In: *Mitteilungen des Vereins für die Geschichte Berlins*, 95. Jahrgang, Heft 1, Januar 1999. S. 481–485.

Petzsch, Hans: In Memoriam Friedrich Schwangart (1874–1958). Aus Anlaß der 90. Wiederkehr seines Geburtstages am 15. April 1964. In: *Anzeiger für Schädlingskunde* (1964). S. 60.

Rahlf, Thomas (Hg.): *Deutschland in Daten. Zeitreihen zur Historischen Statistik. Bundeszentrale für politische Bildung*, Bonn 2015; <http://hdl.handle.net/10419/124185> (abgerufen am: 28.03.2019).

Rath, Martin: »Dogmatik und tote Schweine«. In: *Legal Tribune Online*, 04.02.2018; <https://www.lto.de/recht/feuilleton/f/illegales-schlachten-strafrecht-nachkriegszeit-gefaehrdung-bedarfsdeckung/> (abgerufen am: 28.03.2019).

Reichsministerium für Wissenschaft, Erziehung und Volksbildung (Hg.): Förderung des Seidenbaues (Sachsen). In: *Deutsche Wissenschaft, Erziehung und Volksbildung. Amtsblatt des Reichsministeriums für Wissenschaft, Erziehung und Volksbildung und der Unterrichtsverwaltungen der Länder*, 1. Jahrgang 1935, Heft 21. S. 464.

Reichsministerium für Wissenschaft, Erziehung und Volksbildung (Hg.): Förderung des Seidenbaues (Sachsen). In: *Deutsche Wissenschaft, Erziehung und Volksbildung. Amtsblatt des Reichsministeriums für Wissenschaft, Erziehung und Volksbildung und der Unterrichtsverwaltungen der Länder*, 4. Jahrgang 1938, Heft 10. S. 254–256.

Reichsministerium für Wissenschaft, Erziehung und Volksbildung (Hg.): Förderung des Seidenbaues. In: *Deutsche Wissenschaft, Erziehung und Volksbildung. Amtsblatt des Reichsministeriums für Wissenschaft, Erziehung und Volksbildung und der Unterrichtsverwaltungen der Länder*, 9. Jahrgang 1943, Heft 14. S. 225.

Reichsministerium für Wissenschaft, Erziehung und Volksbildung (Hg.): Seidenbau. In: *Deutsche Wissenschaft, Erziehung und Volksbildung. Amtsblatt des Reichsministeriums für Wissenschaft, Erziehung und Volksbildung und der Unterrichtsverwaltungen der Länder*, 11. Jahrgang 1945, Heft 3. S. 16.

Roscher, Mieke: Das nationalsozialistische Tier: Projektionen von Rasse und Reinheit im Dritten Reich. In: *Tierethik. Zeitschrift zur Tier-Mensch-Beziehung*. 2016/2, Heft 13. S. 30–47.

Roscher, Mieke: Praxeologische Einordnungen von Pferde- und Hunderekrutierungen 1934–1944. In: *Hessische Blätter für Volks- und Kulturforschung*, 2018, Band 53. NS-Zeit. Materielle und immaterielle Zugänge an hessischen Beispielen. S. 73–85.

Sächsische Landesanstalt für Landwirtschaft (Hg.): Zur Entwicklung der Schweinezucht und -produktion im Land Sachsen 1850–2000. In: *Schriftenreihe der sächsischen Landesanstalt für Landwirtschaft*, Heft 1, 8. Jahrgang 2003.

Sax, Boria: What is a »Jewish Dog«? Konrad Lorenz and the Cult of Wildness. In: *Society and Animals* 5 (1997) Heft 1, S. 3–21.

Schäffer, Johann & König, Lena: Der deutsche Tierschutz – ein Werk des Führers! Zum Umgang mit ideologisch kontaminierten Begriffen der NS-Zeit. In: *Deutsches Tierärzteblatt* 9/2015. S. 1244–1256.

Schmoller, Andreas: Roberto Castellani. Erinnerungen anlässlich des ersten Todestages am 3. Dezember 2005. In: *betrifft widerstand*. Herausgegeben vom Verein Zeitgeschichte Museum und KZ-Gedenkstätte Ebensee. Nr. 75, Dezember 2005. S. 30–33.

Schneider, Ernst: »Die Erzeugungsschlacht wird fortgesetzt!« In: *Zeitschrift für Schweinezucht* 01/1941.

Seidel, Günter: »Wir werden marschieren«. In: *Spiegel Online*, einestages, 20.01.2008; <http://www.spiegel.de/einestages/kindheit-unter-hitler-a-949037.html> (abgerufen am: 18.11.2018).

Selheim, Claudia: »Alles wild« – Der edle Hirsch, ein gefragtes Bildmotiv. In: *Vom Ansehen der Tiere. Kulturgeschichtliche Spaziergänge im Germanischen Nationalmuseum*, Nr. 11. Nürnberg 2009. S. 159–168.

Sontheimer, Michael: Hitler in Bildchen. In: *Spiegel Online*, einestages, 05.05.2015; <http://www.spiegel.de/einestages/adolf-hitler-bildbiografie-zeichnet-unreflektiertes-bild-a-1031935.html> (abgerufen am: 11.07.2018).

Stange, Thomas: Den Tieren geht es gut. In: *Jungle.World* 16/2015; <https://jungle.world/artikel/2015/16/den-tieren-geht-es-gut> (abgerufen am: 29.08.2019).

Steinbach, Hans Joachim: Der »versteckte« Hirsch. In: *Wild und Hund* 3/2010.

Struck, Bernhard: Schule im »Dritten Reich«. Deutsches Historisches Museum, Berlin, 07.08.2015; <https://www.dhm.de/lemo/kapitel/ns-regime/alltagsleben/schule.html> (abgerufen am: 13.11.2018).

Stullich, Heiko: Parasiten, eine Begriffsgeschichte. In: *Forum Interdisziplinä-*

re Begriffsgeschichte. Herausgegeben von Ernst Müller, Zentrum für Literatur- und Kulturforschung Berlin (ZfL). 2. Jahrgang (2013), Heft 1. S. 21–29.

Taschwer, Paul: Die verlorene Ehre des Konrad Lorenz. In: *Der Standard*, 18.12.2015; <https://derstandard.at/2000027787429/Die-verlorene-Ehre-des-Konrad-Lorenz> (abgerufen am: 13.07.2018).

Thadeusz, Frank: Tiere: Dick und doof. In: *Der Spiegel* 43/2011.

Thissen, Torsten: Der vergessene Prozess um Treblinka. In: *Rheinische Post*, 19.10.2014; <https://rp-online.de/nrw/staedte/duesseldorf/der-vergessene-prozess-um-treblinka_aid-16537861> (abgerufen am: 10.10.2019)

Thünen-Institut (Hg.): Nutztierhaltung und Fleischproduktion in Deutschland. Dossier 2017; <https://www.thuenen.de/de/thema/nutztiershy haltung-und-aquakultur/nutztierhaltung-und-fleischproduktion-in-deutschland/> (abgerufen am: 10.10.2019).

Thünen-Institut (Hg.): Steckbriefe zur Tierhaltung in Deutschland: Mastschweine. Braunschweig 2019; <https://www.thuenen.de/media/ti-themenfelder/Nutztierhaltung_und_Aquakultur/Haltungsverfahren_in_Deutschland/Schweinehaltung/Steckbrief_Mastschweine2018.pdf> (abgerufen am: 10.10.2019).

Trakehner Verband e. V.: Geschichte vor 1945; <https://www.trakehner-verband.de/verband/geschichte/> (abgerufen am: 02.05.2018).

Trittel, Günther J.: Hans Schlange-Schöningen. Ein vergessener Politiker der »ersten Stunde«. In: *Vierteljahreshefte für Zeitgeschichte*. 35. Jahrgang (1987), Heft 1. S. 25–63.

Varusschlacht im Osnabrücker Land gGmbH – Museum und Park Kalkriese: Die Suche nach dem Ort; <http://www.kalkriese-varusschlacht.de/varusschlacht/die-suche-nach-dem-ort/> (abgerufen am: 30.12.2018).

Verein für Deutsche Schäferhunde (SV) e. V. (Hg.): 100 Jahre. Der Deutsche Schäferhund. Sonderausgabe der *SV-Zeitung*. April 1999.

Weiser, Veronika: 15 000 Kokons für einen Fallschirm. In: *Kölner Stadt-Anzeiger*, 30.01.2003; <https://www.ksta.de/15-000-kokons-fuer-einen-fallschirm-14593358> (abgerufen am: 24.10.2018).

Wiborg, Susanne: Das Monster im Moor. In: *Die Zeit* 01/2008.

Wippermann, Wolfgang: Der Hund als Propaganda- und Terrorinstrument im Nationalsozialismus. In: *Veterinärmedizin im Dritten Reich*. Herausgegeben von der Deutschen Veterinärmedizinischen Gesellschaft. Gießen 1998. S. 193–206.

Wowra, Walter: »Fettschwein oder Fleischschwein?« In: *Zeitschrift für Schweinezucht* 13/1933.

Wunder, Michael: Was heißt Eugenik? Informations- und Gedenkportal

›Gedenkort-T4‹; <https://www.gedenkort-t4.eu/de/wissen/was-heisst-eugenik> (abgerufen am: 07.07.2018).

Wylegalla, Reinhard: Vom Maulbeerblatt zum Seidenkleid. In: *Deutsche Apotheker-Zeitung* 40/2011; <https://www.deutsche-apotheker-zeitung.de/daz-az/2011/daz-40-2011/vom-maulbeerblatt-zum-seidenkleid> (abgerufen am: 24.10.2018).

Zechner, Johannes: Natur der Nation. Der »deutsche Wald« als Denkmuster und Weltanschauung. In: *Aus Politik und Zeitgeschichte* 49–50/2017. S. 4–10.

Zipfel, Gaby: »Wär' sie doch ein Stück von mir«: Eva Klemperer in Victor Klemperers Tagebüchern. In: *Germanica* 27/2014. S. 41–58.

Rundfunk- und Filmbeiträge

Ahlborn, Eduard: Internationale Jagdausstellung Berlin. Kodak (1937), 10 Min.; <http://archiv-akh.de/filme?utf-8=✓&q=jagdausstellung#1> (abgerufen am: 13.08.2019).

Anonym: Goering bedankt sich beim Volk nach Autounfall. (1936), Ausschnitt, 44 Sek.; <https://archive.org/details/1936-Goering-bedankt-sich-beim-Volk> (abgerufen am: 14.10.2019).

Bundesarchiv: Der Würger vom Lichtenmoor. In: »Welt im Film« 171/1948; <https://www.filmothek.bundesarchiv.de/video/583603> (abgerufen am: 16.10.2019).

Deutsche Wochenschau: »Der Führer mit seinem jungen Schäferhund Blondi«. DW-Folge 611, 20.05.1942; <https://archive.org/details/1942-05-20-Die-Deutsche-Wochenschau-611> (abgerufen am: 16.10.2019).

Deutsche Wochenschau: »Meldung der Kriegsfreiwilligen«. DW-Folge 737, 18.10.1944; <https://archive.org/details/1944-10-18-Die-Deutsche-Wochenschau-737> (abgerufen am: 07.10.2019).

Fischer, Karin: Furcht vor dem Pferd. Kulturgeschichte eines Verzehrverbots. Deutschlandfunk, 14.02.2013; <http://www.deutschlandfunk.de/furcht-vor-dem-pferd.691.de.html?dram:article_id=237597> (abgerufen am: 04.04.2018).

Hippler, Fritz: »Der ewige Jude.« Deutschland (1940), 70 Min.; <https://archive.org/details/1940DerEwigeJude1h10m352x256> (abgerufen am: 12.10.2019).

Josselin, Blandine: Hitler und der Wolf. Rassenwahn im Dritten Reich. Frankreich (2017) (Originaltitel: »39/45 – Les expériences interdites«), 52 Min.; <https://www.youtube.com/watch?v=mJvjhNNuLL4> (abgerufen am: 09.10.2019).

Pollmer, Udo: Der Schweinemord von 1915. Als die Wirtschaft eine Hungersnot provozierte. In: Deutschlandfunk Kultur, 25.09.2015; <https://www.deutschlandfunkkultur.de/der-schweinemord-von-1915-als-die-wissenschaft-eine.993.de.html?dram:article_id=332117> (abgerufen am: 22.03.2019).

Springer, Hanns & Sonjevski-Jamrowski, Rolf von: Ewiger Wald. NS-Kulturgemeinde (1936) 88 Min.; <https://www.youtube.com/watch?v=1MJk3HUTtCU> (gekürzte Fassung, abgerufen am: 30.12.2018).

Stiftung Haus der Geschichte der Bundesrepublik Deutschland: Die Hitler-Jugend und der BDM. 3 Min. Zeitzeugen-Portal; <https://www.zeitzeugen-portal.de/videos/r5E7xhO1Z4w> (abgerufen am: 06.08.2019).

Zeitzeugeninterviews

Freytag, Otto. Interview: »Teenager an der Flugabwehrkanone«. Stiftung Haus der Geschichte der Bundesrepublik Deutschland. Zeitzeugen-Portal; <https://www.zeitzeugen-portal.de/personen/zeitzeuge/otto_freytag/videos/7JWg-QjXV-Q> (abgerufen am: 11.10.2019).

Glazar, Richard. Interview 8552 vom 05.02.1996. *Visual History Archive*. USC Shoah Foundation. Transkript Freie Universität Berlin, 2012; <http://transcripts.vha.fu-berlin.de/interviews/40?locale=de&query=glazar> (abgerufen am: 03.10.2019).

Höxter, Herta. Interview 34194 vom 14.07.1997. *Visual History Archive*. USC Shoah Foundation. Transkript Freie Universität Berlin, 2012; <http://transcripts.vha.fu-berlin.de/interviews/623> (abgerufen am: 04.10.2018).

Rackow, Lutz. Interview: »Enttarnte Vorbilder«. Stiftung Haus der Geschichte der Bundesrepublik Deutschland. Zeitzeugen-Portal; <https://www.zeitzeugen-portal.de/personen/zeitzeuge/lutz_rackow/videos/kId9mLP9InM> (abgerufen am: 11.10.2019).

Rewald, Ilse. Interview 9125 vom 06.02.1996. *Visual History Archive*. USC Shoah Foundation. Transkript Freie Universität Berlin, 2012; <http://transcripts.vha.fu-berlin.de/interviews/49> (abgerufen am: 19.10.2019).

Schaaf, Josef. Interview »Weihnachten im Kessel von Stalingrad 1942«; Stiftung Haus der Geschichte der Bundesrepublik Deutschland. Zeitzeugen-Portal; <https://www.zeitzeugen-portal.de/videos/wEh6bnqef2k> (abgerufen am: 19.08.2019).

Schönfeld, Ana. Interview 8166 vom 17.01.1996. *Visual History Archive*. USC

Shoah Foundation. Transkript Freie Universität Berlin, 2012; <http://transcripts.vha.fu-berlin.de/interviews/32> (abgerufen am: 02.10.2018).

Archive

Archiv der Gedenkstätte Buchenwald (BwA).
Deutsches Reichsgesetzblatt (RGBl.): Alex – Historische Rechts- und Gesetzestexte online. Herausgegeben von der Österreichischen Nationalbibliothek; abrufbar unter: <http://alex.onb.ac.at/tab_dra.htm>.
Yad Vashem Photo Collections: Virtuelles Fotoarchiv der Holocaust-Gedenkstätte Yad Vashem; abrufbar unter: <https://photos.yadvashem.org>.

TEXTNACHWEISE FÜR MOTTOS

Seite 9: Elias Canetti: Gesammelte Werke. Band 4. Aufzeichnungen 1942–1985. Die Provinz des Menschen. München 1993, S. 111.

Seite 21: Friedrich Nietzsche: Die fröhliche Wissenschaft. Leipzig 1887, S. 228.

Seite 49: Szczepan Twardoch: Drach. Hamburg 2017, S. 14.

Seite 77: Aldous Huxley: Geblendet in Gaza. Übersetzt von Herberth E. Herlitschka. © der deutschen Übersetzung: 1987 Piper Verlag GmbH, München, S. 417.

Seite 102: Joseph Victor von Scheffel: Lieder des Katers Hiddigeigei, in: Der Trompeter von Säckingen. Ein Sang vom Oberrhein. Zutphen 1864, S. 222.

Seite 124: Adolf Hitler, in: Jochmann, Werner (Hg.): Adolf Hitler. Monologe im Führerhauptquartier 1941–1944. München 1980, S. 111.

Seite 163: Varujan Vosganian: Buch des Flüsterns. Wien 2013, S. 479.

Seite 190: Unterm Schutt III, in: Inge Müller. Irgendwo; noch einmal möcht ich sehn. Lyrik, Prosa, Tagebücher. Mit Beiträgen zu ihrem Werk. Herausgegeben von Ines Geipel. Aufbau Verlag 1996 © Aufbau Verlag GmbH & Co. KG, Berlin 1996, 2008, S. 16.

BILDNACHWEISE

Seite 13: Stiftung Gedenkstätten Buchenwald und Mittelbau-Dora
Seite 35: ullstein bild Dtl./Kontributor/Getty Images
Seite 38: Hitler und Hund Eva Brauns/Foto/akg-images
Seite 57: ullstein bild Dtl./Kontributor/Getty Images
Seite 66: Scherl/Süddeutsche Zeitung Photo
Seite 78: Der Seidenbau in der Erzeugungsschlacht. Hg. vom Reichsverband Deutscher Kleintierzüchter, Berlin 1937, Titelbild
Seite 89: Kartoffelkäferfibel. Kartoffelkäfer-Abwehrdienst des Reichsnährstandes, Berlin um 1940, Verlag Deutsche Landwerbung, S. 15
Seite 91: ullstein bild Dtl./Kontributor/Getty Images
Seite 116: ullstein bild Dtl./Kontributor/Getty Images
Seite 145: ullstein bild Dtl./Kontributor/Getty Images
Seite 161: Jan Mohnhaupt
Seite 180: ullstein bild Dtl./Kontributor/Getty Images
Seite 186: Keystone Press/Alamy Stock Photo
Seite 194: Bundesarchiv

REGISTER